LE PARTICIPATIONNISME

OU

LA JUSTICE

DANS L'ORGANISATION DU TRAVAIL

PAR

A. COUTAREL

LAURÉAT DU MUSÉE SOCIAL

Æquitas tollitur omnis, si habere suum cuique non licet.

CICÉRON.

PARIS

V. GIARD & E. BRIÈRE

LIBRAIRES-ÉDITEURS

16, Rue Soufflot, 16

1898

LE PARTICIPATIONNISME

OU

LA JUSTICE DANS L'ORGANISATION DU TRAVAIL

Beaugency. — Imp. Laffray.

LE
PARTICIPATIONNISME

OU

LA JUSTICE

DANS L'ORGANISATION DU TRAVAIL

PAR

A. COUTAREL

LAURÉAT DU MUSÉE SOCIAL

*Æquitas tollitur omnis, si habere
suum cuique non licet.*

PARIS

V. GIARD & E. BRIÈRE

LIBRAIRES-ÉDITEURS

16, Rue Soufflot, 16

1898

PRÉFACE

En offrant au public cet ouvrage que le Musée social a honoré d'une récompense, mon unique ambition est de contribuer, dans la modeste mesure de mes forces, à la paix sociale si menacée par de faux principes dans l'organisation du travail.

Les questions économiques n'ont pas toujours mené le monde, comme le prétend Karl Marx; mais à certaines heures, elles ont une influence presque décisive sur la marche des événements et sur les transformations sociales. Tant que les croyances religieuses, l'amour de la gloire militaire, la passion des conquêtes, la possession du pouvoir inspirent les peuples ou les nations, le soin de la richesse nationale ou privée joue un rôle très effacé dans le drame humain. Alors le sentiment jouit d'une prédominance souveraine : non seulement le christianisme prêche aux malheureux la résignation, mais encore il glorifie la pauvreté; la noble fierté d'être le citoyen d'un pays couronné des lauriers de la victoire, arrête l'essor des appétits, les fumées de la gloire font oublier le bien-être matériel; les esprits remuants nantis d'honneurs et de fonctions, ne songent qu'à savourer le plaisir de la domination dans la sphère soumise à leur autorité. C'est le temps des croisades, de la chevalerie, de la féodalité ; c'est l'ère des Duguesclin, des Saint-Vincent de Paul, des Mirabeau et de la Grande-Armée, apportant aux peuples dans les plis du drapeau français l'affranchissement et la liberté : siècles féconds où une sève vigoureuse, coulant dans tous les vaisseaux de l'organisme national, produit naturellement l'héroïsme ; siècles privilégiés où les peuples, dans tout l'éclat de la jeunesse, avec un pain d'orge et un verre d'eau le disputent de félicité à Jupiter.

A cette période de sentimentalité succède celle de l'utile. La production de la richesse par le commerce, l'industrie, l'agriculture et toutes les branches de l'activité humaine, devient le principal, sinon l'unique souci ; les nations se font la guerre pour des tarifs commerciaux ; le célèbre « Enrichissez-vous », de Guizot, est la maxime suprême. C'est alors que surgissent les questions économiques. Depuis près d'un demi-siècle l'une des plus brûlantes et des plus importantes est celle de l'organisation du travail. De sa solution dépend la paix sociale. La liberté absolue, le *laisser faire* qu'on a si justement appelé *struggle for life*, est l'oppression du faible par le fort, le travail est l'esclave du capital. De là, entre les deux agents producteurs, un antagonisme, une lutte dont le dénouement est la guerre civile. D'un autre côté, l'intervention abusive de l'État, une réglementation excessive paralysent la production et aboutissent à la ruine publique.

Entre ces deux solutions extrêmes se place la vérité économique, celle de l'organisation du travail d'après la grande loi de la justice qui, suivant la belle définition de Cicéron, consiste à donner à chacun ce qui lui appartient (1). Ce

(1) *Æquitas tollitur, ubi cuique suum dare non licet.*

principe est réalisé par la *participation du travail aux bénéfices de l'entreprise.*

C'est l'histoire, l'analyse et la critique de ce système qui est l'objet de cet ouvrage. Ce sujet a déjà donné lieu à de gros livres en Allemagne, à de sérieuses études en Angleterre, en Suisse, en Belgique et en Italie ; il a été traité en France par plusieurs économistes et par des jurisconsultes, et surtout par M. Charles Robert, dans son savant rapport au jury des récompenses de l'Exposition internationale de 1889. Mais le principe de leur participation n'est pas le même que le mien. Ces auteurs la considèrent comme un don patronal. Bien que cet abandon par le patron ou plutôt par le capital d'une partie des bénéfices, ait de grands avantages pour eux, rien ne les oblige à le faire, il est le résultat de son bon vouloir ; et de même qu'il l'accorde, quand il le veut, ainsi il peut le retirer, quand il lui plaît. J'estime, au contraire, que la participation des travailleurs, intellectuels et manuels, aux bénéfices faits par une entreprise quelconque, est le droit absolu et incontestable du travail ; c'est le seul moyen de répartir d'une manière équitable la valeur de la production entre les deux agents qui l'ont créée : *cuique suum.* Sans la participation, le travail n'a pas l'équivalent de ce qu'il a produit et l'équité est lésée.

Cette opinion, je ne me le dissimule pas, provoquera bien des critiques. Elle n'aura pas l'heur de plaire aux collectivistes, ces outranciers de la réglementation, ni aux vénérables pontifes de l'économie qui sont chargés de distribuer à la jeunesse l'enseignement officiel et qui considèrent comme une hérésie, digne de toutes leurs foudres, toute modification au contrat de travail. Si les partisans des théories extrêmes ont des arguments à faire valoir contre mes idées, qu'ils les produisent au grand jour ; le public à qui je dédie cet ouvrage, en sera un juge d'autant plus impartial qu'il n'est aveuglé par aucun système. Quant à moi, j'ai la ferme conviction que leurs attaques n'entameront pas la solidité d'une solution fondée sur l'analyse même du phénomène productif.

En terminant cette préface, je dois constater que j'ai contracté une dette de reconnaissance à l'égard de M. Doumer, aujourd'hui Gouverneur général de l'Indo-Chine. Rapporteur à la Chambre des députés du projet de loi sur la Participation du personnel aux bénéfices de l'entreprise, il m'a communiqué, avec une extrême courtoisie, de précieux documents sur l'état de la Participation en France. Je suis heureux de pouvoir ici m'acquitter, au moins d'une partie de cette dette, en lui présentant mes plus vifs remerciments pour tout ce qu'il a mis de bienveillance et de cordialité dans son accueil et pour la sérieuse documentation qu'il m'a fournie.

Paris, 8 février 1898.

LE PARTICIPATIONNISME

OU

LA JUSTICE DANS L'ORGANISATION DU TRAVAIL

CHAPITRE Ier

La crise ouvrière : ses principales solutions

Depuis que la puissance motrice de la mécanique a été employée par l'industrie pour remplacer l'effort humain, une transformation de la plus haute importance au point de vue social s'est opérée dans l'organisation du travail. Jusqu'alors la production disséminée sur tous les points du sol donnait partout des fruits modestes mais bienfaisants ; la boutique, l'échoppe, l'atelier suffisaient aux besoins modérés de nos pères et assuraient un certain bien-être à tous les salariés. Ce régime économique est mort : les 86,505 machines qui fonctionnent dans 46,671 établissements et dans l'industrie des transports (1) l'ont renversé sans espoir de retour. L'usine et la manufacture ont remplacé l'échoppe et l'atelier; les grands magasins, sorte de wholesale, où sont accumulés dans de vrais palais le nécessaire, le confort et le luxe, se sont substitués à la petit.

(1) Rapport de la commission de statistique de l'industrie minérale et des appareils à vapeur au Ministre des Travaux publics (1894).

boutique d'autrefois ; enfin l'exploitation des mines a donné lieu à la création de grands centres ouvriers où se sont agglomérées et entassées des légions de travailleurs sous les ordres d'un patron aussi caché pour eux, quand il n'est pas une collectivité anonyme, que l'était dans ses nuages le Jupiter olympien de la mythologie des anciens.

Cette révolution dans l'outillage industriel a produit un changement considérable dans la société. Sur les ruines des anciennes conditions du travail il s'est fondé un monde nouveau. La fécondité de la nature activée par des forces presque merveilleuses, a tout à coup inondé de richesses tous les pays industriels et le bien-être s'est propagé jusque dans l'humble chaumière des moindres hameaux. Il serait difficile de trouver aujourd'hui un village où, comme à la fin du siècle dernier, le paysan ne vit que de pain noir et de laitage : les moins aisés mangent au moins un cochon par an, achètent une ou deux fois par semaine de la viande de boucherie à la ville voisine et boivent tous les dimanches le bon vin de France.

Malgré cette amélioration générale, l'organisation nouvelle du travail a jeté un perturbatione profonde dans le monde des travailleurs. Un afflux de richesses s'est concentré entre les mains des patrons et des actionnaires : ils ont amassé, presque sans effort, par la seule puissance du capital, des fortunes considérables. Les travailleurs, au contraire, dont les sueurs ont formé ce Pactole, n'ont eu qu'une faible part dans la répartition des richesses produites par leur concours, continuent à vivre dans la gêne et dans la misère, achètent au prix de dix et souvent même de douze heures de travail un salaire à peine suffisant pour leur propre subsistance, heureux si le chômage ne les réduit pas à manquer du nécessaire et à grossir l'armée des sans-travail ; et quand vient la vieillesse, ils sont souvent condamnés à la mendicité ou au suicide.

Ce n'est pas seulement le socialisme collectiviste qui présente la situation actuelle de l'ouvrier sous de si sombres couleurs. Les esprits éclairés du parti conservateur, qu'on ne saurait suspecter de pactiser avec les doctrines marxistes, ne voient pas sous un meilleur jour la question ouvrière. « La prolongation du régime actuel est impossible, dit « M. Charles Secrétan. Pour s'en convaincre, il suffit de « mettre en présence quelques-uns des éléments qui le « constituent : les produits du travail dévolus exclusive- « ment à l'entrepreneur capitaliste, l'immense majorité des « ouvriers dépourvus de toute garantie d'existence, de « toute sécurité pour l'avenir, vivant au jour le jour d'un « salaire suffisant pour ne pas mourir de faim; puis, en « face de ce contrastre économique, le suffrage universel « chargé d'en assurer l'observation; enfin le salariat con- « damné dans la conscience des salariés et la guerre sociale « en permanence » (1). Un de nos économistes les plus distingués, Michel Chevalier, a signalé le même mal. « Ces machines dont la destination devait être de permettre à l'homme de participer quelque peu aux plaisirs de l'in- telligence et de se cultiver lui-même, tandis que les élé- ments travailleront pour lui, ont créé une société où les fruits du travail sont détournés de leur destination légitime et souvent même accaparés par des oisifs. Ce manque d'é- quilibre dans la répartition de la richesse a rompu la paix sociale. »

Cette crise s'aggrave de plus en plus : des milliers de travailleurs applaudissent tous les soirs dans les réunions publiques les idées les plus subversives et les appels à la Révolution sociale et à la grève générale; le socialisme conquiert de nouveaux partisans jusque dans les popula- tions agricoles et les prolétaires de toutes les nations,

____

(1) *La Civilisation et la Croyance*, par Charles Secrétan.

ligués par la communauté des intérêts, ont déclaré une guerre sans trêve ni merci à la classe capitaliste.

En présence d'un antagonisme si gros de conséquences et qui peut déchaîner incessamment d'effrayantes tempêtes, produire de sanglantes catastrophes, quel doit être le rôle de l'économiste, du penseur, du philosophe, de l'homme d'État, des législateurs, de tout homme enfin qui considère comme une trahison aussi stupide que coupable, une égoïste indifférence, qui sent au fond de sa conscience retentir la belle maxime du poète ancien,

Homo sum et nil humani à me alienum puto,

et qui a quelqu'amour pour notre belle patrie, « la noble et doulce France », comme l'appelaient nos pères, cette terre nourricière à la fois des grandes idées et des hommes indispensables à leur propagation? Assister en témoin inerte à la lutte et contempler du rivage le vaisseau presque désemparé, dont les matelots font des efforts surhumains pour échapper au naufrage, ce serait une lâcheté criminelle. Saisir en main le clairon, sonner la bataille et trouer avec les balles des fusils Lebel des poitrines françaises, ce serait plus qu'un crime, ce serait une faute : car, de même qu'on ne peut arrêter un fleuve et qu'il faut se borner à le diriger et à l'endiguer, ainsi on ne saurait maîtriser longtemps la démocratie emportée, avec toute la fougue de profondes convictions, à la conquête de la justice sociale. Le devoir de toute conscience droite, c'est d'empêcher cette lutte frafraticide et de rétablir la concorde entre les patrons et les ouvriers.

Quel est le moyen d'arriver à ce but? Voilà la grave question de l'heure présente. Quand les prolétaires romains, lassés de travailler, de peiner et de se battre contre les ennemis de Rome pour maintenir les privilèges des patriciens, se furent mis en grève, les historiens racontent que le sénateur Ménénius Agrippa calma leur colère et dissipa leurs ressentiments en leur racontant la fable des Membres et de l'Estomac. Bien que cet apologue ait aujourd'hui la même valeur morale qu'autrefois, il est peu probable qu'il déterminât, par sa seule force de vérité, nos prolétaires modernes à mettre leur main dans la main de leurs patrons. On ne rétablit la santé dans un organisme atteint d'une grave maladie qu'avec des remèdes énergiques : il en est de même du corps social. On ne mettra fin au conflit actuel qu'en donnant sans retard aux classes travailleuses la satisfaction de tout ce qu'il y a de juste dans leurs revendications et en leur permettant de vivre en travaillant, si on ne veut pas qu'elles meurent en combattant. Sans doute l'heure de la bataille peut tarder encore à sonner, mais les luttes violentes que livre depuis quelques années le collectivisme contre la liberté et la propriété individuelle; sa diffusion rapide non seulement dans les villes, dans les centres ouvriers, mais encore dans les populations rurales, des grèves comme celle des verriers de Carmaux et des ouvriers du port de Hambourg, ne sont-ils pas des symptômes significatifs de l'imminence de cette bataille suprème?

Dans presque toutes les nations civilisées de notre vieille Europe, on a essayé de conjurer ce cataclysme social. On est entré résolument dans la voie des réformes ouvrières.

En Allemagne, où l'initiative privée se montrait peu portée aux élans généreux, la règlementation du travail a donné lieu à de nombreuses dispositions législatives sur les corporations, sur l'apprentissage, sur les fédérations de corporations; le contrat de travail y est soumis à des clauses obligatoires concernant le repos dominical, les certificats d'ouvriers, le paiement des salaires, les mesures d'hygiène, de sécurité et de moralité, l'assurance contre les accidents, contre la maladie, contre l'invalidité et la vieillesse; et en cas de litige entre le travail et le capital, les contractants sont soumis à des juridicions spéciales, tribunaux d'arbitres institués par les corporations pour les métiers, et tribunaux industriels créés par la loi pour la grande industrie.

En Angleterre, la journée de huit heures a été introduite dans les arsenaux militaires, sans diminution de salaire; le comté de Londres a fixé un *minimum* de salaire dans les adjudications publiques; la loi a réglé la durée du travail des enfants et des jeunes gens dans l'industrie et dans les boutiques.

Au Brésil, les salaires des ouvriers et des employés sont insaisissables, même pour des créances de l'État.

En France, l'intervention du législateur a été plus modérée et plus respectueuse de la liberté des contrats. Il a cependant protégé le travail par des mesures générales de salubrité et de sécurité (loi du 12 juin 1893) et par des dispositions spéciales à certaines industries. Le travail dans les mines a été l'objet d'une réglementation minutieuse. La loi du 8 juillet 1890 a créé, pour l'inspection, des délégués choisis et élus par les ouvriers eux-mêmes. La loi du 2 novembre 1892 entoure de règlements protecteurs le travail des enfants, des filles mineures et des femmes dans les établissements industriels et institue un service d'inspection pour veiller à l'exécution de ces sages mesures. La liberté d'association a été reconnue aux membres d'une même profession par la loi du 21 mars 1884, et depuis lors les syndicats professionnels sont devenus la base de l'organisation pacifique du travail. Enfin, depuis la loi du 29 juin 1894, la constitution de Sociétés de secours, l'organisation de Caisses de retraite, alimentées par un prélèvement sur le salaire et par un versement patronal égal à la somme fournie par les ouvriers, sont obligatoires dans toutes les mines; en outre, dans la plupart de nos grands établissements industriels, houillères, métallurgies, des institutions patronales témoignent de la sollicitude des employeurs pour leurs employés.

On voit par ces quelques exemples, pris entre tant d'autres, que depuis une quinzaine d'années les questions ouvrières ont été l'objet d'études sérieuses et que certaines d'entr'elles ont reçu une solution qui constitue un progrès social. Malgré cette vigilante tutelle de l'État, malgré les améliorations dues à l'initiative privée des patrons, il y a encore un large fossé entre le capital et le travail, et, si le mal social est un peu moins aigu, il est toujours aussi grave. Tous ces palliatifs n'ont fait qu'effleurer la surface de la question ouvrière : on n'a pas eu le courage d'aller jusqu'au fond et d'extirper le mal jusque dans sa racine. La vraie cause de l'antagonisme des deux facteurs de la production, c'est l'organisation actuelle du travail, le salariat.

Lorsque la Révolution de 1789 abolit le servage, le salariat, qu'on décorait du titre de travail libre, excita un vif enthousiasme dans toute la nation. Mais si tout d'un coup nos pères avaient vu se desser devant eux le tableau de cette nouvelle forme de l'effort humain au service d'autrui, pendant le siècle qui vient de s'écouler, leur joie se serait aussitôt changée en stupeur. Que de victimes fauchées, pendant cette période, par le système mercantile et inhumain de l'offre et de la demande ! Quel martyrologe ! Quelle longue suite de souffrances ! Que de sanglots et de larmes, au fond de la mansarde où l'ouvrier sans travail ne peut donner un morceau de pain à ses enfants ! Quels cris de douleur a poussés le prolétariat ! Quels drames terribles ! Ces épouvantables suicides de familles entières, demandant à un réchaud leur délivrance et se jetant dans la mort pour échapper à une noire misère, à qui sont-ils imputables sinon au salariat ? On a cru délivrer et émanciper le travailleur en lui permettant de discuter le prix de son travail : on n'a fait que le jeter du servage du seigneur dans celui du capital, qui ne voit en lui qu'un instrument de production, une force motrice, un outil. La seule liberté qu'on lui ait donnée, c'est, comme le dit Godin devant la Commission extra-parlementaire des associations ouvrières, en 1883, la liberté de mourir de faim ou de vivre sous la tyrannie.

De tels résultats sont la condamnation sans appel de ce régime économique du laisser-faire et du laisser-aller qu'une science matérialiste érige en loi nécessaire du travail. L'économie dite ORTHODOXE est impuissante non-seulement à résoudre le problème ouvrier, mais encore à atténuer le conflit créé par le salariat entre les patrons et les ouvriers.

Quant à la solution que propose le collectivisme, elle est désastreuse pour la production de la richesse et incompatible avec les sentiments, les inclinations et les besoins de l'âme humaine. Si tout en nous se bornait à la vie matérielle, elle trouverait peut-être sa satisfaction dans les théories marxistes; mais il y a dans notre nature des facultés intellectuelles et morales qui réclament leur nourriture à aussi juste titre que le ventre. Or que devient dans la société collectiviste la liberté des professions, l'initiative individuelle, la liberté du travail? L'atelier est une caserne où chaque citoyen est condamné à des travaux forcés. Plus d'hommes libres : rien que des fonctionnaires. Les directeurs du travail sont de vrais dictateurs. Ils embrigadent chacun dans telle ou telle branche de services ou d'industrie, suivant le gré de leurs caprices, sans avoir à tenir compte de ses goûts et de ses aptitudes. Beaumarchais provoquat l'hilarité de tout le parterre, quand son *Figaro* s'écria : « Il fallait un calculateur : ce fut un danseur qui l'emporta. » Que de danseurs à la place des calculateurs, que de calculateurs à celle des danseurs, dans la société collectiviste! Quel singulier Eden que cette caserne! Quel monde que ce tohu-bohu où rien n'est à sa place! Si, séduite par les décevantes chimères des disciples de Karl Marx, quelque nation se laissait enfermer dans ce lit de Procuste, elle ne tarderait pas à voir tarir toute sa sève vitale et à tomber dans un engourdissement voisin de la mort, car la liberté est aussi nécessaire à l'organisme social que l'air à un corps vivant.

C'est entre ces deux extrêmes, la liberté sans frein de l'économie orthodoxe et la réglementation outrancière et oppressive du collectivisme, que se trouve la seule solution de la question ouvrière, la participation des travailleurs aux bénéfices de l'entreprise patronale. Ce système améliore le salariat active l'énergie productrice et donne au travail une juste rémunération, sans violer aucune des légitimes aspirations de notre nature. Ce n'est pas certes une panacée : il ne guérit pas tout le mal social et laisse en dehors de son action salutaire la multitude sans cesse grossissante des sans-travail, et certaines catégories de salariés, comme le commissionnaire, le valet de chambre, le cuisinier, le cocher de maison bourgeoise, le jardinier, etc.; mais, dans les principales branches de la production, c'est le promoteur de la paix entre le travail et le capital, c'est l'ancre qui peut sauver le navire social des tempêtes de la guerre civile.

CHAPITRE II.

Histoire de la Participation (1).

Religion, politique, économie sociale, telles sont les principales questions qui forment la trame de notre histoire. Nos ancêtres donnèrent aux deux premières une solution définitive : la tolérance promulguée par l'Édit de Nantes, la Déclaration des droits de l'homme et du citoyen, sont les pivots de la société moderne. C'est à notre siècle qu'il était réservé de résoudre le problème économique et de réformer les abus de l'individualisme, créé par la loi Chapelier, qui, en moins de cinquante ans, a ressuscité dans notre pays l'ancien prolétariat romain, et introduit dans le corps social le poison dissolvant du paupérisme. L'organisation du travail, d'après le principe de la justice, fut dans la seconde partie du gouvernement de Juillet, le but vers lequel convergèrent les recherches et les efforts de tous les esprits préoccupés de l'avenir de leur patrie et du bonheur de l'humanité. Dès cette époque, et surtout après

(1) Il n'est ici question que de la participation industrielle : voir au chapitre VII pour la participation agricole et pour la pêche maritime.

la Révolution de 1848, des philanthropes proposèrent les systèmes les plus divers. Rien de plus pur que les intentions de ces théoriciens, qui construisaient la société de toutes pièces, au gré de leur imagination, dans le silence de leur cabinet; rien de plus ardent que leur foi en leurs conceptions. Mais quelles institutions créèrent-ils? Rien de pratique et de durable : le phalanstère de Ménilmontant et les ateliers nationaux n'eurent d'autre avantage que de démontrer le vide de toutes ces théories.

Cependant un arbuste fécond poussa au milieu de toutes ces broussailles stériles. En 1842, un ancien berger, devenu patron, Leclaire, inspiré et guidé par un véritable amour pour la classe ouvrière, dont il connaissait par expérience toute la misère, trouva la solution de ce grave problème. En associant ses ouvriers à ses bénéfices, il réalisa une organisation du travail conforme à la conception suprême de la justice et à la science économique la plus profonde. Deux grands industriels imitèrent son exemple. En 1843, Laroche-Joubert adoptait, dans sa papeterie d'Angoulême, le système de Leclaire, et, en 1844, Bartholony l'appliquait aux ouvriers du chemin de fer d'Orléans.

La République de 1848 ne vit pas seulement éclore des plans chimériques et de séduisantes utopies; des esprits éclairés et rassis proposèrent et discutèrent des réformes pratiques. La Participation attira leur attention. On en parla longuement dans les réunions publiques; elle fut l'objet de sérieuses discussions aux séances de la Commission du Gouvernement pour les travailleurs. Mais, malgré les efforts de Louis Blanc, malgré son brillant succès à la maison Leclaire, à la papeterie d'Angoulême et à la Compagnie du chemin de fer d'Orléans, ces discussions demeurèrent dans les régions de la théorie pure et n'aboutirent à aucune résolution pratique : pour les uns, l'idée n'était pas encore assez mûre ; pour d'autres, elle parut entachée de socialisme.

L'idée continua néanmoins sa marche en avant. La maison Deberny et l'imprimerie Paul Dupont l'embrassèrent en 1848. A partir de 1860, nos grandes Compagnies d'assurances entrèrent dans ce mouvement; la Compagnie d'*Assurances générales* en 1850, le *Phénix* en 1853, l'*Union* en 1854, la *Nationale* en 1855, la *France* en 1858; et, dès l'ouverture du canal de Suez, la Compagnie y organisa un système de retraite fondé sur la participation de tout le personnel aux bénéfices, aussi bien le personnel administratif que celui de l'exploitation.

La Participation figura au 10e groupe de l'Exposition universelle de 1867. Les documents réunis par M. Charles Robert, vice-président de ce groupe, les résultats qu'ils présentaient, gagnèrent à cette doctrine de nombreuses sympathies dans le monde industriel. Ce qui ne contribua pas peu à la recommander, ce fut la caution de nos cinq principales Compagnies d'assurances, car on sait après quelles sérieuses études, avec quelle prudence et avec quelle circonspection ces Compagnies prennent une décision. Aussi, dès cette époque, le rapporteur du 10e groupe écrivait-il ce jugement, que l'expérience de ces trente dernières années n'a fait que confirmer : « La Participation, bien entendue et bien appliquée, en donnant plus d'adhérence à tous les éléments de la production, paraît à beaucoup de chefs d'industrie devoir fermer à tout jamais l'ère des grèves, et, dans tous les cas, atténuer considérablement les effets du chômage... Partout où la participation est appliquée, la marche de la production s'accélère, en même temps que les conditions du travail s'améliorent. »

Après cette première victoire, à laquelle il avait si grandement contribué, M. Charles Robert se fit le propagateur et le champion infatigable du Participationnisme. Il l'exposa dans deux ouvrages : *La suppression des grèves par l'association aux bénéfices; Le partage des fruits du travail*, et le traita dans plusieurs conférences, avec une hauteur de vue et une solidité d'argumentation qui confondirent les adversaires du système et lui imprimèrent une impulsion qui ne devait plus s'arrêter.

Dès lors, chaque année, la Participation recueille de nouveaux adhérents, comme on peut le voir à la liste publiée aux annexes. Parmi eux figurent des entreprises importantes : l'imprimerie Chaix, la maison Mame, de Tours, les magasins du Bon-Marché et le Familistère de Guise. En même temps, l'initiative française suscite de nombreux imitateurs à l'étranger, en Angleterre, en Belgique, en Allemagne, en Hollande, en Italie, aux États-Unis et en Suisse, et donne naissance, dans ces divers pays, à une grande variété de combinaisons qui, tout en s'inspirant du même principe, s'accommodent à l'esprit de chaque nation et à la nature de chaque industrie.

C'est pour favoriser et activer cette propagation que, le 30 novembre 1878, des chefs d'industrie, de notables commerçants, des directeurs de Compagnies d'assurances, réunis à l'Imprimerie Chaix, fondèrent une association sous la dénomination de « Société pour faciliter l'étude pratique des diverses méthodes de participation du personnel dans les bénéfices ». Cette société a été le foyer d'où la lumière participationniste s'est répandue en France et à l'étranger. Son *Bulletin* trimestriel, documenté de première main, a suivi pas à pas la marche du Participationnisme, marqué ses étapes, constaté ses progrès, signalé ses obstacles, réfuté les objections et les griefs de ses adversaires et enregistré, avec une scrupuleuse exactitude, ses victoires et ses échecs. Les dix-sept volumes de ce *Bulletin*, dus en majeure partie aux soins vigilants de M. Trombert, secrétaire de la Société, constituent une véritable encyclopédie de la doctrine participationniste et de ses multiples applications.

La question de la Participation fit son entrée au Parlement français en 1879. M. Laroche-Joubert présenta à la Chambre des députés un projet de loi *pour imposer dans les cahiers des charges la participation aux adjudicataires des travaux de l'Etat, des départements et des communes.* En 1882, MM. Ballue, Jules Roche, Lagrange et Laisant, dans un nouveau projet, restreignirent la participation *aux exploitations permanentes concédées par l'État, les départements ou les communes.* La même année, M. Blancsubé demandait qu'on *obligeât les Sociétés concessionnaires de l'État à un prélèvement de 10 0/0 sur leurs bénéfices*, pour la création d'une caisse ouvrière, dont les fonds seraient affectés à l'achat d'actions de ces Sociétés, afin qu'une partie du capital fût entre les mains des ouvriers.

On prit en considération les propositions de M. Laroche-Joubert et de M. Ballue, mais elles ne furent pas discutées en séance publique, étant devenues caduques par l'expiration de la législature.

Le Conseil municipal n'assista pas en spectateur inactif à la diffusion du Participationnisme. Le 20 décembre 1881, M. Mesureur déposa une proposition *où il invitait, lors de la révision de la série des prix, l'administration à étudier les moyens* de nature à permettre à la Ville de Paris d'imposer aux adjudicataires de ses travaux *l'obligation de la Participation* aux bénéfices, pour le paiement des ouvriers. Le plus chaleureux accueil fut fait à cette proposition. M. Floquet, alors préfet de la Seine, nomma une commission administrative pour étudier cette question, en même temps que les moyens de faciliter aux associations ouvrières leur admission aux adjudications des travaux de la Ville de Paris. Le projet de M. Mesureur n'eut pas de résultat à l'Hôtel-de-Ville, mais il détermina l'État à mettre à l'étude, à un point de vue général, ces importantes questions.

En 1883, M. Waldeck-Rousseau, Ministre de l'Intérieur, prescrivit une enquête ultra-parlementaire, pour rechercher le moyen de rendre accessible aux associations ouvrières leur admission aux adjudications et aux soumissions *des travaux de l'État*, et pour étudier comment on pourrait obtenir, des entrepreneurs, *la participation* des ouvriers dans les bénéfices de leur entreprise. Une section de cette commission entendit les délégués des associations coopératives ouvrières et les chefs des établissements où la Participation était en vigueur. Après quinze séances, la Commission remit au Ministre, le 30 mai 1888, trois projets, parmi lesquels figure le Contrat de participation aux bénéfices.

Déposée sur le bureau de la Chambre des députés par M. Floquet, le 16 juillet 1888, la question du Participationnisme y fut discutée, en première lecture, le 31 mai 1889 : elle était incorporée au projet sur les Sociétés coopératives de production et de consommation. Voici les articles relatifs à notre sujet :

Article premier (paragraphe 4). — La loi reconnaît encore le contrat de participation, limité à la seule participation aux bénéfices.

Art. 53. — Tout commerçant, industriel ou agriculteur, toute société commerciale, industrielle ou agricole, peut admettre ses ouvriers ou employés à participer aux bénéfices de l'entreprise, sans que cet engagement entraîne, pour les participants, aucune responsabilité en cas de perte.

Art. 54. — En acceptant la participation, les intéressés peuvent renoncer expressément à tout contrôle et à toute vérification. Dans le cas où il n'y a pas renonciation, ce contrôle et cette vérification peuvent être réglés par les dispositions particulières de la convention.

Dans le cas où il n'y a ni renonciation, ni réglementation du contrôle, la vérification annuelle des comptes est faite par un expert amiablement choisi, ou, en cas de désaccord, désigné par le président du tribunal de commerce.

Art. 55. — Au cas où, d'après les statuts, tout ou partie du bénéfice annuel distribué est conservé dans l'établissement et donne droit à une nouvelle part du bénéfice, les participants, à moins de stipulations contraires, n'auront d'autre droit de vérification que celui prévu à l'article 54, paragraphe 3.

Ils pourront même renoncer à cette vérification, conformément au 1er paragraphe du même article.

Art. 56. — L'impôt sur le revenu n'est pas prélevé sur la part de bénéfice distribuée aux ouvriers ou employés d'une entreprise commerciale, industrielle ou agricole.

Personne n'ayant demandé la parole pour la discussion générale, on passa immédiatement à la discussion des articles. Ils furent adoptés séance tenante dans toute leur teneur. La seconde délibération eut lieu quelques jours après, le 7 juin 1889. Chacun des articles mis successivement aux voix, fut encore voté sans discussion.

Pendant que le Palais-Bourbon donnait une complète approbation au système participationniste, il était l'objet d'une savante discussion dans une autre enceinte. Un congrès international était réuni au palais du Trocadéro. Théoriciens et praticiens du Participationnisme y étudiaient et y discutaient un programme de quinze questions, proposées par un de nos sociologues les plus éclairés, M. Cheysson, et qui étaient la synthèse de cette nouvelle organisation du travail. A côté de M. Emile Levasseur, membre de l'Institut, auteur de plusieurs ouvrages fort remarquables sur les questions ouvrières, de M. Charles Robert, président de la Société pour l'étude de la Participation aux bénéfices, de M. Siegfried, vice-président du groupe de l'Economie sociale à l'Exposition universelle de 1889, qui, depuis 1876, consacrait sa haute compétence et son infatigable ardeur à la propagation du Participationnisme, siégeaient MM. Laroche-Joubert, gérant en chef de la papeterie d'Angoulême, Frédéric Dubois, sous-directeur de l'Imprimerie Chaix et Plassard, administrateur des magasins du Bon-Marché.

En sept séances, le Congrès discuta, avec une autorité magistrale, le questionnaire de M. Cheysson, et vota vingt-quatre résolutions, qui peuvent être considérées comme le code actuel du Participationnisme (1). Rien ne saurait donner une plus juste idée de l'esprit qui anima cette intéressante discussion, que la lettre de M. Holyoake, promoteur et historien de la Coopération en Angleterre, lue à la première séance.

« Contre mon intention et mon désir, écrivait le savant
« anglais, je suis empêché d'accompagner mon ami,
« M. Vansittart-Neale, à votre important Congrès. La for-
« mation d'une opinion publique en faveur de la participa-
« tion des ouvriers dans les bénéfices, aura une immense
« influence sur leur situation et sur leur caractère. *Le ca-
« pital rend le travail productif, mais ne crée pas lui-même
« les bénéfices.* Le capital ne voit pas, ne sent pas, ne tra-
« vaille pas. Il est comme la terre, que le travail de l'agri-
« culteur seul rend fertile. C'est l'activité du cerveau ou de
« la main, qui rend le capital capable de fournir des béné-
« fices. Quand le travail est appelé à prendre une part de
« ces bénéfices, il devient plus actif, plus énergique, et
« rend le capital plus productif.

« Il y a, en réalité, deux capitalistes associés, mais ha-

(1) Voir ces résolutions à l'Appendice Ier.

« bituellement, on ne reconnaît cette qualité qu'à un seul.

« Ces deux capitalistes sont l'homme qui a apporté l'argent
« et l'homme qui exécute le travail. Ces deux sortes de ca-
« pitaux sont indispensables pour qu'il puisse y avoir
» bénéfices, et tous deux, par conséquent, doivent recevoir
« un intérêt.

« Or, les salaires ne sont qu'un article des comptes de
« frais généraux, comme l'immeuble ou le matériel fixe,
« comme le combustible de la machine à vapeur et le loyer
« de l'usine, comme la nourriture et les moyens de trans-
« port.

« Sur les bénéfices devraient être *équitablement* payées
« une part au capital et une part au travail. L'équité seule sup-
« primera l'anarchie. Mais si le capital refuse au travail toute
« participation dans les bénéfices, il laissera le travail aller
« vers l'anarchie, et lui fera considérer le socialisme mili-
« tant comme la seule chance de réforme. »

Ce n'était ni un rêve d'idéologue, ni un idéal lointain,
que cette théorie. Elle était réalisée au groupe de l'Economie sociale de l'Exposition, où seize sections comprenaient toutes les institutions, toutes les combinaisons découvertes par la philanthropie et la science pour relever la
situation matérielle et morale des travailleurs. Le *capital-argent* et le *capital-travail* y avaient élevé, en témoignage de
leur union, le pavillon de la Participation. Les rapports, les
pièces diverses, les notices, les ouvrages, les manuscrits, les
tableaux graphiques, les documents de tous genres, les plans,
la réduction de métairies et de bateaux de pêche qui le remplissaient, donnaient une éloquente leçon de choses en faveur
de ce système. Cent trente-une maisons le pratiquaient. Les
trente-trois établissements qui avaient répondu à l'appel de
la Commission d'organisation proclamaient, avec un mer-
veilleux ensemble, et sans la moindre discordance, les bienfaits économiques et moralisateurs du Participationnisme.

De hautes et nombreuses récompenses, décernées par le jury international, furent la juste consécration de la nouvelle étape que l'idée avait faite depuis la dernière Exposition de 1878, un peu lentement peut-être, mais avec une progression ininterrompue. Aussi M. Charles Robert, dans son éloquente conférence du 13 septembre 1889, au Cercle populaire des Invalides, n'était-il que l'écho de l'opinion générale, quand il dit : « En 1889, la Chambre des « députés, le Gouvernement, l'Institut de France et le Jury « international des récompenses à l'Exposition universelle « ont mis la participation en pleine lumière. C'est ainsi « que les rayons électriques de la Tour Eiffel, projetés le « soir sur les monuments du Champ-de-Mars, éclairent « soudain d'un vif éclat l'une de ces statues allégoriques, « qui semblent montrer à la génération présente le chemin « de l'avenir. »

Depuis 1889 la Participation a marché à pas de géant : ses progrès ont répondu à l'espoir et aux paroles presque prophétiques de M. Charles Robert. L'industrie est entrée plus résolument que par le passé dans la voie ouverte par les Leclaire, les Laroche-Joubert et les Godin. Il y a actuellement plus de cinq cents maisons participationnistes et partout le succès a couronné les espérances des patrons.

Au Parlement, le projet de loi voté par les députés fut discuté par le Sénat le 2 juin 1892. Dans l'intervalle la commission sénatoriale s'était livrée à une nouvelle enquête et à de longues études : aux dispositions relatives aux Sociétés coopératives de production et de consommaton, déjà votées au Palais Bourbon, elle avait ajouté un chapitre sur les sociétés coopératives de crédit, afin de comprendre dans une même loi les trois grandes formes de coopération. Quant au contrat de participation, voici le panégyrique qu'en fit dans la discussion générale, le rapporteur, M. Lourties :

« Tous les économistes français et étrangers, dit-il, sont

« unanimes à affirmer que la participation aux bénéfices a
« exercé la plus heureuse influence tant au point de vue de
« l'évolution économique, qu'au point de vue de l'amélio-
« ration morale et matérielle des travailleurs.

« C'était l'opinion de M. Michel Chevalier, le savant pro-
« fesseur d'économie politique au Collège de France, en
« 1848 ; c'était l'opinirn de M. Mathieu, rapporteur de la
« loi sur les Sociétés en 1867. C'est devenu depuis l'opinion
« de MM. Laroche-Joubert père, Godin, Leclaire, Cheysson,
« Chaix, Gasté, Charles Robert, Frédéric Passy, Levasseur,
« Goffinon, enfin de tous les économistes qui se sont occupés
« de la participation.

« C'est qu'en effet, Messieurs, la participation a le mérite
·· de développer chez les ouvriers les qualités industrielles
« essentielles : l'ordre, la stabilité, le savoir, le dévouement.
« Elle est, comme le disait M. Goffinon à l'enquête de 1883,
« une source de bénéfices pour les ouvriers comme pour
« les patrons, un instrument de prospérité et de transmis-
« sion des établissements. Elle relève la dignité et la mora-
« des ouvriers, fait leur éducation économique, dissipe bien
« des erreurs au sujet du travail et supprime bien souvent
« le prétexte des conflits et des grèves. Rapprochant les
« ouvriers des patrons, elle les unit par un lien d'intérêt,
« qui tôt ou tard se transforme en lien de sympathie et
« détruit l'antagonisme.

«..... Il est reconnu que la participation aux bénéfices est
« sans contre-dit le remède prophylactique contre les grèves
« qui, vous le savez, sont si souvent désastreuses pour
« l'ouvrier et pour l'industrie elle-même ».

Les articles relatifs à la Participation furent adoptés par
le Sénat à la première et à la seconde délibération, sans discussion et sans la moindre modification.

Le projet de loi sur les Sociétés coopératives de production, de crédit et de consommation et sur le contrat de par-

ticipation aux bénéfices (tel est son titre, après les additions faites par le Sénat), revint au Palais Bourbon. M. Doumer, député de l'Yonne, fit un rapport remarquable sur ces divers modes de coopération. S'élevant au-dessus de la question économique, traitée par M. Lourties au Sénat, il s'attacha surtout à mettre en relief le rôle social du système coopératif. Avec l'autorité d'un penseur et d'un homme d'État, il signala l'heureuse influence que pouvait exercer sur la transformation sociale qui se prépare, la solution pacifique des problèmes du travail.

Au risque d'abuser des citations, nous ne pouvons laisser dans l'ombre et passer sous silence les idées si justes, les avis si sages que donnent le jeune et distingué rapporteur pour unir, dans une alliance indestructible, ces deux frères jumeaux, le capital et le travail, nés pour s'entendre et qui sont, depuis si longtemps, presque partout, des frères ennemis.

« Une révolution sociale, dit-il, est certaine, inévitable,
« dans un temps plus ou moins éloigné. Elle sera violente,
« si elle est faite du heurt des intérêts, des appétits et des
« colères des uns, de l'entêtement, de la résistance égoïste
« des autres. Ce sera pour tous un malheur, car elle entraî-
« nera plus de crises, plus de ruines et de misères qu'elle
« ne produira pendant longtemps de bienfaits appréciables.

« La révolution peut être, au contraire, pacifique et fé-
« conde, si elle est sagement préparée, si on y met de part
« et d'autre avec de la clairvoyance et de la bonne volonté,
« un peu de fraternité et de désintéressement, si elle est le
« résultat d'évolutions successives, faites par les mœurs et
« par les lois ».

« Protéger ceux qui sont faibles et désarmés dans l'âpre
« lutte de la vie, remédier aux souffrances des misérables,
« garantir aux travailleurs manuels la sécurité du lende-
« main, le pain et la dignité de leurs vieux jours, enfin

« apporter plus de justice dans la répartition des richesses
« que le travail produit : c'est aider au laborieux enfante-
« ment de la société nouvelle. Que sera cette société? Bien
« présomptueux qui voudrait le dire. Elle est le secret d'un
« avenir dont nous pouvons faciliter les voies, mais qu'il
« n'appartient à personne d'appeler prématurément à l'exis-
« tence.....

« Elle sera faite assurément de principes et d'idées que
« les hommes auront admises; mais elle sera encore plus
« la résultante des expériences tentées.

« Le mouvement coopératif, né il y a un demi-siècle et
« arrivé aujourd'hui à un assez grand développement, cons-
« titue une de ces utiles expérimentations. Qu'est-ce que la
« coopération ouvrière pour la production, la participation
« des ouvriers et employés aux bénéfices des entreprises
« auxquelles ils sont attachés, sinon l'essai d'une organi-
« sation meilleure et d'une *rémunération plus juste* du
« travail »?

C'est, on le voit par cet extrait, la doctrine participationniste dans toute sa pureté et dans toute sa plénitude que
M. Doumer a défendue à la Chambre. Et grâce à la netteté
de ses déclarations, ce n'est pas avec un masque et comme
à la dérobée que nos idées ont sollicité les suffrages, mais le
visage découvert et en exposant fièrement leur but et leurs
espérances.

La commission de la Chambre apporta une légère modification au 1er article de la participation.

Texte du Sénat.	Texte de la Commission de la Chambre.
Tout commerçant, indus-triel ou agriculteur, toute société commerciale, indus-trielle ou agricole, peut ad-mettre ses ouvriers ou em-	Tout commerçant, indus-triel ou agriculteur, toute société commerciale, indus-trielle ou agricole, peut ad-mettre ses ouvriers ou em-

<table>
<tr><td>Texte du Sénat.</td><td>Texte de la Commission de la Chambre</td></tr>
<tr><td>ployés à participer aux bénéfices, sans que cet engagement entraîne pour les participants aucune responsabilité en cas de perte.</td><td>ployés à participer aux bénéfices de l'entreprise sans que cette participation entraîne, pour les ouvriers ou employés, aucune responsabilité en cas de perte.</td></tr>
</table>

La discussion eut lieu le 29 mars, le 25, le 26 et le 27 avril 1893 ; la Chambre adopta dans toute sa teneur le texte de la commission sur le Contrat de participation. Présenté pour la seconde fois au Sénat, il vint en discussion les 7, 8 et 11 décembre 1893. De nombreux changements ayant été votés dans les dispositions concernant les Sociétés coopératives, le projet de loi reprit encore une fois le chemin du Palais-Bourbon.

La Commission du travail de la Chambre proposa deux paragraphes additionnels à l'article 1er du Contrat de participation. Au paragraphe ci-desus elle ajouta les deux suivants :

« La participation peut être établie à titre bienveillant par le chef d'entreprise et ne donner lieu à aucun contrôle de la part des intéressés.

« Elle peut résulter d'un contrat qui donne aux participants le droit de contrôler les comptes. »

Cette addition introduit dans le projet une distinction importante. Dans les dispositions antérieures, la loi ne visait que la participation bienveillante qui ne créait pour le patron qu'un engagement moral : le nouveau texte de la commission du travail reconnaît explicitement la participation contractuelle, qui donne aux participants le droit de vérifier les comptes. Ces paragraphes entraînèrent le remaniement de l'article suivant :

Texte du Sénat.

En acceptant la participation, les intéressés peuvent renoncer expressément à tout contrôle et à toute vérification.

« Dans le cas où il n'y a pas de renonciation, ce contrôle et cette vérification peuvent être réglés par les dispositions particulières de la convention.

« Dans le cas où il n'y a ni renonciation ni réglementadu contrôle, la vérification annuelle des comptes est faite par un expert amiablement choisi, ou, en cas de désaccord, désigné, selon les cas, soit par le président du tribunal civil, soit par le président du tribunal de commerce.

Texte de la Commission du travail.

Le contrat de participation peut déterminer les conditions du contrôle des comptes.

Si les conditions du contrôle n'ont pas été fixées par le contrat, un ou trois experts comptables seront désignés chaque année, d'avance et d'un commun accord, par le chef de la maison et par l'assemblée générale des participants, pour constater si l'inventaire est régulièrement établi et si la part de bénéfice qui revient au personnel lui est réellement attribuée

A défaut de désignation faite d'accord par les intéressés, les experts seront nommés d'office, sur simple requête, soit par le président du tribunal civil, soit par le président du tribunal de commerce.

Les parties auront la faculté de convenir à l'avance que les experts ou telles autres personnes qu'elles auront choisies, statueront comme arbitres amiables compositeurs et en dernier ressort, sur les difficultés qui pourraient s'élever au sujet des comptes ou des inventaires.

Les modifications proposées au texte du Sénat, par la commission du travail, dans cet article, sont la conséquence de la distinction entre la participation patriarcale et la contractuelle. Le contrôle auquel on peut renoncer dans celle-là, est indispensable dans celle-ci ; on n'y saurait admettre la renonciation, car, la participation résultant d'un contrat, l'une des deux parties ne peut avoir le droit d'exécuter ce contrat comme il lui plaît, sans rendre des comptes et sans être contrôlée. Mais il était en même temps nécessaire, pour assurer le développement rapide de la participation, de rendre ce contrôle facile et d'éviter l'ingérence du personnel, les conflits et les procès auxquels elle aurait pu donner lieu. Le texte si explicite de la commission remplit toutes ces conditions.

Le dernier paragraphe, qui n'existait pas dans le projet voté par le Sénat, est une dérogation à l'article 1006 du Code de procédure civile. « Le compromis, dit cet article *désignera les objets* en litige et *les noms des arbitres*, à peine de mutilité ». D'après de nombreux arrêts de la Cour de Cassation, pour que l'objet en litige soit désigné, il faut que le compromis d'après lequel les parties se soumettent à l'arbitrage, porte *sur un cas déjà existant* et non sur un cas désigné d'avance.

L'application de cet article au Contrat de participation aurait été, d'après l'avis de la commission, un grave obstacle à l'avenir de cette institution. C'est pour la dégager de cette entrave que le texte de la Chambre propose de donner à la décision des arbitres amiables la valeur du dernier ressort dans le contrôle des comptes participationnistes.

Dans les délibérations précédentes on avait exempté de l'impôt sur le revenu la part de bénéfices attribuée aux ouvriers et employés, sans faire de distinction entre les bénéfices provenant directement du travail et ceux qui seraient perçus à titre d'actionnaire ou de copropriétaire de l'entreprise. La Commission a fait cette distinction.

Texte du Sénat.	Texte de la Commission.
L'impôt sur le revenu n'est pas prélevé sur la part de bénéfice distribuée aux ouvriers ou employés d'une entreprise comerciale, industrelle ou agricole.	L'impôt sur le revenu n'est pas prélevé sur la part de bénéfice distribuée aux ouvriers ou employés d'une entreprise commerciale, industrielle ou agricole, sauf toutefois sur la partie de ce bénéfice qui reviendrait à ces ouvriers ou employés pour le capital qu'ils auraient dans l'entreprise, ainsi qu'il est prévu par l'article 44.

Ainsi, seuls les bénéfices du travail sont exemptés de l'impôt; les autres, qui ne sont que la rémunération du capital, sont passibles de la taxe fixée par la loi du 26 juin 1872 pour les valeurs mobilières.

Enfin la commission de la Chambre a terminé la règlementation du contrat de participation par l'article additionnel suivant : « Les sommes payées aux ouvriers ou em- « ployés à titre de participation aux bénéfices, ne pourront, « sauf le cas de concert frauduleux, être l'objet d'aucune « répétition, même en cas de faillite de l'entrepreneur ».

« Il en sera de même des sommes qu'un chef d'entre- « prises aura distribuées, à titre de participation, à ses « ouvriers ou employés, sans y être obligé par un con- « trat ».

Cette disposition est le couronnement logique du projet de loi. Il était de toute nécessité que les ouvriers et employés fussent mis à l'abri de toute réclamation ultérieure relativement à leur part de bénéfice et qu'ils pussent jouir en toute sécurité de la légitime rémunération de leur travail. Cet article leur en garantit la tranquille possession.

Le projet de la commission fut adopté sans discussion à la séance du 5 mai 1894.

Dans cette séance, M. Gauthier de Clagny, un des plus éminents jurisconsultes de la Chambre, proposa un nouvel article ainsi conçu :

« Quiconque aura, par contrat, admis ses ouvriers ou « employés à participer aux bénéfices de son entreprise, sera « pendant cinq ans déchargé de la contribution de la « patente. »

« Le bénéfice de ce dégrèvement ne sera accordé qu'en « justifiant d'une distribution de bénéfices supérieurs d'au « moins un quart au montant de la patente ».

Cette disposition étendait au participationnisme, pendant une période quinquennale, le privilège qu'on avait déjà accordé aux sociétés coopératives de consommation. Elle avait l'avantage d'activer le développement de la participation, et comme l'exemption était limitée à cinq ans, elle n'aurait porté au budget des recettes qu'une atteinte insignifiante, qui du reste aurait eu une ample compensation dans l'augmentation de la production nationale, conséquence naturelle de la suppression des grèves ou du moins de leur notable diminution par la pratique du participationnisme. Cependant il ne fut pas statué sur cette proposition. M. Doumer, rapporteur, ayant fait observer que cet article serait « mieux à sa place » dans une loi spéciale, qui serait prochainement présentée à la Chambre, relativement à l'organisation de la participation aux bénéfices, M. Gauthier de Clagny se rangea à cet avis et réserva son amendement pour le jour où cette nouvelle loi viendrait devant la Chambre.

Tous les partisans de la Participation, qui ont la conviction profonde des avantages sociaux et économiques qu'elle

présente pour la pacification des conflits entre le capital et
le travail et pour le relèvement de la production, ont été
unanimes à regretter cet ajournement. C'est surtout en matière parlementaire qu'il vaut mieux tenir qu'espérer, et
l'expérience nous a trop souvent prouvé que ces ajour-
nements équivalaient à un enterrement. Cependant, nous
tenons de M. Doumer lui-même que le projet auquel il a
fait allusion, ne tardera pas à voir le jour; car il en sera
lui-même l'auteur, et nous connaissons assez M. Gauthier
de Clagny pour promettre aux amis de la Participation que
le jour de la discussion il saura rompre plus d'une lance
pour le succès de la cause participationniste.

Le projet de loi, voté par la Chambre, fut discuté par le
Sénat le 27 février 1896. C'était la vingtième séance que le
Parlement consacrait aux Sociétés coopératives et à la Participation. Le titre VI qui concerne notre sujet, fut adopté
sans discussion et sans modification, et le Sénat décida de
passer à une seconde délibération. Quand viendra-t-elle?
Tôt ou tard? C'est le secret du Sénat. Bien que notre seconde Chambre ne se hâte que fort lentement, nous espé-
rons qu'elle ne nous fera pas trop attendre ce vote définitif, qui donnera enfin force de loi aux sages et salutaires dispositions que nous venons d'exposer (1).

---

(1) Voici actuellement le texte du projet de loi sur le contrat de
Participation.

Art. 1er, § 4. — La loi reconnaît encore le contrat de participation
limité à la seule participation aux bénéfices.

Art. 41. — Les sociétés coopératives de production qui utiliseront
des ouvriers ou employés recrutés en dehors de leurs membres, ne
jouiront des immunités fiscales concédées par la présente loi que si
elles font participer ce personnel aux bénéfices de l'entreprise.

Cette participation devra consister au moins dans la répartition de
50 o/o des bénéfices nets annuels, défalcation faite de l'intérêt du
capital et des autres prélèvements prévus par les statuts, distribués au

Les résultats de cette loi seront aussi prompts qu'étendus. La Participation sera, dès la promulgation de la loi, adoptée par les 191 sociétés coopératives de production

prorata des traitements et salaires des ouvriers et employés, associés ou non.

Les ouvriers ou employés non associés ne sont admis à la répartition que s'ils ont au moins un an de présence dans la société.

Les statuts détermineront la faculté de contrôle reconnue aux participants.

Art. 43. — Tout commerçant, industriel ou agriculteur, toute société commerciale, industrielle ou agricole, peut admettre ses ouvriers ou employés à participer aux bénéfices de l'entreprise, sans que cette participation entraîne pour les ouvriers ou employés aucune responsabilité en cas de perte.

La participation peut être établie à titre bienveillant par le chef de l'entreprise et ne donner lieu à aucun contrôle de la part des intéressés.

Elle peut résulter d'un contrat qui donne aux participants le droit de contrôler les comptes.

Art. 44. — Le contrat de participation peut déterminer les conditions du contrôle des comptes.

Si les conditions de contrôle n'ont pas été fixées par le contrat, un ou trois experts comptables seront désignés chaque année, d'avance et d'un commun accord, par le chef de la maison et par l'assemblée générale des participants, pour constater si l'inventaire est régulièrement établi et si la part de bénéfice qui revient au personnel lui est régulièrement attribuée.

A défaut de désignation faite d'accord par les intéressés, les experts seront nommés d'office, sur simple requête, soit par le président du tribunal civil, soit par le président du tribunal de commerce.

Les parties auront la faculté de convenir à l'avance que les experts ou autres personnes qu'elles auront choisies, statueront comme arbitres amiables compositeurs, en dernier ressort, sur les difficultés qui pourraient s'élever au sujet des comptes ou des inventaires.

Art. 45. — L'impôt sur le revenu n'est pas perçu sur la part de bénéfice distribuée aux ouvriers ou employés d'une entreprise commerciale, industrielle ou agricole, sauf toutefois sur la partie de ce bénéfice qui reviendrait à ces ouvriers ou employés pour le capital qu'ils auraient dans l'entreprise, ainsi qu'il est prévu par l'article 44.

Art. 46. — Les sommes payées aux ouvriers ou employés à titre de participation aux bénéfices, ne pourront, sauf le cas de concert frauduleux, être l'objet d'aucune répétition, même en cas de faillite de industrielle et par les 134 de production agricole (2) : l'article 41 l'y rend obligatoire. Quant aux autres établissements patronaux ou associations, la voie de la participation ne leur sera plus barrée par l'obstacle qui a pu jusqu'ici les arrêter. Comme, avant le projet actuel, la loi ne reconnaissait pas le contrat de participation, en vertu du droit commun tous les participants pouvaient s'ingérer dans la comptabilité, même en cas de renonciation de tout contrôle, car la clause compromissoire, comme nous l'avons dit un peu plus haut, n'a aucune valeur en jurisprudence. Devant la perspective de cette ingérence dans ses comptes, plus d'un patron, gagné d'ailleurs à la cause participationniste, a pu renoncer à l'adopter. Cette barrière est désormais renversée. Même dans la participation contractuelle, le patron peut « déterminer les conditions du contrôle des comptes », et en cas où elles ne seraient pas fixées par le contrat, ce contrôle ne pourrait donner lieu à aucun litige et serait toujours amiablement réglé, comme il appert du paragraphe 4 de l'article 44, qui reconnaît la validité du compromis en matière de participation.

Le terrain est donc net. Les plus prudents et les plus méticuleux peuvent s'y avancer sans crainte : la Participation est débarassée de tout encombre ; la sagesse de nos législateurs a su respecter jusqu'au scrupule la liberté de travail et en même temps ouvrir sans fracas et sans révolution, à tous les travailleurs, l'horizon du bien être et de la sécurité.

Que si maintenant on veut mesurer le chemin parcouru en un demi-siècle par l'idée participationniste, on n'a qu'à rapprocher ces deux dates, 1842 et 1896. En 1842, le gou-

l'entrepreneur. Il en sera de même des sommes qu'un chef d'entreprise aura distribuées à titre de participation, à ses ouvriers ou employés, sans y être obligé par un contrat.

(2) Statistique de l'Office du travail (juin 1846).

vernement défendait « au sieur Leclaire » de réunir ses ouvriers pour leur parler de la participation aux bénéfices ; en 1896, c'est la loi française elle-même qui prend cette institution sous son égide et en proclame les effets salutaires (1).

(1) Nous n'avons signalé dans cet historique que les étapes principales de la Participation. Nous engageons ceux de nos lecteurs qui désireraient de plus amples renseignements, à lire l'introduction du livre si documenté de M. Trombert, « Les applications à la participation aux bénéfices », surtout pour ce qui concerne les congrès et les ouvrages relatifs à ce sujet. On ne peut rien trouver de plus exact et de plus complet.

CHAPITRE III.

Nature de la Participation : ses caractères fondamentaux.

S'il est important, dans une doctrine qui a déjà résisté aux assauts du temps, de définir les termes, cette méthode est d'une absolue nécessité quant il s'agit d'un système nouveau. C'est faute d'avoir suivi ce conseil de la vieille logique qu'on a commis de nombreuses erreurs sur la Participation aux bénéfices et qu'on l'a souvent confondue avec d'autres institutions qui avaient aussi pour but l'amélioration du sort des travailleurs. Ainsi, dans une enquête faite en 1874 par le gouvernement bavarois, les commissaires signalèrent plus de cinquante entreprises industrielles comme pratiquant la participation. Des informations ultérieures, puisées par M. le Dr Böhmert auprès des patrons eux-mêmes, établirent que dans la plupart de ces maisons on ne pratiquait que le système des primes et des gratifications. M. Maurice Block, membre de l'Institut, un de nos économistes les plus orthodoxes, qui a encore pour le salariat une ferveur de néophyte, reproche aux apôtres de la participation d'avoir, pour augmenter le nombre de leurs adeptes, désigné sous ce nom en maintes occasion « le système des primes. »

Ces malentendus ne sont plus possibles depuis 1889. Pénétrés de cette règle fondamentale de la science expérimentale, tant recommandée par notre illustre Claude Bernard, que la bonne foi est la première des qualités de l'expérimentateur, les membres du Congrès international de la participation, tenu au palais du Trocadéro pendant l'exposition universelle du Centenaire de 1789, ont délimité la sphère participationniste par une définition précise, à l'instar des définitions prônées par les logiciens de Port-Royal, et distingué la Participation de toutes les autres améliorations du salariat. Désormais il ne peut plus y avoir d'équivoque.

« La Participation dans les bénéfices est une libre con-
« vention expresse, ou tacite suivant les cas, par laquelle
« un patron donne à son ouvrier, en sus du salaire normal,
« une part dans ses bénéfices, sans participation aux
« pertes. »

Cette définition, aussi courte que précise, est d'accord de tous points avec le projet de loi exposé dans le chapitre précédent, cont'ent les caractères constitutifs du Participationnisme et lui assigne une place bien déterminée entre les divers systèmes qui prétendent donner la solution du problème de la rémunération du travail.

La *quiddité* de la Participation, c'est la qualité contractuelle : l'accord de la volonté libre du patron et de celle de l'ouvrier crée une obligation réciproque, obligation pour l'ouvrier de fournir son travail, et pour le patron de payer ce travail par une première rémunération fixe, le salaire, minimum indispensable pour les besoins du travailleur, et par une seconde d'un caractère éventuel, une part dans les bénéfices de l'entreprise : c'est en d'autres termes l'union libre du capital et du travail. C'est cette obligation qui constitue la différence entre la Participation et le système des primes et des gratifications. Celles-ci sont des dons facultatifs; ils dépendent du bon plaisir et sont purement arbitraires; en vertu de la convention participationniste, au contraire, la part de bénéfice stipulée est due à l'ouvrier au même titre que le salaire. Mais ce qui donne à ce contrat une influence sociale d'une haute portée, c'est que le patron contracte cette obligation sans y être contraint par la loi, spontanément, dans l'intérêt de ses ouvriers qu'il veut traiter en hommes et non comme de simples outils, mû par sa seule conscience et par une conception supérieure de la justice.

Cette convention ne supprime pas le salaire. M. Paul Leroy-Beaulieu, la personnification de l'économie classique, se figurant que les participationnistes voulaient détruire le salariat, a accablé la Participation de ses foudres et de ses sarcasmes. Aucun de nous, même les plus fervents néophytes, qui pourtant en général ne manquent pas d'audace, n'a eu cette naïveté économique. Le salaire est une des conditions essentielles de la production, non seulement dans une société où on reconnaît les droits du capital, mais encore dans la société collectiviste ou communiste. Les disciples de Marx ou de Babeuf réussiraient-ils à abolir la propriété individuelle, il n'en faudrait pas moins donner aux travailleurs, en espèces ou en bons de travail, de quoi subvenir à leur subsistance journalière et à celle de leur famille. De quelque nom qu'on appelât cette rétribution, eût-on pour la déguiser recours à tous les *distinguo* de la subtilité scolastique, cette rétribution n'en serait pas moins un vrai salaire. Aussi, loin de chercher à renverser le salariat et d'annoncer ses prochaines funérailles, le Participationnisme n'a-t-il d'autre but que de l'améliorer et de transformer *la loi d'airain* en un contrat humain et équitable.

Le contrat participationniste est-il légitime? Telle est la première question à laquelle il faut répondre tout d'abord.

On a prétendu qu'il était contraire aux principes de l'équité, car il constituait une injustice envers le capital. Il ne serait juste, a-t-on dit et répète-t-on encore, que si les travailleurs partageaient les pertes en même temps que les bénéfices.

Cette thèse est soutenue par deux sortes d'esprits : les légistes, qui mesurent l'étendue du droit au texte écrit, et les scrupuleux conservateurs des us et coutumes. Comme jusqu'ici le code et les usages n'ont admis l'union du capital et du travail que sous la forme d'une association où tous les associés partagent également les pertes et les bénéfices, cette forme leur parait l'unique expression de la justice. Le participationnisme s'écartant de ce dogme, est par ce seul fait condamné sans rémission, il est injuste.

Voilà le puissant raisonnement sous lequel doit s'effondrer la Participation : elle ne peut se relever d'un pareil coup de massue. L'argumentation est loin d'être nouvelle. On l'a opposée à chaque progrès qui a marqué les étapes de la civilisation : elle revient à dire que toute innovation est mauvaise par la seule raison qu'elle modifie le passé.

C'est avec ce raisonnement que l'Inquisition condamnait au bûcher la liberté de penser, que Louis XIV révoquait l'Edit de Nantes et chassait du sol français des milliers de sujets aussi dévoués à la grandeur de la patrie que fermes dans leurs croyances ; c'est avec cet argument que les idolâtres des formes littéraires du passé accablaient de critiques les comédies de Molière et sifflaient les drames de Victor Hugo.

La participation ne ressemble pas à l'association : c'est évident. Mais s'en suit-il pour cela qu'elle soit injuste ? Et comment ne serait-il pas équitable le contrat qui a pour objet de répartir la valeur de la production entre les agents producteurs, suivant l'évaluation du concours de chacun d'eux ? Le travail concourant à produire les bénéfices d'une entreprise, n'est-il pas de toute justice qu'il ait aussi sa part dans leur répartition?

Quant aux pertes, elles ne sont pas imputables au travail. Si une entreprise croule alors que les ouvriers ont fourni un travail normal, c'est qu'elle était mal conçue par l'entrepreneur ou qu'elle a été mal dirigée, mais on ne saurait en rendre responsables les travailleurs. Producteurs des bénéfices, il est équitable qu'ils y participent ; irresponsables des pertes, il serait injuste qu'ils les supportassent.

D'ailleurs, la participation aux bénéfices n'est pas rare dans le commerce et dans l'industrie. Elle existe depuis longtemps pour les directeurs, les ingénieurs, les principaux employés des grandes entreprises. Le Participationnisme ne fait que l'étendre à tout le personnel. Ce qui est juste pour les uns, ne peut être injuste pour les autres. C'est cette légitimité qu'a consacrée la loi française dans le paragraphe 4 de l'article 1er de la loi sur le contrat de participation, où il est dit : La loi reconnaît encore le contrat de participation limité à la seule participation aux bénéfices ; et lors de la discussion, aucune voix, à la Chambre des Députés ni même au Sénat, n'a protesté contre cette théorie.

S'il est assez aisé d'établir la participation sur une base solide, dès qu'on en vient à l'application, il surgit des points bien délicats à régler, des questions fort complexes à résoudre, soit sur le *quantum* respectif du travail et du capital dans les bénéfices, soit sur le mode de répartition de ce *quantum*, sur le contrôle des comptes et sur le mode d'emploi des fonds attribués au travail. Le degré d'efficacité du système dépend même de la manière dont sont réglées ces conditions qui constituent les éléments essentiels de la participation. Nous allons les étudier successivement (1).

______

(1) Il ne s'agit dans ce chapitre que de la participation appliquée au commerce ou à l'industrie : on trouvera plus loin ce qui concerne l'agriculture et la pêche maritime.

Il est impossible de déterminer un *quantum* unique pour tous les cas de la participation. Cette détermination a pour base la proportion du capital et du travail dans la production et varie avec la nature des entreprises. Dans les industries où les salaires représentent 70 0/0 environ de la valeur du produit, comme dans l'extraction de la houille et dans la peinture en bâtiment, le *quantum* du travail sera très élevé. Ainsi, dans l'ancienne maison Leclaire, les statuts attribuent 75 0/0 des bénéfices nets au personnel : 50 0/0 sous forme de parts individuelles et 25 0/0 à la Société de Secours mutuels ; à The Carlton Iron Company, le quantum des ouvriers est de 50 0/0 ; c'est aussi 50 0/0 que distribuèrent à leur personnel MM. Briggs, à Whitwood, de 1865 à 1874. Dans les entreprises, au contraire, dont l'installation, l'outillage et l'exploitation exigent de gros capitaux et où le travail n'entre que pour une faible part dans la valeur du produit, le taux de la participation sera moindre. A la papeterie d'Angoulême dont le capital social est de 4,500,000 francs et où les salaires ne représentent que 16 0/0 des frais de production, le *quantum* du personnel est environ de 16 0/0 des bénéfices nets ; à la maison Hanappier, de Bordeaux, où la main-d'œuvre contribue à peine dans la proportion de 1/30 à la production, le travail ne peut réclamer ni espérer une part égale à celle du capital.

Pour déterminer ce *quantum* on a proposé diverses combinaisons dont les auteurs évaluent chacun à sa manière le concours des facteurs de la richesse.

M. Chaix dont la maison est un modèle d'organisation participationniste en même temps que d'institutions patronales, estime que l'idéal, c'est de donner un tiers à l'intelligence, un tiers au capital, un tiers au travail (1).

(1) « Quant à la mesure de la répartition, je ne saurais l'indiquer : peut-être un jour donnera-t-on un tiers à l'intelligence, un tiers au

M. Godin a un principe plus rationnel. Le capital et le travail, dit-il, s'associant pour produire, leurs droits doivent être proportionnels à leurs services respectifs. Ces services sont évalués : pour le capital, par l'intérêt payé avant tout partage des bénéfices ; pour le travail, par le salaire payé avant toute répartition des profits. Les bénéfices qui restent après cette déduction, doivent être partagés entre les deux agents producteurs au prorata de leur concours dans l'œuvre productive. Quant à la direction, qui n'est qu'une forme du travail, — le travail intellectuel, — comme son traitement figure au compte des salaires, elle a sa part bénéficiaire dans l'allocation revenant au travail.

M. Huet, ingénieur civil à Delft, propose une autre base d'évaluation assez ingénieuse.

« Calculez, dit-il, les intérêts du capital des actionnaires à un taux convenu, 5 0/0, par exemple ; déduisez-les, à titre de salaire du capital, du bénéfice qu'aura donné l'entreprise : vous aurez ainsi le profit *net*.

« Capitalisez les salaires annuels du personnel à un taux convenu d'avance, 10 0/0, par exemple, et nommez capital du personnel le chiffre ainsi obtenu.

« Le profit net sera divisé entre les actionnaires et le personnel de l'entreprise à raison des deux capitaux indiqués ci-dessus. »

Il y a une différence considérable entre les résultats de la méthode de M. Chaix et celle de MM. Godin et Huet. On peut en juger par l'exemple suivant. En 1877, la maison Leclaire dont le capital social est de 400,000 francs eut 230,000 francs de bénéfices nets : le montant des salaires s'élevait à 645,484 francs.

capital, un tiers au travail : c'est ma conviction; mais quant à présent il faut laisser chacun faire la part à sa guise, suivant les besoins de l'industrie qu'il exerce. » (*Enquête extra-parlementaire sur les associations ouvrières*, t. II. Déposition de M. Chaix).

D'après le système de M. Chaix, ces bénéfices auraient été ainsi répartis :

1/3 au Capital	76.666 fr. 66
1/3 à la Direction	76.666 66
1/3 au Travail	76.666 66
Total	229.999 fr. 98

En suivant la méthode de M. Godin, comme les salaires représentent 32/33 et que le capital ne représente que 1/33, on aurait eu la répartition suivante :

Capital	6.969 fr. 69
Travail	223.030 08
Total	229.999 fr. 77

Le capital ayant déjà reçu 5 0/0, c'est-à-dire 20,000 francs, à titre d'intérêts, a pour sa part totale dans l'exercice 26,969 fr. 69 : c'est 6,75 0/0 par an.

En capitalisant les salaires à 10 0/0, le principe de M. Huet ne donne pas des résultats notablement différents de ceux de M. Godin.

Capital	14.350 fr. »
Travail	215.625 »

Le travail a 15/16 et le capital 1/16 : car la capitalisation à 10 0/0 du montant des salaires forme pour le capital-travail une somme de 6,454,840 francs. La part du capital-argent est de 3,58 0/0, ce qui, avec l'intérêt de 5 0/0 payé à titre de salaire au capital, lui fait une rénumération de 8,58 0/0 chaque année.

D'après le système de M. Chaix, fondé plutôt sur une sorte d'intuition philanthropique que sur l'analyse du phé-

nomène producteur, les résultats de la participation seraient
presqu'insignifiants pour le travailleur; ce serait presque
un leurre. Dans le cas présent, la part de chaque ouvrier
n'eût été que de 92 francs. La méthode de MM. Godin
et Huet est fondée sur un principe scientifique : mais, dans
la fixation des intérêts du capital, elle ne tient pas assez
compte des risques qu'il court. Les systèmes dernièrement
proposés par M. Bernard-Lavergne, sénateur, et par M. Gray,
secrétaire-général de l'Union coopérative de la Grande-Bretagne, ont une grande analogie avec celui de M. Godin.

En fondant à Delft, en 1891, une imprimerie qui porte
son nom, M. Van Marken a inauguré une base de répartition qui pousse le système participationniste jusqu'à son
extrême limite. Le capital ne reçoit qu'un intérêt de 6 0/0
en paiement de ses services et des risques courus et la
totalité des bénéfices est donnée au travail. L'initiative est
aussi hardie que généreuse ; mais il est peu probable que
cette héroïque abnégation devienne la règle du monde
industriel.

L'application de la méthode de M. Godin ou d'une combinaison analogue ferait sans contredit rendre à la Participation son maximum de résultats matériels et moraux.
Mais si conforme à l'équité que soit ce *quantum* pour la
répartition de la richesse entre les deux agents producteurs,
quelque désirable qu'en soit la réalisation, ce qu'il y a de
plus important dans l'ère de transition où nous nous trou-
vons actuellement, ce n'est pas de courir à la recherche
de la perfection ou de l'idéal en matière de participation,
c'est d'élever le monde industriel, patrons et ouvriers, jusqu'au principe même. Dès que ce principe aura été admis
dans une entreprise, quel que soit le *quantum* attribué par
le patron à son personnel, ce sera un grand pas de fait
vers le progrès et une victoire de la justice : c'est, du reste,
à ce mobile qu'ont obéi la plupart des patrons en adoptant

la participation et en distribuant à leurs ouvriers une partie de leurs bénéfices, sans se demander si la fixation du *quantum* était régie par une règle quelconque. Le temps, ce grand propagateur de toute idée juste, fera le reste et amènera insensiblement les mœurs au *quantum* logique et rationnel. Vouloir précipiter cet événement, ce serait s'exposer à arrêter cette évolution pacifique. En constatant que la nature physique ne procède pas par bonds, *non saltus facit natura*, M. Bacon a émis en même temps une loi du monde économique et moral. Ce n'est qu'après de longs et de nombreux désastres qu'on a reconnu les tristes conséquences du salariat orthodoxe; ce ne sera qu'après de longs et nombreux bienfaits qu'on retirera de la doctrine participationniste tout le bien qu'elle est capable de faire au corps social. La seule règle à suivre aujourd'hui, c'est de laisser au patron le soin de fixer le taux de la participation, en prenant pour guide les conseils de sa conscience et en s'inspirant des nécessités de son entreprise et des conditions du milieu où il vit.

Bien que la détermination du *quantum* joue un grand rôle en cette matière, dans bien des cas les patrons n'ont pas cru à propos de le fixer d'avance. D'après le rapporteur du Jury international des récompenses au Centenaire de 1889, M. Charles Robert, parmi les 251 établissements qui pratiquaient la participation à cette époque, il y en avait 72 où le *quantum* était indéterminé. Aux Moulins de Pillsburg, à Minneapolis (Etats-Unis), à la fabrique d'Hengels (Hollande), le taux, bien que déterminé, n'est connu que des employés supérieurs. A la maison de teinturerie Renard, Villet et Bunand (Lyon), le taux, tout en étant fixé à l'avance, est inconnu du personnel. C'est surtout dans les entreprises patronales qu'on procède ainsi. Cette mesure est dictée par une extrême prudence. Comme dans les maisons où le *quantum* est déterminé, on ne pourrait contester aux ouvriers le droit de contrôle et de vérification des comptes, car, d'après la législation, la clause compromissoire, eût-elle été insérée dans les statuts, est nulle, ils ont évité cette ingérence, quelqu'improbable qu'elle fût, en laissant le *quantum* à l'état indéterminé. La loi sur le Contrat de participation admettant la validité du compromis en la matière, comme nous l'avons vu dans le chapitre précédent, il sera désormais loisible aux patrons de déterminer le taux de la participation, toutes les fois que cette fixation ne leur paraîtra pas préjudiciable au secret de leurs affaires. Cette confiance produira certainement un excellent effet sur l'esprit des ouvriers, surtout si on leur expose sans équivoque que le *quantum* choisi met dans un juste équilibre les intérêts du capital et les leurs.

Comme dernière considération sur le *quantum*, il est à remarquer que des maisons importantes, M. Mame, à Tours, la librairie de M. Masson, à Paris, ont pris pour base de répartition des bénéfices entre le capital et le travail, le chiffre des ventes. N'est-ce pas le système des primes et est-ce encore celui de la participation? Telle est la question qui ressort de cette disposition.

Si la rétribution portait sur chaque vente et était jointe au payement hebdomadaire ou mensuel des salaires ou traitements, il serait difficile de voir dans cette organisation le système participationniste, ce serait le *tant pour cent*, une guelte, en un mot une rénumération qui rentrerait dans la classe des primes, comme aux Magasins du Louvre et de la Samaritaine. Mais la répartition n'a lieu qu'à la clôture de l'exercice, au prorata des traitements ou des salaires, d'après le taux fixé par les statuts ; les parts indi-viduelles sont versées à une Caisse de prévoyance, ins-crites sur un carnet de participation qui est la propriété du titulaire, et constituent un capital d'épargne dont il ne pourra jouir qu'après vingt ans de services ou à l'âge de soixante-cinq ans. C'est le participationnisme.

D'ailleurs, calculer le *quantum* d'après les ventes, revient au fond à prendre pour base les bénéfices. En fixant ce taux, la direction de ces établissements s'est reportée aux résultats des exercices précédents, à l'écart entre le prix de revient et le prix de vente, et ce n'est que d'après les bénéfices de ces bilans qu'elle a déterminé la part du travail. La seule différence entre cette méthode et la méthode ordinaire, c'est que dans celle-ci la détermination repose sur des résultats constatés par le bilan de l'exercice, sur des bénéfices déjà encaissés, tandis que dans celle de MM. Mame et Masson, on suppose que le chiffre des affaires de l'exercice courant laissera les mêmes bénéfices que les exercices précédents, et c'est sur cette hypothèse qu'a été fixé le taux alloué au personnel. Dans un cas, les bénéfices sont connus ; dans l'autre, ils sont conjecturés d'après les résultats antérieurs.

Après la question du taux de la participation vient celle de la répartition de l'allocation au personnel. Cette répartition est *collective* ou *individuelle*.

La première forme est la plus commune en Alsace. A la filature de MM. Steinheil, Diéterlen et Cie (Rothau), où la participation date de 1847, 10 0/0 des bénéfices nets sont versés à un compte d'ouvriers, dont le but est de subventionner une caisse de secours mutuels et de retraites, une caisse pour les veuves et d'autres institutions analogues. De 1847 à 1895, ce compte d'ouvriers a touché 401,082 fr. 70. Cette expérience de 48 ans a convaincu MM. Steinheil, Diéterlen et Cie « que la participation collective est à la fois d'une réalisa- « tion simple et d'une incontestable utilité (1) ».

Il en est de même à la Société anonyme d'industrie tex-tile de Mulhouse, Dornach et Belfort (ancienne maison Dol-fus-Mieg et Cie). Un prélèvement fixe sur les bénéfices

____

(1) Cette réponse a été faite par cette maison à l'enquête de la So-ciété de participation, en 1895.

est affecté à l'entretien de nombreuses institutions ouvrières fondées par MM. Charles et Jean Dolfus et par M. Engel Dolfus. D'après la communication faite par la direction de ces manufactures à la Société de participation, en 1895, il est alloué chaque année à ces institutions plus de 140,000 francs (2).

Enfin la maison Scheurer-Lauth et Cie, à Thann, consacre 10 0/0 des bénéfices nets à une Caisse de secours et de retraites. Cette caisse possédait le 30 juin 1895 un capital de 777.000 francs ; chaque année les dépenses s'élèvent à environ 40,000 francs. Depuis 1874, date de sa création, le total des dépenses a été de 550,000 fr. Le 19 octobre 1895, M. Scheurer écrivait à la société de participation : « Le fonc- « tionnement de nos institutions ouvrières nous donne « toute satisfaction. Il a certainement contribué à mainte- « nir les rapports, de tout temps excellents, qui existent « dans notre établissement entre les chefs et les ouvriers, et « à développer chez ces derniers l'esprit d'économie et de « prévoyance ».

Quant à la répartition individuelle, qui est la plus usitée, les modes en sont nombreux et variés. Voici les plus fréquents. Tantôt elle se fait au prorata des salaires ou traitements, comme au chemins de fer d'Orléans, à la Compagnie

(2) Ce tissage a été doté par ses fondateurs d'institutions ouvrières dont la prospérité n'a jamais décliné. On y a assuré le sort des apprentis, des ouvriers malades ou invalides, des vieillards, des veuves et des orphelins. On y a organisé un système d'assurances, les logements à bon marché, les pensions, une caisse d'épargne, un réfectoire, une salle d'asile et une caisse de secours.

« Il m'est aussi difficile, a dit Engel-Dolfus, d'admettre l'existence « d'un établissement manufacturier sans caisse de secours, sans caisse « de retraites, sans de nombreuses annexes des toute sorte en faveur « de la classe ouvrière, qu'il me serait impossible, par exemple, de « concevoir le grand commerce extérieur sans l'assurance maritime, « ou toute grande exploitation industrielle sans l'assurance contre le « feu. ».

d'Assurances générales, chez Mame, à la librairie Masson, à la Compagnie de Fives-Lille, au Lloyd belge, à l'ancienne maison Leclaire, pour ne citer que les établissements les plus connus ; tantôt elle est fondée sur la seule base de l'ancienneté, comme à la fabrique d'outils de MM. Reishauer le Bluntschli (Zurich), à la fonderie de fer de MM. Windhoff, Deeters et Cⁱᵒ (Prusse), à l'imprimerie Chaix, et à l'imprimerie Gounouilhou pour la première allocation.

Dans certains établissements, comme à la fabrique de M. Adler (Saxe), à l'imprimerie Montorier, aux Compagnies d'assurances : l'Aigle, la France, le Soleil, etc., la répartition a une double base, les salaires et l'ancienneté. A la fabrique de produits chimiques de Thann (Alsace) où existe ce mode, la part individuelle est de 3 0/0 de son salaire pour l'ouvrier qui a collaboré de 1 à 5 ans ; de 4 0/0, pour la période de 5 à 10 ans ; de 5 0/0, pour celle de 10 à 15 ans ; et de 10 0/0, pour celle de 15 à 40 ans. Si le total de ces parts est supérieur ou inférieur à l'allocation générale qui est de 10 0/0 sur les bénéfices nets, chaque part est augmentée ou diminuée dans la proportion de l'échelle ci-dessus.

On a pris parfois pour base les salaires et les fonctions, comme le comptoir d'Escompte de Rouen, les Compagnies d'Assurances la Providence, l'Union, le chemin de fer Louis de Hesse (Mayence), etc. Au Comptoir d'Escompte de Rouen, les fondés de pouvoirs, les chefs de service et les employés principaux se partagent une allocation fixe, dans des proportions déterminées tous les ans par le Conseil d'administration ; la part des autres employés est beaucoup plus faible. Pendant une période de douze ans, la moyenne de la première catégorie a été de 267 fr. au minimum et de 2,663 fr. au maximum ; durant cette même période, la part de la seconde catégorie n'a atteint qu'une moyenne minimum de 225 fr. et une moyenne maximum de 756 fr. Aux Compagnies d'assurances la Providence et l'Union, les appointements des chefs de bureau et des sous-chefs ne rentrent dans la répartition proportionnelle aux traitements qu'après une majoration de 150 0/0 pour les chefs de bureau et de 50 0/0 pour les sous-chefs, à la Providence ; de 100 0/0 pour les chefs de bureau et de 50 0/0 pour les sous-chefs, à l'Union.

Enfin, dans certaines entreprises, la répartition individuelle se fait sur la triple base des salaires, des fonctions et du mérite, comme à la papeterie d'Angoulême, à la maison Pétillat, à la fabrique de MM. Schœffer, Lalance et Cᵉ, etc. A la fabrique de machines agricoles de M. Pétillat, à Vichy (Allier), 20 0/0 de l'allocation attribuée au personnel sont donnés au contre-maître et aux chefs d'atelier ; 20 0/0 aux ouvriers qui ont constamment obtenu le nº 1 sur un tableau d'honneur affiché dans l'établissement, 5 0/0 à ceux qui ont le numéro 2, sur ce même tableau ; enfin le reliquat, 55 0/0, est partagé entre tous les participants au prorata des salaires (1).

Sauf la répartition collective, tous les autres modes de répartition créent des classes dans le personnnel. Rien, certes, de plus juste et de plus utile à la prospérité d'une entreprise et à la saine excitation de l'activité individuelle que ce sectionnement, lorsque la distinction spécifique de chaque catégorie est un caractère objectif et par là même indiscutable, comme le salaire, l'ancienneté et la nature de la fonction. Mais quand le classement repose sur le mérite, comme la constatation de ce mérite dépend de l'appréciation d'un chef de service, il est prudent de prendre de sages précautions pour empêcher tout soupçon de partialité ou de

(1) L'imprimerie Cassel et Cⁱᵒ, à Londres, qui occupe près de 1,000 ouvriers et employés, répartit les parts individuelles sur la base de l'ancienneté et de la nature des fonctions. Ce mode est très rare. M. Trombert l'a exposé dans le savant appendice qu'il a ajouté à la traduction de l'ouvrage de M. le docteur Böhmert.

faveur de se répandre dans le personnel, d'y exciter l'envie et d'y provoquer le mécontentement. A la chocolaterie Lombart où travaillent environ 500 ouvriers, comme le mérite est un des facteurs de la part individuelle, il est établi par une moyenne formée avec les notes données, l'une par le patron, la deuxième par le contre-maître et la troisième par le chef d'atelier.

Après la répartition de l'allocation, d'après un des modes que nous venons de passer rapidement en revue, vient la troisième phase de la Participation : le paiment des parts individuelles. Ce paiement peut-être immédiat, différé ou mixte. Chacun de ces trois genres a ses avantages et ses partisans.

I. — *Participation immédiate.* — Dans presque tous les établissements anglais, américains et suisses, les parts individuelles sont payées immédiatement en espèces à chaque participant. D'après la statistique faite par M. Trombert (1), à la fin de 1892, il y avait en Angleterre 49 maisons sur 85; aux États-Unis 27 sur 35; en Suisse 10 sur 17, qui pratiquaient le paiement immédiat ; en France, il n'y en a que 29 sur 107. C'est le seul en vigueur dans le métayage et dans la pêche maritime.

Ce mode de distribution semble être la conséquence du principe de la participation. Ce système repose sur l'obligation de répartir entre les facteurs de la production la valeur du produit, proportionnellement à leur concours. Ce concours peut être, comme nous l'avons dit, évalué librement par les patrons, mais après l'évaluation, la part de chacun est sa propriété. Dès lors il est de toute justice qu'il puisse en disposer à son gré, ce qu'il ne peut faire que si on lui paie immédiatement cette part en espèces. Tout autre mode est une

____

(1) *Guide pratique pour l'application de la participation aux bénéfices,* par M. Trombert, pages 137 et suivantes.

diminution de son droit de propriété et de sa liberté; c'est le mettre en tutelle, le regarder comme incapable de gérer ses propres intérêts en bon père de famille et ne voir en lui qu'un prodigue prêt à tout gaspiller, un homme sans prévoyance et dépourvu de tout ordre dans son ménage. « L'ou- « vrier doit avoir, dit M. Abadie, comme le patron, la « liberté de disposer, comme il l'entend, du bien acquis ». Aussi, est-ce dans le pays où le citoyen est le plus jaloux de sa liberté individuelle, dans le pays de l'*habeas corpus*, dans les républiques démocratiques de la Suisse et des Etats-Unis, que le paiement en argent est le plus répandu.

II. — *Participation différée*. — En France, la plupart des établissements et des patrons participationnistes, un certain nombre à l'étranger, ont adopté de préférence la distribution différée.

Renvoyer à une époque reculée le paiement des parts provenant de la participation, en réserver les fonds pour l'avenir, sous n'importe quelle forme, c'est introduire dans le contrat participationniste une sollicitude patriarcale. Le patron se transforme en protecteur de son personnel et en gardien fidèle de ses intérêts. Certes, rien de plus philantropique que ce rôle de Mentor qui, impose au patronat des soins incesssants et une comptabilité compliquée. Il est très beau « d'assurer l'avenir et de fonder l'épargne de chacun, comme le conseillait M. de Courcy (1) ». Mais il ne faudrait pas négliger le présent. Bien qu'affranchi de toutes retenues, le salaire d'un ouvrier qui est père de famille, peut-il subvenir aux besoins quotidiens de son foyer? Il y a, à la verrerie de Vierzon, un certain nombre d'ouvriers qui ont un salaire de 90 fr. par mois : comment ceux d'entre eux qui ont femme et enfants, viendront-ils à bout, avec leur trois francs

______

(1) Lettre à M. Chaix. — Compte rendu de la treizième session de l'Association française pour l'avancement des Sciences.

par jour, d'équilibrer les dépenses et les recettes, sinon par les plus dures privations ? Un serrurier de Paris, marié et père de deux enfants, dont le salaire est de 4 fr. par jour, nous a communiqué son budget. Sur les 1,400 fr. que lui rapportent 350 jours de travail, après le paiement d'un loyer de 280 fr. et des frais d'entretien les plus indispensables, déduction faite de quatre livres de pain par jour et d'un litre de vin nécessaire au renouvellement de la force musculaire, il lui restait pour la nourriture de quatre personnes 0 fr. 70 par jour, 0 fr. 17 par tête. La femme blanchissait elle-même le linge.

Pareille misère n'est pas un cas isolé : elle est malheureusement très fréquente dans les grandes villes, dans les centres d'agglomération ouvrière et parmi les ouvriers agricoles, où si souvent le chômage vient l'aggraver. Est-ce qu'en pareil cas le supplément annuel du salaire fourni par la participation ne serait pas un secours aussi urgent que bienfaisant? « Il sera probablement dépensé, ajoute M. de Courcy, dans la même lettre que nous venons de citer ». Il le sera certainement; mais à coup sûr ce ne sera ni luxe ni gaspillage. Le grief indéniable de la participation différée, c'est de n'avoir pas songé aux besoins de la famille ou de l'avoir traitée comme une quantité négligeable. Il serait digne de la sollicitude patronale de réparer ce grave oubli. Partout où le salaire ne représente pas, comme à l'imprimerie Van Marken (1), *le minimum des besoins modestes, mais raisonnables, d'après le milieu, d'une famille ouvrière*, la participation différée, obligatoire à la rigueur pour les ouvriers célibataires, devrait être facultative, sinon en totalité, du moins en partie, pour tout père de famille.

Il y a quelques établissements où on a, dans une certaine mesure, obvié à cet inconvénient. On a fondé à la Compa-

(1) Statuts de l'Imprimerie Van Marken, à Delft, art. 1er.

gnie du Canal de Suez un fonds de réserve pour les employés malheureux ou leurs enfants (2). A la Fabrique néerlandaise de levure et d'alcool, à la Fabrique néerlandaise d'huiles de Deft (Hollande), les parts individuelles sont payées comptant aux pères de famille ; à la Compagnie d'Assurance *la France*, 30 0/0 de l'allocation du personnel sont inscrits à un compte de réserve dont l'objet est de venir en aide aux employés nécessiteux.

Les fonds de la participation différée n'ont pas une destination uniforme. Ils sont affectés tantôt à la constitution d'une rente viagère, tantôt à celle d'un capital d'épargne ; ici à la formation d'un patrimoine, là à l'acquisition de parts de propriété des entreprises auxquelles sont attachés les participants.

1° De ces quatre modes d'emploi, celui qui a pour but une pension viagère est le moins commun. Il est cependant en vigueur dans de grands établissements.

La Fonderie Deberny le pratique depuis 1848. Les ouvriers qui ont fait 7,500 journées de travail, les ouvrières qui en ont réalisé 6,200, reçoivent une pension *partielle* à 50 ans et une pension *entière* à 55 ans ; mais tant qu'on travaille, on n'a droit qu'à la pension partielle. Grâce à cette organisation, l'ouvrier a des rentes de bonne heure. Actuellement, un certain nombre d'ouvriers touchent, tout en continuant de travailler et de gagner leur salaire, une pension qui va de 200 à 1,700 francs.

A la Compagnie du Canal de Suez, il est prélevé 2 0/0 sur les bénéfices pour les retraites des employés : le minimum de cette retraite est du tiers du traitement moyen

<hr>

(2) Article 10 : Toutes les fois que le produit des 2 o/o sera plus que suffisant pour assurer le minimum des retraites, il sera fait, sur l'ensemble de ce produit, un prélèvement de 10 o/o pour constituer un fonds de réserve destiné à pourvoir aux insuffisances et aux secours votés par le Conseil en faveur d'employés malheureux ou de leurs enfants (Règlement).

des trois dernières années des services ; certaines de ces pensions atteignent le chiffre de 5,000 de 8,000 et de 10,000 fr.

A la Fabrique néerlandaise de levure et d'alcool à Delft, les parts individuelles furent employées, jusqu'en 1886, au paiement de primes d'assurances pour constituer aux participants une rente viagère. Elles représentaient 7 0/0 du salaire et constituaient à l'âge de 60 ans pour un ouvrier entré au service de la maison à 21 ans une pension égale à son salaire. Depuis 1886, le paiement de ces primes entre dans les frais généraux : les fonds de de la participation sont payés comptant aux pères de famille, les célibataires n'en reçoivent que la moitié en espèces.

A la Verrerie de Vierzon, il a été créé en 1890 une caisse de retraites qui assure au minimum le tiers du salaire comme pension viagère : après le décès du retraité, un quart de la pension est servi à la veuve et chaque enfant a un secours de 2 fr. par mois jusqu'à ce qu'il ait satisfait à l'obligation de la loi scolaire.

La Blanchisserie et Teinturerie de Thaon (Vosges), qui occupe plus de 1,250 ouvriers verse 5 0/0 des bénéfices nets à une caisse de retraites destinée à fournir des pensions viagères aux ouvriers et aux ouvrières que l'âge ou les infirmités ont rendus incapables de travailler : le minimum de ces pensions est de 500 fr.

Depuis 1890, la maison Boivin, qui fabrique des ganses pour passementeries, alloue à son personnel 21 0/0 des bénéfices nets ; les parts des ouvriers et des ouvrières, versées à la Caisse nationale des retraites, à capital réservé, inaliénables insaisissables, forment pour chaque participant une pension dont la jouissance est fixée à l'âge de 50 ans.

En 1895, l'Imprimerie Chaix qui jusqu'alors avait payé comptant 1/3 des parts et réservé les deux autres tiers pour les capitaliser sur livret individuel, a adopté dans toute sa teneur la partipation différée. La totalité des 15 0/0 attribués au personnel, est versée à la caisse de retraites de l'État, pour constituer une pension viagère, sur livret individuel, à chaque participant à l'âge de 55 ans. Comme ces versements sont *à capital réservé*, à la mort de l'intéressé ce capital passe à ses héritiers.

Des dispositions analogues régissent la participation à la société du Journal et de l'Imprimerie du Progrès d'Eure-et-Loir et à la brasserie de MM. Schwab et Cie, près Epernay (Marne).

2° On affecte les fonds de la participation, dans certains établissements, à la formation d'un *capital* dit d'*épargne*. Il ne faut pas le confondre avec le patrimoine dont nous allons parler plus bas. Celui-ci n'est jamais touché par le participant, il n'en a que la jouissance, et, à son décès, le montant en est payé à ses héritiers. Le capital d'épargne, au contraire, formé par l'accumulation des parts annuelles, est payé au titulaire, soit à l'époque stipulée, soit à un certain âge ou après une durée de services déterminée.

Ce système joint aux avantages de la prévoyance, celui de laisser à l'ouvrier la libre disposition des fruits de ses labeurs. Il le délivre, au moins dans sa vieillesse, de la clause, tutélaire sans doute, mais limitative de ses droits de propriété, qui l'a empêché jusqu'alors de gérer ses propres deniers. Si parfois son amour pour l'indépendance a souffert de la tutelle que lui imposait cette capitalisation, il en est amplement dédommagé en entrant en possession du prix de ses efforts qu'il a mis si longtemps à conquérir.

Ce mode d'emploi règne dans 27 établissements, dont 18 sont français.

Aux Magasins du Bon-Marché, la Caisse de Prévoyance, appelée Prévoyance Boucicaut, en souvenir de son fondateur, ouvre aux participants un compte individuel pour leurs parts annuelles et leur remet un livret. Ces parts rapportent 4 0/0 d'intérêt. Après vingt ans de service ou à l'âge de 60 ans, les hommes ont droit à la liquidation de leur compte et le montant leur en est remis : la liquidation a lieu pour les femmes après quinze ans de service ou à cinquante ans. Cette liquidation n'est pas obligatoire : le participant peut continuer à rester attaché à la maison. En ce cas, il peut, s'il le désire, toucher chaque année l'intérêt de son compte.

A la fabrique d'horlogerie de MM. Mermod frères, en Suisse, la part de bénéfices est portée au compte de dépôt de chaque participant avec un intérêt de 4 0/0 par an. A la fin de chaque exercice on remet au titulaire les intérêts de son dépôt. Le capital ne lui est payé qu'à sa sortie de la fabrique.

La maison de Naeyer et Compagnie, qui occupe environ 2,000 ouvriers dans ses usines de Willebrœck et de Crainhem (Belgique), de Prouvy (Nord) et de Renteria (Espagne), a ouvert un compte pour chaque participant : ce compte est productif de 4 0/0 d'intérêt ; un carnet est remis à chaque bénéficiaire. Au bout de dix ans, le capital d'épargne est payé soit en obligations ou en actions de la Société, soit en argent, suivant la décision de la Société. Après cette liquidation les parts annuelless sont payées en numéraire.

A la fabrique des machines de MM. Storck frères et Cⁱᵉ (Hollande), la Caisse de prévoyance, fondée en 1880, est alimentée par une retenue de 3 0/0 sur les salaires et une somme égale prélevée sur les bénéfices de l'exercice. Ces prélèvements sont capitalisés sur livrets individuels.

3° Comme le capital d'épargne, *le patrimoine* est formé par l'accumulation, sur livret individuel, des parts annuelles et de leur intérêt.

Tout l'honneur de cette organisation, qui est un progrès définitif dans le mécanisme de l'épargne, revient à M. Alfred de Courcy, administrateur de la Compagnie d'Assurances générales. Il fut le créateur, l'ardent propagateur et l'apôtre du livret individuel; il en donna l'exemple dans la réorganisation de la Caisse de Prévoyance de cette compagnie, exposa et défendit son fonctionnement dans plusieurs ouvrages et dans des articles de revues et de journaux économiques. Pendant plus de vingt ans il fut constamment sur la brèche et mit toute la chaleur de sa conviction à préconiser et à répandre cette institution, guidé non par un amour propre d'auteur, mais par la ferme persuasion que cette création était une source de bien-être pour les travailleurs. Comme était légitime cette foi en son idée! combien cette conception est plus généreuse et plus large que le système de la retraite par la pension viagère, le seul usité jusqu'alors dans l'industrie privée comme dans les services publics! La pension viagère, c'est le comble de l'individualisme, la négation de la famille. Quels amers soucis, quelle terrible perspective pour l'ouvrier ou l'employé pensionné, que la situation des siens, si la mort vient à le frapper! Après lui, c'est pour eux la misère avec tout son cortège de privations et de souffrances. Cette pensée, qui l'obsède sans cesse, suffit à empoisonner ses vieux jours; on lui a donné du pain, mais on ne lui a pas donné la tranquillité, aussi indispensable à la vie morale que le pain à la vie matérielle. Il y a même, dans le fonctionnement de la pension, des dispositions d'une iniquité revoltante. M. de Courcy, qui fit tous ses efforts pour étendre les bienfaits du patrimoine aux fonctionnaires de l'État, en cite un exemple frappant.

On sait que, d'après la loi du 9 juin 1853, un fonctionnaire n'a droit à une pension de retraite qu'après trente ans de services. S'il meurt avant l'expiration de cette période trentenaire, eût-il servi l'État pendant 29 ans et demi, eût-il subi pendant ces 29 ans la retenue de 5 0/0 sur ses appointements et d'un douzième en plus à chaque augmentation de traitement, l'État garde tout et ne rend rien ni à la veuve ni aux enfants du décédé.

« J'ai eu connaissance tout récemment, dit M. de Courcy, du décès d'un fonctionnaire survenu quinze jours avant les trente ans. Sa famille n'a rien reçu et ne recevra rien. Les trente années de retenues qui, avec les intérêts accumulés, eussent produit une vingtaine de mille francs, véritable épargne de toute une vie de labeur, ont été confisquées ». Dans le cas de la pension viagère constituée par l'accumulation de ses parts bénéficiaires, l'ouvrier sans doute, plus heureux que le fonctionnaire, ne perd pas de retenues, mais ses parts annuelles qui n'étaient en somme que la rétribution complémentaire de son travail, sont, sinon totalement, du moins en grande partie perdues.

A la Verrerie Vierzon, la veuve d'un ouvrier ayant droit à la retraite, ne reçoit que le quart de la pension que touchait son mari : comme les ouvriers qui gagnaient 90 francs par mois, ont une retraite de 360 francs, une veuve en est réduite à 90 francs par an. A la maison Deberny, les droits des veuves sont encore très restreints, elles reçoivent :

Les 5/20 de la pension du mari après 30 ans de mariage.
Les 4/20   —   25   —
Les 3/20   —   20   —
Les 2/20   —   15   —

Avec le livret individuel tout change de face. Si une incapacité de travail vient soudain frapper l'ouvrier avant l'heure de la vieillesse, la liquidation de son compte lui permet, en cas de la constitution d'un capital, d'entrer en possession de ce capital, et dans le cas de la formation d'un patrimoine, d'en avoir la jouissance immédiate. Le travailleur parvenu, au prix de longues années de travail, au repos si légitime de la vieillesse, peut jouir en paix de ses loisirs au coin de son foyer : aucun souci du lendemain,

sécurité complète pour sa femme et ses enfants ; leur bien-
-être est assuré.

Voici un fait dont M. de Courcy a été témoin à la Compagnie d'Assurances générales. « Un employé de la comptabilité laissait en mourant, après quatorze ans de services,
un livret d'environ 12,000 francs. Cette somme revint à sa
femme et à son fils encore mineur. Le Conseil d'administration acheta au nom de l'enfant 500 francs de rentes sur
l'État, la mère en eut la jouissance. De plus, comme cette
femme s'était obérée dans un petit commerce qu'elle avait
entrepris, on lui remit les 3,000 francs qui constituaient la
solde du livret et elle se libéra de ses dettes ».

En rapprochant cet exemple de celui que nous avons
cité un peu plus haut, on mesure d'un simple coup d'œil
toute l'importance et tout le prix de l'institution de M. de
Courcy, mais on ne peut s'empêcher 'de regretter que
l'État enfermé dans une funeste routine, ne permette pas
à ses fonctionnaires de profiter de ces nombreux avantages (1).

L'industrie privée a été plus avisée : de grands établissements ont renoncé à leur système de pension pour adopter celui du capital d'épargne ou du patrimoine. L'affectation des parts bénéficiaires à la constitution d'un patrimoine
est pratiquée dans plus de 30 établissements. Sauf de légères
différences de détail, le type en est presque uniforme dans nos
grandes Compagnies d'assurances, à la Générale, à l'Union, à
l'Aigle, à la France, au Soleil, à l'Urbaine, à la Foncière,
à la Providence et à la Compagnie alsacienne Rhin et Moselle.

---

(1) Le 18 décembre 1877, M. Léon Say, Ministre des finances, pro-
·posa au Sénat l'abrogation de la loi du 9 juin 1853 sur les pensions civiles
et la création d'une Caisse de prévoyance pour les fonctionnaires et
les employés. Ce projet adopté par le Sénat, fut porté à la Chambre
des députés. M. Cavaignac, nommé rapporteur, ayant conclu à son
rejet, la Chambre ne statua pas.

A la Compagnie d'Assurances générales, on avait d'abord fondé, en 1850, une caisse pour constituer des pensions viagères aux employés, qui avaient chacun leur compte inscrit sur un livret individuel. Mais en 1866 on substitua à ce système celui du patrimoine.

L'employé a droit à la liquidation de son compte à 65 ans ou après 25 ans de services. Il a le choix entre une pension viagère, réversible ou non, à son gré, et des rentes sur l'État ou des obligations de chemins de fer français; mais dans ce dernier cas, les titres restent en dépôt dans la caisse de la Compagnie; l'ouvrier n'en a que la jouissance, et, à sa mort, ils sont remis à ses héritiers.

En 1889, cette Compagnie exposa trois livrets dans le groupe de l'Économie sociale. Le premier, celui d'un chef de service, aux appointements de 9,000 francs, s'élevait à 74.743 fr. 04; le second, celui d'un employé rétribué 4,000 francs. était de 37,271 fr. 50; le troisième qui appartenait à un garçon de bureau recevant un salaire annuel de 2,500 francs, atteignait la somme de 17,472 fr. 41. De pareils chiffres se passent de commentaires.

A l'Union, il y a eu en 1891 une transformation complète dans l'emploi des parts individuelles. Depuis la fondation de la Participation dans cette Compagnie, jusqu'à la date de 1886 fixée par le nouveau règlement, les participants ont reçu en espèce les 4/5 de leur part, à la branche de l'Incendie, et les 3/5, à la branche de la Vie. Le reste a constitué une caisse de retraite et de secours pour les employés que la maladie ou l'âge obligeait à interrompre ou à cesser leur travail et pour le paiement jusqu'à concurrence de 5 0/0 de primes d'assurances ayant pour objet des pensions viagères.

Le règlement de 1891 substitue la constitution d'un patrimoine, avec livret individuel, à la pension viagère pour tous les employés nommés depuis le 30 juin 1886. La part entière est inscrite sur ce livret, après déduction de la moitié de la prime d'une assurance mixte de 5,000 francs imposée par ce règlement. La liquidation du livret a lieu en principe à l'âge de 55 ans, quelle que soit la durée des services : le montant a un emploi identique à celui de la Compagnie d'Assurances générales.

Aux dispositions généralement usitées, l'Union a ajouté une excellente mesure. Tous les employés doivent contracter une assurance mixte de 5,000 francs, payable à l'âge de 55 ans, en cas de vie, ou après le décès. Les primes en sont payées, moitié par un prélèvement sur les parts individuelles et moitié par la Compagnie sur frais généraux. En cas de décès prématuré de l'employé, ce petit capital constitue pour les siens une ressource qui peut avoir son utilité. Puisse cet exemple donné par l'Union, être imité par tous les établissements participationnistes ! Un des meilleurs moyens de vaincre les préjugés des classes ouvrières et de donner aux travailleurs le sentiment de leur dignité personnelle, c'est d'étendre une sollicitude protectrice sur tous ceux qui les touchent de près.

Les grandes lignes qui régissent les Caisses de prévoyance dans les établissements où est pratiqué le système de M. de Courcy, notamment à la Compagnie de Fives-Lille et aux usines métallurgiques de Mazières, près Bourges, ont une grande analogie avec celles de la Compagnie d'Assurances générales et de l'Union.

Il y a cependant dans le règlement de la caisse de prévoyance de Fives-Lille une disposition particulière. Lorsqu'un participant meurt sans laisser de veuve, d'enfants ou d'ascendants, le montant de son livret fait retour à la masse et est compris dans la répartition suivante. Il y a la même clause dans le règlement participationniste de la Compagnie d'Assurances, la France. N'y a-t-il pas dans cette stipulation un danger pour l'ordre social? En restreignant à la ligne directe l'héritage du livret individuel, n'est-ce pas prendre parti dans une question grosse de menaces pour l'organisation actuelle de la propriété? n'est-ce pas enfin la négation de l'hérédité collatérale?

4° Dans quelques établissements on a fait de la participation un moyen de transformer l'entreprise en société coopérative de production, ou du moins d'élever les participants au rang d'associés par l'affectation des fonds participationnistes à l'acquisition des parts ou d'actions de l'entreprise. Cet emploi est tantôt obligatoire et tantôt facultatif.

A la manufacture de draps de MM. Thomson et fils (Angleterre), transformée en association coopérative en 1886 (1) l'attribution des parts bénéficiaires au personnel a lieu sous forme d'actions ou de versements à valoir sur le prix d'une action.

A Genève, MM. Billon et Isaac, après avoir constaté l'insuffisance des primes pour le maintien de la paix entre le travail et le capital, établirent la participation en 1870. Ils attribuèrent 50 0/0 des bénéfices à leur personnel, déduction faite de l'intérêt du capital et de prélèvements pour l'amortissement et un fonds de réserve. La moitié des parts individuelles est payée comptant; l'autre moitié forme un dépôt obligatoire qui est remplacé par une action, dès qu'il a atteint la somme de cent francs.

La transformation de la maison patronale de Godin, à Guise, en association coopérative, révèle dans tout son éclat l'efficacité de ce mode d'emploi des fonds de la participation. En établissant ce système dans sa maison, en 1876, Godin exigea que « le dividende du travail » fût converti en part d'intérêt dans l'entreprise. Son but était de mettre et de laisser constamment entre les mains des travailleurs

(1) Voir sur cette manufacture un intéressant article de M. Charles Robert, dans l'Émancipation, (n° du 15 juillet 1887).

les instruments de production, en sorte qu'ils pussent recevoir la valeur intégrale de leur produit. Il expose ainsi son système dans son ouvrage « *La Mutualité sociale* ».

« Il ne faut pas que les bénéfices revenant aux travailleurs soient distraits de l'industrie; il faut qu'ils servent à accroître les moyens d'action de l'association. Le travailleur a droit à un dividende proportionnel à son concours; mais ce dividende doit être converti en part d'intérêt dans le capital de la société... « Mais, dira-t-on, une entreprise industrielle, fût-elle basée sur l'association, ne peut indéfiniment accroître son capital. Un moment arrive où elle possède tout ce qui lui est nécessaire pour exploiter son industrie; alors il faudra bien partager les bénéfices disponibles. — Non, répondrai-je, ce partage ne devra pas avoir lieu; *les bénéfices disponibles continueront à être convertis en titres de parts* dans l'association au profit des ayants droit, mais leur valeur servira à rembourser intégralement *les titres de fondation, puis les titres les plus anciens,* par ordre de priorité. Par ce remboursement successif et la délivrance d'actions nouvelles aux travailleurs, le fonds social rentrera insensiblement aux mains *des membres actifs* de la Société. »

Il donne encore plus de précision à sa méthode dans sa déposition devant la Commission extra-parlementaire des Associations ouvrières, en 1883 :

« A un moment donné, dit-il, je serai complètement remboursé de mon capital; les ouvriers auront pris ma place; mais les dispositions statutaires sont telles que le remboursement se continuera indéfiniment et portera sur les plus anciens titres, de sorte que l'établissement sera toujours aux mains des travailleurs en exercice ».

En exécution de ce plan, de 1876 à 1879, une somme de 172,266 francs, montant de l'allocation ouvrière, fut employée à l'acquisition de titres provisoires de co-propriété.

En 1880, un acte notarié donnait la consécration légale à l'association : le capital et le travail s'unissaient sous la dénomination de *Société du Familistère de Guise* avec la raison sociale Godin et Compagnie. Le capital social fut évalué à 4,600,000 francs. A l'inventaire du 30 juin 1888, 3,162,779 francs avaient été remboursés par le travail au capital. Cette somme provenait uniquement de la répartition des bénéfices : aucune retenue n'avait été opérée sur les salaires. Dans son testament, Godin ayant fait à la Société un legs de 1,626,686 francs consistant en apports sociaux, les ouvriers eurent, dès lors, 4,110,841 francs de titres du capital de fondation (1). Quelques années après, tout le capital était entre les mains du personnel.

Depuis 1894, la Société est une association coopérative de production avec la raison sociale Dequenne et Compagnie (2). Ses deux usines de Guise et de Laeken et les services du Familistère où habitent les ouvriers, comprennent un effectif de 1,500 ouvriers et employés.

L'affectation obligatoire du produit de la participation à l'acquisition du capital social est très rare. On n'en connaît jusqu'ici que cinq cas. Mais la co-propriété facultative acquise, soit par les parts bénéficiaires, soit par les économies du personnel combinées avec la participation, est plus commune. Elle est pratiquée par vingt et une entreprises.

A l'ancienne maison Laroche-Joubert et Compagnie qui, en 1868, devint la Papeterie coopérative d'Angoulême, l'accès au capital fut ouvert au personnel dans les conditions suivantes, que M. Edgard Laroche-Joubert expose ainsi, dans un mémoire adressé à la société philomathique de Bordeaux : « Les dépôts faits par les ouvriers

(1) Sur la somme de 3,162,779 francs, il avait été versé à la caisse des Assurances 674,604 francs.

(2) M. Dequenne, succéda, le 1er juillet 1888, à Mme Vve Godin qui avait résigné ses fonctions de gérante.

peuvent être transformés en parts du capital et leurs possesseurs peuvent devenir de véritables commanditaires de l'actif de la société, immeubles, matériel ou marchandises, au même titre que les gérants. Notre vœu est que, par ce moyen, nos coopérateurs deviennent plus tard les propriétaires exclusifs de nos établissements, transformés ainsi en une société coopérative absolue. Pour que ce vœu se réalise avec le temps et sans violence, *notre acte social a réservé au Conseil de gérance le droit de rembourser les anciens commanditaires, sans avoir besoin de justifier la mesure.* Ce droit, nous en usons périodiquement, pour absorber, sous forme de nouvelles parts de commandite, les dépôts accumulés de nos ouvriers et employés, *qui ont toujours la préférence* pour remplir le vide que font dans notre capital social, les remboursements ainsi faits à d'anciens commanditaires ».

A ce privilège de co-propriété, le Règlement de coopération et de participation en ajoute un autre non moins précieux. Les déposants coopérateurs participent aux bénéfices généraux à raison même de leurs dépôts, érigés en *capital.* Cette participation qui est d'un demi-marc le franc dans les 20 0/0 attribués au capital comme part bénéficiaire, « ne peut, en aucun cas, exposer les déposants à être assujettis aux pertes, s'il en survenait ; l'intégralité de leur capital et de son intérêt de 5 0/0 leur est, au contraire, assurée quoi qu'il advienne (art. 22) » (1).

Les dépôts sont fixés à un minimum de 20 francs ; ils sont admis à la participation aux bénéfices à partir de 100 francs. Losque les sommes déposées par un ouvrier ou un employé ont atteint le chiffre de 1,000 francs, il peut devenir participant au capital. Il est alors sur le même

(1) Voir la Notice de la Papeterie coopérative d'Angoulême, par M. Charles Robert. Rapport du Jury international de l'Exposition de 1889, sur la participation aux bénéfices,

rang que les autres commanditaires : il est dans la catégorie des associés de la maison et en partage toutes les
chances, les gains comme les pertes, jusqu'à la limite de
son apport. Pour compenser ce risque, qui n'est pas couru
par les *déposants coopérateurs*, il est alloué au capital
social, c'est-à-dire à celui de tous les commanditaires, y
compris les partipants au capital, une part double dans
l'allocation de 20 0/0 attribuée sur les bénéfices au total
général des apports (1).

L'accès au capital par la voie des dépôts n'est pas seulement le résultat des économies du personnel sur son salaire,
il est facilité et activé par l'allocation de 58 0/0 des bénéfices généraux au travail, au prorata des salaires.

A la manufacture de laine Rossi, à Schio (Italie), dont
le personnel comprend 6,000 ouvriers, il a été créé des coupures d'actions de 200 lires pour permettre aux travailleurs
de devenir actionnaires de l'entreprise.

En décembre 1890, le Conseil d'administration de la manufacture Nelson et Compagnie (Amérique), décida que le
produit de la participation serait employé obligatoirement
et d'office en actions de la société, non seulement pour
l'année écoulée, mais pour les années suivantes. Avant
cette résolution l'achat d'actions avec les dividendes payés
en espèces aux participants, était purement facultatif.

III. — Dans la *participation mixte*, les parts individuelles sont, en partie payées comptant, et en partie affectées à l'un des modes d'épargne usités dans la participation
différée. Elle a le double avantage d'aider à subvenir aux
charges et aux besoins du présent et d'assurer l'avenir.
Que l'argent reçu immédiatement ne soit pas toujours consacré à des dépenses nécessaires ou même utiles, que cer-

---

(1) On trouvera plus loin, dans le chapitre sur les résultats de la participation industrielle, les effets de cette organisation.

tains la gaspillent au cabaret, c'est inévitable : il y a de mauvais soldats même dans les meilleures troupes. Mais la plus grande partie des travailleurs apportent tout rayonnants de joie ces quelques pièces d'or au foyer conjugal. Les enfants sont habillés de neuf; on se dédommage de longues privations par un repas un peu moins frugal qu'à l'ordinaire; on paie l'arriéré chez les fournisseurs; on dégage les objets portés au Mont-de-Piété pendant les mauvais jours : en un mot, un rayon de bonheur pénètre au logis et l'ouvrier ranimé apporte plus de cœur à l'ouvrage. Et si, après ces dépenses, il reste encore une petite somme, on la porte à la Caisse d'épargne. Cependant, le sectionnement de la part individuelle en deux parties, l'une payée immédiatement, l'autre réservée, n'est une sage mesure que dans les cas où le montant des parts ouvrières est assez élevé pour donner lieu à deux fractions de quelque importance. Sans cette précaution, les résultats de la participation seraient aussi insignifiants pour le présent que pour l'avenir et le système perdrait toute son efficacité bienfaisante.

Quant à la partie réservée, dans 17 établissements elle est affectée à la formation d'un capital d'épargne, sur livret ou compte individuel, capital dont le titulaire doit toucher le montant à une date fixe.

A l'Imprimerie lithographique de M. Buttner-Thierry (Paris), un tiers de la part annuelle est payée en espèces; les deux autres tiers sont déposés à la Compagnie d'Assurances, l'Union, à intérêts composés. Le capital ainsi formé est payé au participant après 20 ans de services ou à 60 ans, et en cas de décès à sa veuve ou à ses enfants. Mêmes dispositions à la librairie Masson. La maison Mame (Tours) qui avait suivi ce système depuis 1874, l'a modifié en 1893. A la Fabrique d'indiennes de M. Besselièvre (Seine-Inférieure), la somme revenant aux participants à chaque exer-

cice, est divisée en deux parts égales. La première moitié
est distribuée en espèces ; la seconde moitié est portée à un
livret de prévoyance, avec un intérêt annuel de 4 0/0. La
liquidation de ce livret a lieu lors du décès du titulaire, en
cas d'invalidité, après vingt ans de travail ou à l'âge de
60 ans. Mêmes proportions dans les sectionnements des
parts à la société anonyme de Tissus de laine des Vosges et
à la Fabrique d'allumettes de M. Schœtti (Suisse).

Dans 13 maisons, la partie réservée est employée à la
contitution d'un patrimoine dont le titulaire n'a que la
jouissance et qui est remis à sa famille après son décès.
C'est le mode en vigueur à la Compagnie du Chemin de fer
d'Orléans, à la maison Barbas, Tassart et Balas, à l'Imprimerie Gounouilhou, à la Fonderie de fer de M. Piat, aux
Compagnies d'assurances : la Foncière, la Providence,
Rhin et Moselle, et à l'Union, pour les employés nommés
depuis le 30 juin 1886.

Enfin, il y a dix entreprises, où après avoir payé comptant
une partie de la participation, on consacre l'autre partie à
constituer des pensions viagères. Ce mécanisme fonctionne à
l'ancienne maison Leclaire. Après les 50 0/0 des bénéfices
versés au personnel en argent, 25 0/0 sont attribués à la
Société de prévoyance et de secours mutuels qui est commanditaire de l'entreprise. Le principal objet de cette
société, c'est de pourvoir aux pensions de retraites. D'après
le nouveau règlement du mois d'avril 1892, approuvé par
le Ministre de l'Intérieur, tous les ouvriers et employés de
la maison, qu'ils soient membres ou non de la société de
prévoyance, ont droit après 20 ans de travail et à l'âge de
50 ans à une pension viagère. Le taux en est de 1,500 fr.
pour tous les sociétaires : les veuves et les orphelins jusqu'à leur majorité ont droit à la moitié de cette pension.
La pension des ouvriers ou employés qui ne sont pas sociétaires, n'est que de 1,000 francs, avec réversibilité de moi-

tié. Les ouvriers blessés dans leur travail et devenus incapables de continuer à travailler, reçoivent une pension de 1,500 francs. Si l'ouvrier est tué en travaillant, sa veuve et ses enfants ont droit à une pension de 750 francs.

A la Société Générale des Chemins de fer Économiques (Paris), dont l'exploitation porte sur un réseau de 1217 kilomètres, un cinquième des parts est payé comptant; les quatre cinquièmes sont versés à la Caisse nationale des retraites, *à capital aliéné*. Pour les agents mariés, l'inscription est faite moitié au nom du mari et moitié au nom de la femme.

A la maison Mame, à Tours, d'après les dispositions de 1893, à la fin de chaque exercice, une moitié de la part est remise à l'ayant droit et l'autre moitié est placée à la Caisse nationale, avec capital réservé; la maison Mame y ajoute l'équivalent de cette moitié, avec la stipulation du capital réservé. La liquidation des retraites a lieu à 55 ans (1).

A la participation différée en tout ou en partie se rattache une question d'une grande importance, celle de la gestion des fonds affectés à l'épargne. Nous allons l'étudier dans le chapitre IV, ainsi que quelques autres points secondaires dont l'observation contribue à augmenter les forces et la vitalité de la Participation.

(1) Voir pour les autres institutions ouvrières de la maison Mame, le rapport de M. Cheysson, sur la section XIV du groupe de l'économie sociale à l'Exposition universelle de 1889.

CHAPITRE IV

Caractères secondaires de la participation (1).

Quand nos *tailleurs d'imaiges* du xii° et du xiii° siècle projetaient dans les airs les nefs élancées et les flèches de nos cathédrales gothiques, pour leur assurer la durée à travers les siècles, ils les entouraient et les munissaient de contre-forts aussi solides que gracieux. Les éléments que nous avons analysés dans le chapitre précédent, sont l'essence même de la participation : leur réunion fait un édifice habitable et de belle venue, mais il y a encore d'autres conditions qui, malgré leur caractère secondaire, contribuent puissamment à la solidité du système par les garanties qu'elles offrent à la confiance des participants.

I. — *Gestion des fonds réservés.* — Au premier rang se place la gestion des fonds réservés à l'épargne dans la participation différée et dans le système mixte. Il ne suffit pas que l'emploi des sommes provenant de la distribution des

(1) La question du contrôle des comptes qui avait été jusqu'ici si importante, a reçu une solution définitive dans le projet de loi sur le contrat de participation : nous n'avons donc plus à nous en occuper ici.

bénéfices inspire au personnel toute confiance, il faut encore que la sécurité soit réelle et que dans toute éventualité, si désastreuse qu'elle puisse être, les fonds de la participation ne puissent être détournés de leur destination. Sans cette condition, la participation courrait le risque d'être confondue avec un charlatanisme de philanthropie et un piège tendu à la classe ouvrière.

Cette condition est d'autant plus nécessaire que deux catastrophes récentes sont venues frapper, comme deux coups de foudre, l'épargne des travailleurs. En 1888, la Compagnie houillère de Terrenoire, Lavoulte et Bessèges fut mise en liquidation. Quelque regrettable que fût à tous les points de vue ce triste dénouement, le personnel comptait bien que les fonds de la Caisse de retraites, qui depuis 1848 était alimentée par des retenues sur les salaires, ne seraient pas entraînés dans la catastrophe et seraient complètement indemnes. Hélas! ils ne tardèrent pas à se trouver en présence d'une cruelle déception : toute leur épargne sombrait dans le naufrage. Ils poursuivirent les administrateurs de la Compagnie, devant le tribunal correctionnel, en abus de confiance, pour avoir détourné les fonds de la caisse de secours et ceux de la caisse de retraites qui appartenaient à tout le personnel et n'avaient été versés qu'à titre de dépôts dans la caisse de la Compagnie. Ils perdirent leur procès : le tribunal correctionnel de Lyon jugea que le paiement par la compagnie d'un intérêt annuel aux fonds que lui avaient confiés les ouvriers, impliquait pour elle le droit de s'en servir et de les faire produire ; qu'il n'avait pas les caractères qui, d'après la loi, constituent le dépôt ; qu'il n'avait pas été stipulé que les fonds seraient déposés dans une caisse spéciale avec une administration indépendante de la Compagnie ; que sur les livres de la Compagnie, il existait bien des comptes spéciaux pour chaque branche d'exploitation, pour la caisse de secours et pour la caisse de retraites, mais que la Compagnie n'avait qu'une seule caisse dans laquelle les fonds provenant des différents éléments sont centralisés et confondus (1).

Ainsi les adminitrateurs furent renvoyés des fins de la plainte et l'épargne ouvrière de près de 40 ans fut perdue.

La débâcle soudaine du *Comptoir d'Escompte*, qui survint peu de temps après, emportant de la même manière la Caisse de prévoyance des employés alimentée par des prélèvements annuels sur les bénéfices de Société, et qui au 1er janvier 1889 avait à son compte créditeur la somme de 1,465,000 francs. Un certain nombre d'employés congédiés demandèrent qu'il leur fût payé sur ce capital une rente viagère. Le tribunal de commerce de la Seine ne fit pas droit à leur demande et la Cour d'appel de Paris confirma son jugement.

Entre autres considérants le Tribunal de Commerce disait :

« S'il est établi qu'un compte spécial ait été ouvert sous
« le titre sus-indiqué, il est constant que la société du
« Comptoir d'Escompte n'a jamais entendu aliéner la pro-
« priété du capital que ses membres consentaient à voir
« distraire des bénéfices annuels ;

« Qu'elle a voulu seulement justifier, par un compte
« ouvert sur les livres, l'emploi de ce capital dont les in-
« térêts seulement devaient servir aux allocations des rentes
« et des secours à de vieux employés, ainsi qu'il résulte
« des extraits suivants des rapports aux assemblées géné-
« rales »

Dans un arrêt du 24 février 1892, la Cour d'appel s'appuyant sur les mêmes motifs, disait « qu'il ne résulte, ni de la création d'une caisse de prévoyance dans les conditions rappelées, ni de son mode de fonctionnement, au profit

(1) *Le Droit*, nos du 2 et du 3 juin 1890.

des employés, un droit acquis et certain à une créance obligatoire pour la société ; qu'il en résulte, au contraire, que ladite société s'est uniquement proposé d'allouer généreusement des secours annuels et renouvelables à certains de ses employés auxquels elle jugerait à propos de venir en aide ; que, dans ces conditions, il y a lieu, sans s'arrêter à la preuve offerte, laquelle est reconnue inutile, de déclarer les appelants mal fondés (1).

Ainsi il ressort de ces deux jugements qu'un patron ou une société peuvent, sans commettre un abus de confiance, affecter à leurs affaires commerciales ou industrielles les fonds provenant de la participation, même des retenues des salaires, et leur faire courir tous les risques de leur entreprise. Dès lors, il est absolument indispensable pour la sécurité de ces fonds qu'ils soient complètement séparés de ceux du patron et qu'il y ait une caisse spéciale avec une administration indépendante.

Cet asile inviolable, défendu par un *triple airain*, la loi du 29 décembre 1895 sur les Caisses de retraites, de secours et de prévoyance fondées au profit des employés et ouvriers, l'offre aux patrons et aux travailleurs.

Depuis longtemps, dans le camp de la Participation, on avait compris l'utilité de cette loi, on la désirait, on la demandait au Gouvernement, on lui en démontrait la nécessité. En 1875, M. de Courcy réclamait, dans son ouvrage, l'institution des caisses de prévoyance, la création d'une caisse de dépôt par l'État pour les fonds de l'épargne ouvrière.

En 1883, il en exposait le motif dans l'enquête extra-parlementaire des associations ouvrières. En même temps la société de participation entrait en lice et déterminait, dans les sociétés professionnelles et dans les chambres syndica-

---

(1) *Gazette des Tribunaux*, 5 mars 1892.

les ouvrières, un puissant mouvement d'opinion en faveur de « ce projet de loi nécessaire » (1). Elle fit une démarche auprès du Ministre de l'intérieur, lui écrivit une lettre pressante que signa tout le conseil d'administration, le 16 décembre 1884, et enfin dans une audience du 22 décembre, sur la demande du ministre, M. Waldeck-Rousseau, le bureau de cette société se chargeait de préparer un projet de loi sur cette question. Une quinzaine de jours environ après cette invitation, le projet était adressé au Ministre. Si le Gouvernement eût apporté à la présentation de ce sujet et à sa discussion au parlement un peu de cette activité qu'il met parfois au vote des lois politiques, on eût sauvé du désastre les Caisses de prévoyance de Bessèges et du Comptoir d'Escompte. Mais le travail de la Société de participation dormit trois ans dans les bureaux du ministère. Il ne fallut rien moins que les tristes et terribles leçons de ces deux malheurs et l'alarme qu'ils jetèrent dans tous les pays, pour rappeler au Gouvernement qu'aux neiges d'antan, on s'était occupé du moyen de conjurer de pareilles catastrophes. On retira alors le projet d'un carton poudreux, il fut examiné par la Commission extra-parlementaire et adopté dans ses dispositions générales. Présenté à la Chambre, le 20 décembre 1890, par M. Jules Roche, ministre du commerce, après de volumineux rapports, de longues discussions, des voyages alternatifs du Palais-Bourbon au Palais du Luxembourg et du Luxembourg au Palais-Bourbon, le projet fut enfin voté le 27 décembre 1896 : le stage parlementaire n'avait duré que cinq ans.

Cette loi qui tout d'abord avait causé quelque émoi dans les sociétés et les établissements où la participation et les institutions patronales sont l'objet d'une incessante solli-

_____

(1) *Moniteur des syndicats,* 24 octobre 1884.

citude, offre de sérieuses garanties à la prévoyance ouvrière. Le principe sur lequel elle repose, comme l'a fait remarquer M. Charles, Robert dans une spirituelle et savante conférence à l'assemblée générale de la Société de participation du 12 avril 1896, c'est que toute *promesse patronale ayant le caractère d'une clause du contrat de travail, doit être garantie par un gage.* Ce gage, la loi de 1895 le détermine et le rend obligatoire pour les pensions viagères ; elle le laisse facultatif pour les autres systèmes de participation et de prévoyance.

« Dans les trois mois qui suivront la promulgation de la présente loi, est-il dit au paragraphe 1er de l'article 3, toutes les sommes qui, à l'avenir, seront retenues sur les salaires des ouvriers et toutes celles que les chefs d'entreprise auront reçues ou se seront engagés à fournir en vue *d'assurer des retraites,* devront être versées, soit à la Caisse nationale des retraites pour la vieillesse, au compte individuel de chaque ayant droit, soit à la Caisse des dépôts et consignations, soit à des Caisses agricoles ou patronales spécialement autorisées à cet effet ».

Ainsi, depuis le 1er avril 1897, le dépôt dans une des caisses désignées ci dessus, de tous les fonds retenus sur les salaires, de ceux reçus d'un tiers, des subventions contractuelles, est obligatoire pour tout patron et toute société, dès que ces sommes ont pour destination la constitution d'une pension viagère. C'est une sérieuse garantie : avec ce régime le retour de pertes pareilles à celles qu'ont éprouvées les ouvriers de Bessèges et les employés du Comptoir d'Escompte, est impossible. Ni le patron, ni la caisse de l'entreprise n'ont plus aucun droit sur ces dépôts : ils appartiennent au titulaire du livret ou du compte individuel. Une fois entrés dans une des deux caisses de l'État, ces fonds sont en lieu sûr et ne peuvent en sortir que pour leur vraie destination : quant aux caisses syndicales ou patronales, elle ne pourront être autorisées que par le Conseil d'État et la vérification de leur gestion sera soumise à l'inspection des Finances.

L'article 4 de la loi augmente les garanties du dépôt en conférant aux sommes déposées le droit de gage. « Le seul fait du dépôt opéré, soit à la Caisse des dépôts et consignations, soit à toute autre caisse, des sommes ou valeurs affectées aux institutions de prévoyance, *quelles qu'elles soient*, confère aux bénéficiaires de ces institutions un droit de gage, dans les termes de l'article 2073 du Code civil, sur ces sommes et valeurs. Ce droit de gage s'exerce dans la mesure des droits acquis et des droits éventuels » (1).

Le privilège du gage achève la sécurité des dépôts. Tout danger est conjuré : il n'y a même plus à craindre l'ombre d'un litige quelconque. Et l'importance de cette disposition est d'autant plus capitale qu'elle ne concerne pas seulement les pensions viagères, comme le 1er paragraphe de l'article 3, mais qu'elle s'étend à tous les mode de l'épargne. Toutes les sommes ou les valeurs affectées à des institutions de prévoyance, que ce soit sous forme de capitalisation sur livret individuel ou sous la forme du patrimoine, dès qu'elles ont été déposées dans une des caisses désignées ou autorisées, bénéficient *ipso facto* du droit de gage. La seule différence qu'il y ait entre les fonds destinés à la création des pensions viagères et ceux qui ont un autre objet, c'est que le dépôt est obligatoire pour les premiers, tandis qu'il est facultatif pour les autres cas. Mais survienne un de ces désastres qui déjouent si souvent les calculs des plus habiles et les prévisions des plus sages, tous les dépôts, les obligatoires et les facultatifs, sont protégés par cet article

(1) L'article 2073 du Code civil est ainsi conçu : « Le gage confère au créancier le droit de se faire payer sur la chose qui en est l'objet par privilège et préférence aux autres créanciers.

contre toute réclamation : toute somme encaissée dans une destination de prévoyance, ne sortira de la caisse que pour cette destination.

Cette ressource du dépôt facultatif, véritable bienfait pour la participation, est la réalisation des vœux et des désirs de M. de Courcy et de la Société de participation; elle fait honneur à la justesse de leurs vues et les dédommage amplement de leurs efforts et de leur persévérance. Le texte même de cet article, qui est la clef de voûte de cette loi, sauf quelques modifications presqu'insignifiantes dans la rédaction, est leur œuvre personnelle. Il a été inspiré par la conviction qu'il offre de précieux avantages aux deux parties contractantes, aux patrons aussi bien qu'aux ouvriers.

Avant cette loi, des patrons se voyaient avec peine dans l'obligation soit de confondre les fonds de leurs ouvriers avec les fonds de leur propre caisse, soit de les employer dans leur entreprise et de les exposer aux risques qu'ils couraient eux-mêmes. En effet, que les sommes provenant de la participation restent en compte courant dans la maison avec un intérêt déterminé, ou qu'ils soient employés à l'acquisition de titres ou valeurs de tout repos, le danger est égal dans les deux cas. Comme dans le second cas les placements sont faits au nom du patron, car les participants n'ont pas la personnalité civile, ces titres sont portés sur les livres à l'actif social et en subissent tous les dangers. L'article 4 coupe dans sa racine toute appréhension patronale. Si, après la répartition des parts bénéficiaires à son personnel, l'entrepreneur veut s'éviter la responsabilité de la gestion ou qu'il juge avantageux, pour un motif quelconque, de séparer, non seulement en fait, mais encore en droit, le capital de ses collaborateurs des ses capitaux industriels, il n'a qu'à user de la clause du dépôt facultatif. Si au contraire il estime que la prospérité de ses affaires assure à l'épargne de ses ouvriers des intérêts et des bénéfices qui ne feront qu'augmenter leur bien être au moment de la liquidation de leur compte individuel ou de leur livret, et qu'il ne craigne pas d'assumer les soucis de cette gestion, la loi le laisse libre d'agir à son gré. Il n'aura dans sa résolution qu'à s'inspirer des conseils de sa conscience, de l'état de son industrie et des vœux de son personnel.

Les dispositions de la maison Barbas, Tassart et Balas (ancienne maison Goffinon) qui reposent sur ce fondement, nous semblent être un excellent modèle. « Le compte de chaque participant, dit l'article 21, sera bonifié chaque année d'un intérêt de 5 0/0, produit par les somme qui y sont portées, tant que la maison en conservera la gestion financière. — Chaque année, à l'assemblée générale de fin d'exercice, ou extraordinairement, s'il y a lieu, sur l'initiative du Comité consultatif, par un vote secret, il sera décidé si les participants continueront à laisser leurs capitaux en compte courant ou si cette gestion sera confiée, d'accord avec le comité consultatif, soit à une Compagnie d'assurance, soit à une Société de crédit, soit à une Caisse publique ». Rien de plus sage que cette consultation annuelle des intéressés : en matière de participation, le pire des obstacles, comme l'a fait remarquer M. Goffinon, c'est la méfiance des ouvriers qui croient tout d'abord que la participation cache un piège patronal. Le meilleur moyen de dissiper tout soupçon, n'est-ce pas de suivre l'avis des ouvriers eux-mêmes dans la gestion de leurs fonds participationnistes?

Enfin la loi de 1895 offre à la prévoyance ouvrière une dernière sauvegarde. Dans l'article 1er, elle a prévu les cas où les fonds des travailleurs, soit ceux qui ont été perçus avant la loi, soit ceux qui n'auraient pas été versés, comme le prescrit l'article 3, dans une caisse de dépôt, seraient atteints par un coup désastreux.

« En cas de faillite, y est-il dit, de liquidation judiciaire, de déconfiture, de fermeture de l'établissement ou de cession volontaire sans que le cessionnaire consente à prendre la place du cédant, lorsque pour une institution de prévoyance, il aura été opéré des retenues sur les salaires ou que des versements auront été reçus par le chef de l'entreprise ou que lui-même se sera engagé à fournir des sommes déterminées, les ouvriers et employés bénéficiaires sont admis à réclamer *de plein droit* la restitution avec intérêts, de toutes les sommes non utilisées conformément aux statuts ».

Cette restitution est garantie, au second paragraphe de l'article 4, sur *tous les biens meubles et immeubles du débiteur*, pour toutes les sommes de l'année échue et celles qui sont dues pour l'année courante, par un privilége qui prendra rang, dans les créances privilégiées établies par l'article 2101 du Code civil, avec les salaires des gens de service. Quant aux sommes encaissées les années précédentes, c'est une dette ordinaire dont le personnel peut poursuivre le paiement au même titre que les autre créanciers et pour laquelle, en cas de faillite, il viendrait au marc le franc avec eux.

Les législateurs auraient désiré, comme l'atteste M. Thézard, dans son rapport au Sénat du 6 février 1893, étendre ce privilège à la totalité des sommes dues au personnel ; mais ils ont dû y renoncer devant les principes impérieux d'ordre général. Malgré cela les intérêts si sacrés de la prévoyance ouvrière ne se trouveront pas en péril. Si le cas prévu par la loi dans ces deux articles, est théoriquement possible, dans la pratique c'est presque une chimère pour ce qui concerne la participation. En effet lorsqu'un chef d'entreprise adopte le système participationniste, c'est de son propre mouvement et sans la moindre contrainte ; que ce soit par pure philanthropie ou avec la conviction qu'il obéit aux prescriptions de la justice naturelle, peu importe : dans un cas comme dans l'autre, aux yeux de la loi, c'est une vraie libéralité qu'il fait à son personnel et il la fait dans toute la plénitude de sa liberté. Or, comment supposer qu'un homme sérieux puisse refuser d'exécuter un contrat qu'il a lui-même conçu, élaboré et offert spontanément à autrui? S'il n'avait pas eu l'intention et la ferme volonté de tenir ses engagements, il ne les aurait pas pris : rien ne l'y forçait. Mais les circonstances peuvent changer, dira-t-on : une industrie prospère peut être ou tout à coup ou insensiblement réduite à une situation précaire. En ce cas, il n'y a pas de bénéfices et toute allocation au personnel est, sinon supprimée, du moins suspendue. Ainsi tant qu'il y a des bénéfices, le patron ne peut manquer de remplir une obli-bligation qu'il s'est imposée à lui-même de son plein gré; quand les bénéfices cessent, il n'y a plus matière au contrat de participation.

II. — *Comité consultatif.* — Un des meilleurs moyens de consolider l'union du capital et du travail et de cimenter la paix du participationnisme, c'est la création d'un Comité consultatif. Il fonctionne régulièrement dans 44 établissements. Ses origines sont contemporaines de celles de la participation : Leclaire, Laroche-Joubert et Godin le considérèrent comme un puissant auxiliaire de leurs idées. Leur exemple fut imité par d'importantes maisons, au nombre desquelles figurent l'Imprimerie Chaix, la maison Deberny, le Crédit foncier de Prusse et la Fabrique néerlandaise de levure et d'alcool de Delft.

L'organisation et les attributions du Comité consultatif offrent presque autant de diversité que la nature même des établissements où il est en vigueur.

A la Société des Tissus de laine des Vosges qui occupe environ 750 ouvriers, « le Comité de surveillance se compose des membres du bureau de la Caisse de secours et d'autant de membres choisis par le chef de l'affaire, qui détermine le nombre et l'époque des réunions ». Le Comité de la Caisse de secours étant nommé par le personnel, les membres de son bureau représentent directement les ouvriers au Comité de surveillance. Son rôle est de décider, dans la liquidation des comptes individuels, sur certains cas stipulés dans le règlement.

Le Comité consultatif et de surveillance, à l'Imprimerie Chaix, seconde le patron dans l'exécution des prescriptions relatives à la participation. Il se compose de dix-neuf membres : M. Chaix, neuf membres du bureau de la Société de Secours mutuels, renouvelés chaque année par tiers en assemblée générale, les trois plus anciens chefs de service et contre-maîtres, et les six plus anciens ouvriers, ouvrières ou employés de la maison.

A la Fabrique de machines agricoles de M. Pétillat, à Vichy (Allier), un conseil d'administration, présidé par M. Pétillat, et composé des fondés de pouvoirs de la maison et de cinq ouvriers élus par leurs camarades, a la gestion de la Caisse de retraites.

Le comité consultatif de la maison de M. Boissière, à Rouen, dont les membres sont nommés par le patron, celui de la verrerie de Vierzon, soumis tout entier à l'élection des ateliers, ont aussi pour fonctions l'administration des fonds provenant de la participation.

Dans beaucoup d'entreprises le comité consultatif a des pouvoirs plus étendus. Son champ d'action ne se borne pas à la garde vigilante des caisses de prévoyance ou de retraites ; il est appelé à donner son avis sur les mesures à prendre dans l'intérêt général, sur les améliorations à introduire, sur les réformes à opérer, sur les cas disciplinaires ; il apporte au patron le concours de ses lumières, de son expérience et le résultat de ses recherches ; en un mot, c'est un collaborateur intelligent et d'autant plus dévoué que les intérêts des ouvriers et ceux du patron sont solidaires.

« Cette politique, dit M. E. Cheysson, est sage : elle

calme les susceptibilités ; elle multiplie les contacts qui détendent les rapports et dissipent les préventions réciproques ; elle soulage la responsabilité du patron et tire parti de concours précieux ; elle fait l'éducation administrative des ouvriers ; elle donne un aliment utile à leur activité et les intéresse au succès des œuvres qu'ils gèrent, au lieu de les laisser à l'écart dans une sorte de passivité indifférente, si ce n'est même de malveillance sourde et haineuse, qui exagère beaucoup les charges de ces œuvres et en stérilise en partie l'efficacité. »

Ce n'est pas seulement de la bonne politique, comme le dit le savant ingénieur que nous venons de citer ; c'est encore de la bonne industrie.

Les exemples suivants donneront une idée de cet ingénieux mécanisme. A l'ancienne maison de M. Godin, il y a trois conseils. Le Conseil de gérance est composé de l'administrateur-gérant qui en est le président, de directeurs ou chefs de service dont le nombre peut aller jusqu'à treize, élus par l'assemblée générale des associés et inamovibles, et de trois associés élus pour trois ans et rééligibles. La juridiction de ce conseil s'étend à tous les intérêts de l'association ; il peut évoquer toute affaire à la demande de son président ou d'au moins trois membres. Le Conseil du Familistère s'occupe des habitations et des magasins du Familistère. Le Conseil de surveillance, dont les trois membres sont élus par l'assemblée générale, a pour mission de veiller à l'exécution des statuts, à la comptabilité et aux inventaires généraux et adresse sur tous ces points un rapport à l'Assemblée générale.

Voici comment M. Charles Robert expose l'organisation du comité de l'ancienne maison Leclaire. « Il existe *un Noyau* composé d'environ 120 membres, ouvriers d'une conduite et d'une moralité irréprochables, connaissant à fond leur métier, et employés dont les gérants ont apprécié les services... Les membres du noyau forment les cadres de l'armée industrielle : ils élisent les gérants de la maison. C'est à l'aide de ces collaborateurs dévoués qu'il est possible d'entreprendre beaucoup de travaux et de faire mouvoir avec avantage un grand nombre d'auxiliaires.

« Les membres du Noyau élisent chaque année huit membres d'un comité de conciliation, composé de cinq ouvriers, de trois employés et d'un gérant, président de droit. Ce comité est chargé de juger les ouvriers du Noyau et employés classés qui, pendant leur travail, s'écarteraient de leurs devoirs. Il est chargé aussi d'examiner les demandes d'admission au Noyau et de proposer les candidats à l'assemblée générale (1). »

A la maison Barbas (ancienne maison Goffinon), le comité consultatif est composé des patrons, des fondés de pouvoirs, des deux plus anciens employés et des cinq plus anciens ouvriers. Il est l'auxiliaire des patrons pour l'application des statuts et pour la conduite des opérations. « Nous n'avons qu'à nous louer, dit M. Goffinon, depuis 12 ans, des services du comité qui exerce l'influence morale la plus salutaire sur notre famille industrielle. »

A la maison Baille-Lemaire à qui l'Académie des sciences morales et politiques, a décerné le prix Audéoud, en 1889, le comité est formé de six contre-maîtres. M. Baille leur soumet les principales affaires de sa maison. « Le comité se réunit fréquemment, dit M. Baille-Lemaire. Chaque contre-maître tient à honneur d'être appelé à y siéger. Les discussions y sont simples, familières, sans aucune morgue. Et ce n'est pas un des moindres avantages que j'ai obtenus que cette initiation des ouvriers à la direction d'un organisme compliqué. »

(1) Rapport du Jury international des récompenses à l'Exposition universelle de 1889, sur la *Participation aux bénéfices*, par M. Charles Robert.

A la fabrique d'indiennes de M. Besselièvre (Seine-Inférieure), les participants nomment au suffrage six délégués choisis parmi eux : réunis aux six collaborateurs intéressés dans les affaires de la maison, ils constituent un comité consultatif, sous la présidence de M. Besselièvre. Ce comité a pour principale mission de présider chaque année à la distribution de la somme attribuée aux participants et de donner son avis sur tous les détails d'organisation que M. Besselièvre juge bon de lui soumettre.

A la maison Leclerc, à Saint-Dizier (Haute-Marne), les ouvriers nomment tous les ans une commission de cinq membres. Cette commission ouvrière est appelée, lors de la clôture de l'inventaire, à entendre, à discuter le bilan et à approuver la répartition des bénéfices : elle peut se faire assister, si bon lui semble, d'un comptable-expert choisi par elle et agréé par le patron. Le patron la réunit et la consulte toutes les fois qu'il le juge nécessaire, soit pour des modifications au règlement ou au tarif des salaires, soit pour des prix de façons à débattre, etc.

La consultation du personnel revêt un caractère tout particulier à la Fabrique néerlandaise de M. Van Marken, à Delft (Hollande). Les ouvriers et employés d'élite constituant un Noyau analogue à celui de la maison Leclaire, se subdivisent en trois chambres : le Conseil des employés supérieurs, avec 12 membres ; la Chambre des employés et contre-maîtres, avec 8 membres, élus par leurs collègues ; la Chambre du Travail, composée de 12 ouvriers, élus par leurs camarades. Ces trois chambres sont autonomes. Le résultat de leurs délibérations est communiqué à la Direction. Chaque semestre a lieu une assemblée générale du Noyau. Les résolutions de cette assemblée ont *un pouvoir décisif* sur toutes les questions qui concernent le personnel. En cas de conflit entre la Direction et le Noyau, relativement à la compétence, la question est portée devant arbitres

A la fabrique de stores de M. Freese, à Berlin et à Hambourg, il y a un comité de quinze membres ; quatre, sont nommés par le patron et onze élus tous les ans, par les ouvriers et employés. Il se réunit au moins une fois par trimestre. Les délibérations portent sur un ordre du jour affiché à l'avance dans la fabrique, et sont consignées dans un procès-verbal. De 1884 à 1894, ce comité a tenu 81 séances et s'est occupé de l'élaboration du règlement de la fabrique, de l'organisation d'une Caisse de secours et d'une Caisse d'épargne, de la participation aux bénéfices, de la fondation d'une bibliothèque, de la limitation de la journée de travail à huit heures (1).

On voit, par ces exemples, que la constitution des Comités consultatifs ne porte aucune atteinte à l'unité de direction. Le patron n'abdique aucun des droits indispensables au bon fonctionnement d'un organisme industriel ; directement ou indirectement c'est de lui que tout émane, c'est lui qui imprime le mouvement à tous les rouages du mécanisme. Les comités composés, soit d'éléments aristocratiques, soit d'éléments démocratiques, sont une sorte de Conseil d'État qui étudie, prépare et élabore les lois de l'atelier ou de l'usine : mais elles n'acquièrent une valeur que par l'adhésion patronale. Tout système qui reposerait sur un principe contraire, engendrerait le désordre et la confusion et paralyserait l'énergie productrice. C'est la leçon qui ressort de la marche des sociétés coopératives de production : celles où l'autorité directoriale a été maintenue sur des bases solides, sont prospères et florissantes ; les autres ont sombré ou battent de l'aile.

III. — *Réserves*. — Les avantages de la réserve statutaire imposée par la loi à certaines sociétés, ont inspiré à des

______

(1) La journée de huit heures de travail a été adoptée et fait l'objet d'un article du règlement.

patrons participationnistes l'idée d'appuyer ce système sur un fonds de réserve. Ce n'est pas seulement dans l'Égypte des Pharaons que les vaches maigres viennent après les vaches grasses : cette légende biblique devient malheureusement trop souvent une réalité dans l'agriculture, le commerce et l'industrie ; à des périodes de longue et brillante prospérité succèdent des séries d'années où l'exercice ne laisse aucun bénéfice et parfois même accuse des pertes. Si on n'a pas pris la sage précaution de constituer une réserve en prévision de cette éventualité, le personnel privé de l'allocation habituelle, éprouve une déception qui est de nature à amener le découragement et le relâchement ; si, au contraire, on a eu soin de se prémunir contre ces fâcheuses vicissitudes, en opérant pour une réserve des prélèvements sur les bénéfices des bonnes années, on peut puiser aux mauvais exercices, dans ce grenier d'abondance, une allocation à peu près équivalente à celle des exercices précédents.

A l'entreprise de serrurerie de M. Moutier, à Saint-Germain-en-Laye, à l'imprimerie Montorier (Paris), 10 0/0 sont prélevés avant tout partage sur les bénéfices alloués aux ouvriers, pour la réserve. A la filature de MM. Chessex et Hassly, à Schaffouse (Suisse), la fraction des bénéfices à allouer à la réserve n'est déterminée qu'à la fin de l'exercice : elle est prélevée sur la somme accordée au personnel. A la maison Nelson (États-Unis), le fonds de réserve, constitué par un dixième du bénéfice net, est destiné, soit à continuer les parts bénéficiaires du personnel dans les mauvaises années, soit à couvrir les pertes.

Dans quelques établissements la réserve n'a rien de commun avec les répartitions participationnistes de fin d'exercice : elle constitue une caisse de secours. A la Compagnie du Canal de Suez, lorsque les 2 0/0 des bénéfices nets attribués aux employés, laisse un excédent après le

prélèvement des fonds nécessaires aux retraites, on emploie
un dixième de cet excédent à un fonds de réserve qui a pour
objet de pourvoir aux insuffisances et aux secours votés par
le Conseil en faveur d'employés malheureux ou de leurs
enfants. A l'usine Leclerc (Haute-Marne), sur l'allocation
annuelle du personnel il est prélevé 5 0/0 pour alimenter
une caisse de secours destinée à venir en aide aux ouvriers
en cas de maladie. — Dans son domaine d'Esquiré (Haute-
Garonne), M. Cazeneuve constitue, avec les 20 0/0 prélevés
sur les bénéfices nets, un fonds spécial pour concourir,
lorsque son importance le permettra à l'organisation et au
fonctionnement d'institutions en faveur du personnel. C'est
le comité consultatif qui, sur la proposition du propriétaire,
déterminera l'emploi de ces fonds.

IV. — *Déchéance.* — Parmi les caractères secondaires de
la Participation, la question de la déchéance, presque tran-
chée aujourd'hui, a donné lieu à des débats d'un vif intérêt.
Ses deux phases sont un frappant exemple de l'évolution progressive de l'idée participationniste. Tout d'abord la stipulation de la déchéance a figuré dans la plus grande partie
des Règlements; on ne mettait pas en doute sa légitimité.
L'employé ou l'ouvrier démissionnaire ou congédié, est déchu de tous droits : telle est la formule usitée dans les maisons les plus importantes : au Lloyd belge, à la maison Barbas, à la Compagnie Fives-Lille, aux usines métallurgiques
de Mazières, à l'imprimerie Mame, à la librairie Masson, au
Crédit foncier de Prusse. Les grandes Compagnies d'assurances, même celles qui, comme l'Union et la Compagnie
d'Assurances générales, s'inspiraient des lumières et de
l'expérience des protagonistes de la participation, M. Charles
Robert et M. de Courcy, avaient inscrit cette clause dans le
règlement de leur caisse de prévoyance. Parfois même la
déchéance, comme pour les fonctionnaires, frappait l'ouvrier
mort en activité de service. Sans doute les sommes prove-

nant de la déchéance étaient réparties entre les autres participants et ne faisaient pas retour au patron : on se serait fait un scrupule de conscience de les affecter à d'autres intérêts que ceux des travailleurs; mais le déchu était bel et bien dépouillé réglementairement. L'opération se faisait avec la plus entière bonne foi et il ne serait venu à l'esprit d'aucun chef d'industrie qu'on pût contester la légitimité de cette disposition. Du reste n'était-on pas couvert par le pavillon de l'État? est-ce qu'en pareil cas l'État, armé de la loi du 9 juin 1853, ne garde pas dans sa caisse toutes les retenues qu'il a faites sur le traitement de ses fonctionnaires?

Peu à peu, cependant, la clause si brutale de la déchéance perdit du terrain. M. de Courcy cite un exemple du revirement qui se produisit dans l'opinion à la Compagnie d'Assurances générales.

« Les rédacteurs du règlement, préoccupés d'assurer le plus tôt possible des retraites aux employés, ignorants d'ailleurs dans quelle rapide progression se grossiraient les ressources de la caisse, avaient cru ne pas devoir négliger l'élément des déchéances. Il était stipulé que, dans tous les cas de décès, de démission ou de révocation d'un employé, les sommes portées à son compte accroîtraient la masse commune et se répartiraient entre les autres comptes. C'était une sorte de tontine. Dès les premières applications de cette disposition au cas de décès, elle révéla ses inconvénients et choqua un sentiment moral chez ceux-là mêmes qui en bénéficiaient. Il était douloureux pour l'employé malade, inquiet de l'avenir de sa famille, de se dire que le livret n'était pas un patrimoine, que l'épargne allait s'évanouir avec lui. Il était pénible pour les survivants de se partager les dépouilles d'un camarade regretté qui laissait une veuve et des enfants. Lorsqu'on s'aperçut que par le jeu régulier de la tontine, des employés supérieurs avaient quelque chose à gagner à la mort d'un pauvre expéditionnaire ou d'un garçon de bureau, père de famille, le principe de la tontine se trouva moralement condamné. Le Conseil d'administration de la Compagnie s'empressa de donner satisfaction à des réclamations aussi respectables. Le règlement fut révisé. Il fut stipulé que le compte de l'employé décédé ne ferait retour à la masse que s'il ne laissait ni veuve, ni enfants, ni ascendants. »

Le principe ébranlé passa des sphères de la foi au crible du libre examen ; on en discuta la légitimité et l'utilité. En même temps les nouveaux établissements qui entraient dans la voie participationniste, n'admettaient pas la déchéance dans leurs règlements ou en atténuaient considérablement la portée.

D'après le règlement de 1872, à la maison Chaix, tout participant qui, avant d'avoir rempli les conditions fixées pour bénéficier de tous les avantages de laCaisse de Prévoyance et de retraite, quitte la maison, soit volontairement, soit par suite de renvoi, peut demander la liquidation de son compte. Toutefois, si le participant recevait toute la somme provenant de l'accumulation de ses parts annuelles, il ne recevait pas celle que la maison versait chaque année à son profit à cette caisse : cette dispodisposition restrictive a été supprimée dans le règlement de 1895.

A la Fonderie de fer de M. Piat, le règlement qui date de 1881, édicte que tout ouvrier ou employé quittant la maison aura droit aux espèces qui lui seront dues au moment de son départ, ainsi qu'à son livret de Caisse de retraites, si ce départ a lieu dans des conditions normales.

A la Fabrique d'indiennes de M. Besselièvre (Seine-Inférieure), où la participation fut introduite en 1877, « les sommes inscrites sur les livrets appartiennent, en toutes circonstances, aux titulaires, même à ceux qui quittent la maison avant la liquidation de leurs livrets (art. 8) ». A la fabrique de savons et de parfumerie de MM. Génevois (Naples), le participant démissionnaire a droit au montant de son capital, tel qu'il a été fixé par le dernier inventaire (règlement de 1885).

La déchéance, déjà fortement ébranlée, reçut un coup mortel au Congrès international de 1889.

Deux opinions s'y trouvèrent en présence et se partagèrent la séance où fut discutée cette question. Les partisans de la déchéance l'appuyèrent d'arguments fort spécieux. Comme la participation est une pure libéralité du patron, dirent-ils, celui-ci est libre d'y mettre les conditions qu'il veut. Ces conditions n'ont aucun caratère despotique : au point de vue patronal, elles assurent la stabilité du personnel; au point de vue des travailleurs, elles les défendent contre des caprices, *des coups de tête*, aussi funestes à leurs intérêts que dénués de raisons sérieuses.

Il est vrai, répondirent les adversaires de cette opinion, que la classe de déchéance peut avoir une heureuse influence sur la fixité du personnel, mais n'est-ce pas une atteinte à l'indépendance des ouvriers, à ce qu'il y a de plus légitime dans leur liberté, la faculté de travailler où bon leur semble? M. David Schloss, l'ardent propagateur de la participation en Angleterre, déclara que dans ce pays « on considérerait comme abusant de son droit, le patron qui voudrait imposer la déchéance à ses ouvriers, dans le but de les retenir », et que toutes les Trade-Unions se lèveraient contre l'exercice d'un pareil droit. Sans contredit, la légitimité de la déchéance est incontestable, si on s'en tient au droit écrit : mais en est-il de même en regard de l'équité? En droit strict, la participation est une libéralité patronale : mais est-ce que la justice naturelle permet de refuser à l'ouvrier la part de bénéfices que son travail a produite? Dès lors, les parts qui lui ont été dévolues tous les ans, sont bien *sa chose*, et en l'en dépouillant, la déchéance est une violation de ses droits.

Le Congrès se rangea à ce dernier avis. La treizième de ses résolutions fut ainsi conçue : « Le Congrès International est d'avis que la déchéance ne soit plus inscrite dans les conventions relatives à la participation ». Le surlendemain de ce vote, sur la proposition de M. Goffinon, le Congrès crut devoir faire une concession aux partisans de la déchéance en ajoutant ce léger correctif à sa résolution : « Le Congrès reconnaît toutefois que l'organisation d'une Caisse de prévoyance ou de retraite peut comporter, dans l'intérêt même du personnel, l'application de cette déchéance, à la condition que son montant reste à la masse, et que, pour éviter tout arbitraire, les cas de déchéance soient déterminés par les règlements ».

Malgré cette courtoise déférence du Congrès à l'opinion de la minorité, la clause de déchéance était condamnée sans appel dans l'opinion des participationnistes. En 1891, M. Charles Robert fit supprimer cette clause dans le règlement de l'Union. Puisse cet exemple avoir des imitateurs ! Il est indispensable au développement de l'idée participationniste qu'elle se montre respectueuse jusqu'au scrupule de l'indépendance ouvrière : elle ne peut porter tous ses fruits qu'à la condition d'inspirer aux travailleurs une confiance absolue et la menace de la déchéance fait planer un soupçon de pression patronale dans l'esprit des ouvriers et maintient la défiance. A supposer que cette tutelle du patron ait quelqu'avantage, on ne peut méconnaître le principe des droits acquis et de la liberté du travail.

D'autre part, la clause de déchéance expose le patron à voir invoquer contre lui, par l'ouvrier déchu en cas de renvoi, la loi du 28 décembre 1890. D'après l'article 1er de cette loi, la résiliation du contrat de louage, par la volonté d'un seul des contractants, peut donner lieu à des dommages-intérêts. Pour la fixation de l'indemnité à allouer, le cas échéant, il sera tenu compte des usages, de la nature des services engagés, du temps écoulé, des retenues opérées ou *des versements effectués en vue d'une pension de retraite*, et, en général, de toutes les circonstances qui peuvent justifier l'existence et déterminer l'étendue du préjudice causé. Les parties ne peuvent renoncer à l'avance au droit éventuel de demander des dommages-intérêts en vertu des dispositions ci-dessus ». Comme le fait remarquer M. Cheysson, dans son rapport sur les institutions patronales à l'Exposition de 1889, « cette loi contient de telles menaces contre les clauses de déchéance qu'il y a peut-être aujourd'hui une certaine imprudence à leur insertion ou à leur maintien dans un règlement ».

Le suppression de la déchéance peut cependant avoir un grave inconvénient pour la classe ouvrière. Le moindre dépit, un caprice, une légère contrariété peut pousser l'ouvrier à demander la liquidation immédiate de son compte. S'il peut sur le champ *passer à la caisse*, suivant l'expression consacrée, et être payé sur l'heure, c'en est fait de l'épargne produite par la participation : un moment de colère, une parole irréfléchie, aura suffi pour compromettre les résultats de toute une vie de travail, en exposant au gouffre du gaspillage ou du plaisir le pécule réservé pour une honorable vieillesse. La philanthropie, le souci de la production nationale font au patron un impérieux devoir d'obvier à cet inconvénient. Il n'y a pour cela qu'à entourer de certaines formalités la liquidation des comptes individuels ou à la soumettre à un délai de trois ou de six mois. Durant cet intervalle, la réflexion prend le dessus, l'exaltation tombe, et l'ouvrier, l'esprit rassis, s'empresse de réparer les effets de sa folle résolution, il retire sa demande de liquidation et reprend son travail avec son ancienne ardeur.

7

V. — *Institutions ouvrières.* — A côté de la participation contractuelle dont nous avons analysé le mécanisme essentiel dans le chapitre précédent, fleurissent, dans beaucoup d'établissements, des institutions qui ont aussi pour but et pour effet l'amélioration du sort des travailleurs. Nous ne voulons pas parler des institutions patronales : elles sont en dehors de notre sujet, bien qu'au fond elles ne soient qu'une des formes du système participationniste, la participation indirecte ; mais des institutions alimentées par des fonds prélevés sur la participation.

Quelqu'humanitaires, quelque bienfaisantes que soient ces créations, il ne faut pas qu'elles rendent insigniliantes ou presque dérisoires les parts individuelles et elles n'ont de raison d'être que dans les entreprises où les bénéfices alloués au personnel sont assez considérables pour permettre de mener de front ce double allègement de la condition ouvrière. Dans certains cas, toutes les ressources nécessaires au fonctionnement de ces institutions, sont prises sur les bénéfices ; dans d'autres, elles sont fournies par le concours d'une allocation patronale et de retenues sur les parts individuelles.

La Compagnie du Chemin de fer d'Orléans prélève, sur les bénéfices attibués au personnel, une certaine somme, dont le maximum est fixé à 250,000 francs, pour un fonds spécial destiné à des secours aux employés malheureux ou à leur famille et à des gratifications.

A l'Association agricole de Radbourne-Manor (Angleterre), 2 1/2 0/0 sur les bénéfices nets sont consacrés à un fonds d'éducation, et de plus une allocation est payée aux sociétaires malades.

A la Compagnie manufacturière Nelson, de Saint-Louis (Missouri), un 10e du bénéfice net est versé dans une caisse de prévoyance pour les malades, les infirmes et les familles d'ouvriers décédés, et 1/50° du même bénéfice est consacré à l'entretien d'une bibliothèque populaire.

A la Compagnie d'assurances l'Union, les employés sont tenus de contracter une assurance mixte d'un capital de 5,000 francs. La prime de cette assurance est payée moitié par l'employé sur le montant de sa participation, moitié par la Compagnie sur frais généraux.

A la maison de M. Meynadier, à Marseille, un prélèvement de 10 0/0 est fait sur la somme allouée au personnel, avant toute répartition, pour constituer une Caisse de Secours. Cette caisse paie à l'ouvrier ou à l'employé malade 50 0/0 des salaires ou appointements pendant trois mois ; les femmes en couches, participantes ou femmes de participants, reçoivent une somme de cent francs ; en outre on subvient à une partie des frais des obsèques de l'ouvrier décédé et de sa femme.

Bien que les institutions patronales ne rentrent pas dans notre cadre, il nous semble bon de signaler que ces institutions existent, sous les formes les plus diverses, dans la plupart des établissements participationnistes, parallèlement à la participation.

A l'Imprimerie Chaix, l'apprenti est l'objet d'une sollicitude vraiment paternelle. Il reçoit dans la maison l'enseignement technique et un enseignement scolaire destiné à compléter son instruction primaire. On récompense son travail et sa bonne conduite par des gratifications qui varient de 0 fr. 50 à 3 fr. 50 par jour. Plus de 100 apprentis suivent ces cours. Chaque année il est versé pour chacun d'eux à la Caisse nationale des retraites, une somme de 15 francs pour une rente viagère à 55 ans ; à la Caisse de l'État, une prime annuelle de 8 francs, pour une assurance en cas d'accident, et il est contracté également à la Caisse de l'État, au nom de chacun d'eux, une assurance en cas de décès, pour assurer à leurs parents une somme de 500 francs.

La maison Mame a créé, sous le nom de Dotation Mame, une institution pour assister en cas de maladie, non seulement les ouvriers, mais encore leurs femmes et leurs enfants. En outre, des pensions et des secours sont accordés aux veuves et aux ouvriers devenus incapables de travailler. Enfin une cité ouvrière offre à 62 familles, pour un loyer variant de 156 à 237 francs, un logement dont le prix serait, dans la ville de Tours, de 500 à 600 francs.

Il y a, à la Fabrique de M. Baille-Lemaire, un pensionnat d'apprentis, une caisse de secours alimentée en grande partie par la maison, sur frais généraux, une caisse de retraites et une société musicale, *l'Harmonie des ateliers Lemaire.*

A la maison Gillet et fils (Lyon), qui occupe 850 ouvriers et 200 ouvrières, il y a deux groupes d'institutions. Le premier comprend une salle d'asile pour les enfants, des cours d'instruction primaire et professionnelle pour les apprentis et une école de jeunes filles où l'apprentissage de la couture à la main et à la machine, la cuisine et le repassage sont obligatoires jusqu'à dix-huit ans. Le second groupe est formé par une caisse d'épargne qui alloue 4 0/0 d'intérêt, par l'assurance contre les accidents, par l'allocation d'un mois de salaire aux ouvrières en couches, par une dot de 100 francs aux ouvrières lors de leur mariage et par des pensions à tout vieillard incapable de travailler et sans ressources.

A la Société générale des Chemins de fer économiques (Paris), on fait deux fois par an une distribution de vêtements aux enfants des employés. En novembre 1894, le nombre de ces enfants était de 1,713. Cette société a en outre organisé un service médical et pharmaceutique. Les soins du médecin sont gratuits pour tous les employés et pour tous les membres de leur famille qui habitent avec eux. Les remèdes sont payés jusqu'à concurrence des deux tiers de leur prix : on a laissé un tiers à la charge des employés pour éviter des abus. Les frais d'accouchement de leurs femmes sont intégralement supportés par la société. Les veuves reçoivent des allocations proportionnelles aux appointements de leur mari et aux services qu'il rendait.

Aux Magasins du Bon Marché, Mme Boucicaut fonda une caisse de retraites, appelée Fondation Boucicaut, pour les employés. Cette caisse fonctionne sans aucune retenue sur les appointements. En janvier 1891 son capital s'élevait à 5,502,489 francs; 84 retraités recevaient une somme de 74,200 francs. Il y a de plus dans cet établissement des institutions pour le service médical, le logement, des cours de langues étrangères, de musique, etc.

M. Van Marken a réuni à la fabrique néerlandaise de levure et d'alcool et à la fabrique d'huiles, de Delft (Hollande), un ensemble d'institutions pour l'amélioration des salaires et pour les intérêts matériels et moraux de ses collaborateurs. Elles sont si nombreuses que leur simple énumération forme une petite brochure (1).

A la fabrique de M. Freese, à Berlin et à Hambourg, les frais d'assurances en cas d'accident et de maladie, rendus obligatoires par la loi allemande du 6 juillet 1884, sont entièrement payés par la caisse de la maison. Il y a une caisse de secours alimentée par un prélèvement hebdomadaire sur les salaires, par la moitié des parts de bénéfice tombées en déchéance et par une subvention hebdomadaire du patron, représentant 1/2 0/0 du montant des salaires de la semaine. Enfin une caisse d'épargne paie aux dépôts volontaires des ouvriers un intérêt de 6 0/0.

La seule conclusion qu'il y a lieu de tirer ici de cette série d'exemples si divers, c'est que la participation est loin d'exclure les institutions patronales. Bien que fondées sur des

____

(1) Cette brochure est à la bibliothèque du Musée social.

principes différents, que celles-ci émanent de la pure philanthropie, tandis que celle-là repose sur une conception
supérieure de la justice, ces deux systèmes qui tendent au
même but, peuvent vivre côte à côte, en bonne harmonie, et
même se prêter un mutuel secours.

VI. — *Dispositions relatives au service militaire*. — Certains règlements participationnistes contiennent une clause
spéciale relativement aux travailleurs appelés sous les drapeaux par la loi militaire. On a pensé qu'il était aussi juste
que patriotique de ne pas permettre que l'obéissance à cette
loi fût préjudiciable à leurs intérêts matériels et on a tâché
de les sauvegarder dans la mesure du possible.

A la maison Barbas, Tassart et Balas, l'article 9 du règlement est ainsi conçu : « Désirant encourager au devoir
tous les jeunes participants, il est adopté :

1° Que le volontaire d'un an aura sa place conservée et
sera admis à la répartition, en prenant pour base l'année
avant sa sortie pour le service militaire, s'il justifie à sa
sortie d'un certificat de bonne conduite et d'un grade ;

S'il n'a obtenu que le certificat, il n'aura droit qu'à la
moitié de la répartition....; s'il a obtenu un certificat et un
grade, il aura droit aux deux parts ; s'il n'a obtenu ni l'un
ni l'autre, il ne lui sera rien accordé, et sa place même ne
lui sera réservée que si le Comité rendait un avis favorable,
et si MM. Barbas, Tassart et Balas en décidaient ainsi ;

2° Que le soldat pour cinq ans jouira des mêmes avantages. Sa cinquième et dernière année de service lui comptera
pour sa part dans les bénéfices de la maison pendant ladite
année, et son emploi lui sera réservé, s'il justifie d'un certificat de bonne conduite du grade de sous-officier. Pour
les autres conditions, comme le volontaire d'un an.

Le soldat qui pendant le cours de ses cinq ans, obtien-
drait un congé dépassant quinze jours, aurait droit au travail de la maison pendant son congé. Le temps d'absence

prévu par le présent article, pour le service militaire, doit être remplacé par un temps de présence équivalent pour avoir droit à la retraite.

A la Société anonyme de Tissus de laine des Vosges, l'article 8 du règlement stipule que « le service militaire de trois années d'un participant lui sera compté comme temps de présence. »

Il en est de même à la filature de M. Fauquet (Eure) : « Ceux, est-il dit dans le réglement de cette maison, qui participants déjà, ou non encore devenus participants, reviendront après le service militaire, seront considérés au point de vue du compte des années de présence, qui doivent être sans interruption, comme n'ayant point quitté la maison. »

A l'Imprimerie Gounouillou (Bordeaux) « les années de service militaire ne sont pas considérées comme interruption aux années de présence, si le rédacteur, l'employé ou l'ouvrier rentre dans la maison en quittant le régiment.

A la Papeterie d'Angoulême, le règlement de 1890 a ouvert un compte à tous les coopérateurs qui sont appelés sous les drapeaux, soit comme réservistes, soit comme territoriaux. A ce compte, désigné sous la rubrique de *Secours aux coopérateurs sous les drapeaux*, sont inscrits leurs salaires durant toute la période de leur absence. Leur famille reçoit la moitié ou les deux tiers du salaire moyen.

A la maison Deberny, les réservistes et les territoriaux touchent pendant la durée de leur appel une indemnité d'un franc par jour; il est alloué un franc par jour à leur femme et 0,50 à chaque enfant ou ascendant qui est à la charge de l'ouvrier.

Dans une délibération du 16 novembre 1887, le Conseil d'administration de l'Union offrit un nouvel avantage à ses participants, l'assurance en cas de guerre. Lorsqu'un employé veut s'assurer contre ce risque, la Compagnie prend à sa charge, sur frais généraux, la moitié de la cotisation pour un capital de 5,000 francs. Le risque de guerre s'étend à toute la durée des hostilités.

Ces mesures qui viennent en aide aux travailleurs, et surtout à ceux qui sont pères de famille, dans des circonstances qui les rendent encore plus dignes d'intérêt que jamais, ne sont jusqu'ici qu'à l'état d'exception dans les réglements participationnistes. Mais la route est ouverte, le premier pas est fait : c'était l'essentiel. Bientôt, nous en avons le ferme espoir, cette clause se sera répandue dans tout le royaume de la participation : l'idée est trop juste et trop noble pour ne pas rallier à elle tous les patrons et toutes les sociétés participationnistes.

CHAPITRE V

La Participation et la science économique. — Critique
des théories de ses adversaires.

La participation a vécu longtemps dans une humble
obscurité. En vigueur à la Comédié Française, depuis le
décret de Moscou, et à l'Imprimerie Nationale depuis 1811 ;
usitée dans l'agriculture, sous la forme du métayage, et dans
la pêche maritime depuis plusieurs siècles, elle semble
avoir été complètment ignorée des économistes, des sociologues et des philantropes. Le salariat jouissait de l'estimé
générale, et, jusque vers 1840, on le regardait comme une
des plus belles conquêtes de 1789. Ce n'est qu'en 1842 que
la participation fut retirée du boisseau où sa lumière avait
été cachée jusqu'alors.

Le promoteur de ce système fut le fils d'un petit cordon-
nier de l'Yonne, qui, après avoir gardé les vaches dans son
village jusqu'à quinze ans, était venu à Paris apprendre le
métier de peintre en bâtiments, Leclaire. Travaillant le
jour, s'instruisant la nuit, il ne cessait de penser au triste
sort de l'ouvrier qui, après une longue vie de labeurs, est
condamné à passer sa vieillesse dans la misère. Devenu

patron à l'âge de 27 ans, Leclaire mit en pratique l'idée géréreuse, qui avait concentré pendant ses dix années de salariat toutes les forces de son esprit, l'amélioration de la condition des ouvriers. Il créa tout d'abord, en 1838, une Caisse de secours mutuels à cotisations mensuelles. Mais malgré son utilité, cette fondation ne résolvait pas le problème dont Leclaire cherchait constamment la solution, celui d'assurer à l'ouvrier une retraite pour sa vieillesse. Un jour qu'il rencontra un chef de bureau de la Préfecture de la Seine, M. Frégier, qui venait de publier un livre intitulé : *Des classes dangereuses de la population dans les grandes villes*, il lui exposa l'objet de son incessante préoccupation et son embarras. M. Frégier répondit à Leclaire que le seul moyen de réaliser ses vœux, c'était la Participation aux bénéfices. Loin de comprendre immédiatement l'importance de cette idée, Leclaire fut longtemps réfractaire à toute tentative d'expérimentation. Cependant après trois ans de réflexions, il en discerna toute la portée et en élabora l'organisation dans son entreprise.

Le premier adversaire qui se leva contre la Participation, ce fut le gouvernement. Dès que Leclaire eut préparé ses statuts, il demanda à la Préfecture de police l'autorisation de réunir ses ouvriers le 6 mars 1842 « pour leur exposer l'amélioration qu'il a projetée dans les conditions de leur travail en leur donnant une part dans les bénéfices ». L'autorisation fut catégoriquement refusée. Leclaire ne recula pas : il appliqua ses statuts. Après la clôture de l'exercice, il réunit ses ouvriers, arrive tout à coup dans la pièce où ils l'attendaient, portant sur ses deux bras à demi croisés des sacs remplis d'écus, les jette sur la table au milieu de la surprise générale, en délie les cordons, les vide successivement devant lui et distribue à son personnel 11,886 fr.

Le 18 septembre 1843, Leclaire fit une nouvelle demande au Préfet de police : il sollicitait l'autorisation de réunir ses ouvriers pour leur donner des instructions. Nouveau refus du Préfet de police. Ce refus était motivé par le rapport suivant :

« Les ouvriers peintres du sieur Leclaire, se sont formés en association de secours mutuels. Une décision ministérielle du 28 septembre 1838 autorise leur association et approuve leur règlement. Le sieur Leclaire, maître entrepreneur, est leur président honoraire et leur trésorier tout à la fois. Le réglement de cette association ne comporte aucune clause qui admette les ouvriers à participer dans les bénéfices des travaux entrepris par M. Leclaire.

« Déjà au mois de mars 1842, le sieur Leclaire a demandé à M. le préfet l'autorisation de réunir, dans ses ateliers, de 60 à 80 ouvriers pour les faire participer dans les bénéfices de son travail.

« *S'agissant de règlements de salaires d'ouvrier et de tarif de main-d'œuvre entre maître et ouvriers*, M. le Préfet a refusé, ou plutôt défendu la réunion ; Leclaire s'est conformé à ses ordres et la réunion n'a pas eu lieu dans le but indiqué dans la demande qu'il reproduit cette année.

« Le sieur Leclaire, dans l'année 1842, *n'en a pas moins* réparti, entre 44 de ses ouvriers, une somme de 11,886 fr. produit des bénéfices de son travail.

« C'est ce genre d'association en participation qu'il veut renouveler cette année, et pour y parvenir, il sollicite l'autorisation de réunir, quatre à cinq fois dans l'année, ses ouvriers, au delà du nombre de vingt.

« Nous pensons, dans les circonstances où se place cet entrepreneur, que son intention n'est autre que *d'embaucher* des ouvriers pour assurer l'extension de ses travaux, en leur donnant des chances de partage sur les bénéfices qu'il retire de ses travaux.

« C'est là une question de *règlement de salaires d'ouvriers* qui ne nous paraît pas devoir être encouragée et qui *est même défendue par les lois;* l'ouvrier doit rester entière-ment libre de *fixer et régler son salaire,* et il ne doit pas *pactiser* avec le maître, et c'est à quoi le sieur Leclaire vise aujourd'hui.

« Sous ce rapport, les autorisations qu'il sollicite, nous paraissent devoir lui être refusées, surtout si l'on consi-dère que, par l'association dans les bénéfices, l'ouvrier s'en-gage avec le maître *au delà d'une année,* ce qui lui est défendu par l'article 15 de la loi du 22 germinal an XI (1). Par ces motifs nous estimons et nous proposons de refu-ser l'autorisation sollicitée par le sieur Leclaire. »

En marge de ce rapport, qui a la prétention de défendre aux ouvriers de s'entendre avec le patron pour fixer et régler leurs salaires, et qui fait une si singulière applica-tion de ce fameux article 15, on lit cette mention qui est le couronnement de ce chef-d'œuvre administratif:

« Il y a danger pour les classes ouvrières, et abus, d'au-toriser les réunions des ouvriers du sieur Leclaire, entre-preneur de peinture, pour s'entendre sur la participation des bénéfices résultant de l'entreprise. »

Quel est ce danger aperçu par la clairvoyance de M. le Préfet de police dans l'allocation aux ouvriers d'une partie des bénéfices d'une entreprise? C'est une explication que se dispense de donner l'annotateur du rapport : d'où il est permis de supposer qu'il partage entièrement l'opinion du rapporteur.

Le refus d'autorisation fut notifié à Leclaire, par un

---

(1) Voici la teneur de cet article : Article 15. L'engagement d'un ouvrier ne pourra excéder un an, à moins qu'il ne soit contre-maître, conducteur des autres ouvriers, ou qu'il n'ait un traitement et des con-ditions stipulées par un acte exprès.

Le législateur avait voulu par cet article interdire entre patron et ou-vriers un contrat qui, en liant ceux-ci pour une longue durée, aurait amené une sorte de servage et détruit la liberté du travail.

procès-verbal en bonne et due forme, dans les termes suivants :

L'an mil huit cent quarante-trois et le douze octobre,

Nous, Antoine-Marie Basset, Commissaire de police de la Ville de Paris, spécialement du quartier de la Chaussée-d'Antin,

En exécution des ordres de M. le conseiller d'État, Préfet de police, en date du 27 septembre dernier, notifions au sieur Leclaire, entrepreneur de peinture, demeurant rue Saint-Georges, n° 11, le rejet de la demande qu'il avait adressée à M. le Préfet de police, afin d'être autorisé à réunir, dans ses ateliers, quatre ou cinq fois l'année, des ouvriers peintres, dans le but de prendre une part proportionnelle dans les bénéfices produits par *son* (sic) travail.

En conséquence, nous, commissaire de police, lui faisons expresse défense de former lesdites réunions sous aucun prétexte, sous les peines de droit.

Et afin que ledit sieur Leclaire n'en prétende cause d'ignorance, lui remettons la présente copie du procès-verbal de notification, en parlant au dénommé dans l'original. Le Commissaire de police, signé : Basset.

Leclaire s'inclina devant la défense administrative : il ne tint aucune réunion : mais il persista dans son idée et distribua à son personnel 19,714 francs en 1843 et 20,060 francs en 1844.

Les économistes ne portèrent pas sur la Participation le même jugement que les légistes de la Préfecture de police. Michel Chevalier, l'illustre professeur d'économie politique au Collège de France, écrivait en 1848 :

« Je crois que la participation va s'introduire graduellement dans les bénéfices : mais il faudra bien des précautions pour que le droit de propriété ne soit pas atteint. Ces précautions sont de rigueur dans l'intérêt même des ouvriers, car le respect de la propriété est commandé pour le bien-être de tout le monde.

« Je n'essaierai pas d'ébaucher les conditions auxquelles on pourra en soumettre la jouissance, ni les formes qu'il conviendra d'y donner, afin qu'elle provoque activement le perfectionnement des arts et *qu'elle donne plus d'autorité au principe de justice*, sous le patronage duquel les ouvriers, pour rester forts, doivent constamment se placer : il n'y a de vraie force que l'équité.

« Cette participation est destinée à changer le caractère de l'industrie en changeant celui de la masse des travailleurs. Elle donnera à ceux-ci *une dignité, un amour de l'ordre, un esprit de conduite auxquels ils ne parviendront pas autrement*. Les luttes sourdes qui existent entre les maîtres et les ouvriers, et qui occasionnent tant de désordres, tant de dégâts, tant de déperdition de forces vives, disparaîtront alors comme par enchantement ; et ce sont surtout ces motifs de l'ordre moral, politique et social qui, quant à présent, me la font désirer ardemment. »

Cette appréciation si juste et si exacte qu'on la croirait d'hier, ne fut pas chez cet éminent économiste l'opinion d'un jour. Dix-sept ans après, le 18 mars 1865, il écrivait à Leclaire : « Si nous avions dans chaque département une vingtaine de chefs d'industrie tels que vous, la paix sociale, dont l'absence est notre grand danger, serait promptement réintégrée parmi nous, l'abîme des révolutions serait fermé, la société française serait assurée de surmonter l'immense danger que suscite l'antagonisme des classes. » (1).

Quelques mois après, un des plus grands orateurs de notre siècle, Berryer, écrivait le 17 août 1865 à Leclaire : « Ce n'est point par le funeste droit de se mettre en grève que

____

(1) En 1875, M. Michel Chevalier a fait au Collège de France deux leçons sur la *Participation*.

les classes ouvrières atteindront le bien-être et la dignité d'existence auxquels elles ont droit. La grève, toujours inévitablement concertée, porte de graves préjudices aux consommateurs, au commerce, aux patrons, aux ouvriers eux-mêmes, et menace la paix et l'ordre public. L'esprit d'association peut seul éloigner ces maux, et, partout, l'association des travailleurs avec ceux qui réclament le travail. Les conditions de ce travail et le libre règlement des salaires, avec une participation pour les ouvriers dans les bénéfices des patrons, introduiront entre eux une communauté d'intérêts et d'heureux et honorables liens de patronage, qui doivent préserver les hommes de labeur des faiblesses et des dangers du triste individualisme auquel la législation moderne a réduit cette grande classe de la nation. »

Faut-il répéter encore ce brillant éloge que le 16 mai 1869, un des grands historiens de notre temps, M. Duruy, fit de la participation, quand saluant à la Sorbonne la bannière de la maison Leclaire, il dit : « J'espère que votre bannière sera bientôt à la tête du monde industriel, parce qu'elle porte dans ses plis une idée de justice et de concorde. »

Outre ces trois grands esprits dont il nous a semblé bon de faire connaître l'avis, parmi les économistes et sociologues français et anglais, MM. Courcelle-Seneuil, Audiganne, Frédéric Passy, Horn, Léon Say, Richard Cobden, John Stuart-Mill, Henry Fawcet, Herbert Spencer, ont signalé la participation comme une étape progressive de l'organisation du travail et en ont exposé la bienfaisante influence sur la paix sociale et sur la production.

Comme tout progrès, le Participationnisme a ses adversaires. Les uns, soit routine, soit indifférence ou nonchaloir, soit l'une et l'autre à la fois, le repoussent sans se donner la peine de le discuter. « Toucher au salariat, disent-ils, pourquoi ? — Mais le salariat est une rénumération inexacte du travail : c'est un système qui enrichit celui qui est oisif et laisse souvent dans la misère celui qui travaille. — Bah ! c'est l'usage, répondent-ils. » Et, satisfaits de cette raison, ils s'endorment tranquillement sur le mol oreiller de cette douce et commode philosophie.

Toute discussion serait oiseuse avec cette sorte d'adversaires. Pour les réveiller de leur lourd sommeil, il ne faudrait rien moins que le coup de foudre qui renverserait l'ordre social tout entier : coup de foudre qui ne manquerait pas de faire un monceau de ruines de notre organisation actuelle, s'il n'y avait des hommes prêts à dépenser toute leur activité intellectuelle et toute leur force morale pour éviter cette catastrophe.

Les véritables adversaires de la Participation, ce sont ceux qui repoussent et condamnent ce système au nom d'un principe et sous le couvert de la science économique.

I. — Le premier principe qu'on oppose à la solidarité du travail et du capital par la Participation, c'est celui de l'élévation des salaires jusqu'à leur *maximum*. Il est défendu par de puissantes ligues, les Trade-Unions en Angleterre, les Knights of Labor en Amérique, les Gewerbevereine en Allemagne et les Syndicats qui, en France, ont refusé de se soumettre à la loi de 1884. La plus redoutable de ces ligues, c'est l'unionisme anglais qui, depuis 1871, date de son existence légale, a syndiqué deux millions de travailleurs. Le nombre de ses adhérents, la solidité de son organisation, l'abondance de ses ressources lui donne une grande autorité dans toutes les questions relatives au travail en Angleterre. Depuis son origine qui remonte à 1824, il a obtenu du Parlement le vote de vingt-trois lois. Les Trade-Unions ont un revenu total de 2,000,000 liv. sterl. : et leur fonds de réserve est équivalent (1). En trente ans, de 1851 à 1890, l'Union des mécaniciens a distribué aux ouvriers sans ouvrage, 1,492,264 liv. st. ; aux malades, 441,891 liv.; elle a donné aux ouvriers victimes d'accidents, 36,900 liv. st.; pour pensions de retraite, 215,009 liv. st. ; elle a dépensé en gratifications 48,927 liv. ; pour grèves, 48,332 liv. st. et en frais funéraires, 140,135 liv. st. : ce qui forme une somme de 2,424,158 liv. st. (60,603,950 fr.).

Les Trade-Unions ont rendu de grands services à la cause ouvrière. Organisées sur le pied de sociétés de Secours mutuels, elles sont venues en aide aux ouvriers en cas de maladie, dé chômage et d'accidents; elles ont donné des retraites aux vieillards ; leur caisse a soulagé bien des misères et leurs secours ont séché bien des larmes. Dans les questions relatives aux conditions de travail, elles ont joué un rôle considérable. Lors de leur création le capital jouissait d'une omnipotence sans bornes, il régnait en maître, et l'individualisme incapable d'opposer le moindre contre-poids, réduit à une impuissance absolue, était forcé de s'incliner devant ses exigences, quelque dures et onéreuses qu'elles fussent. En groupant en faisceaux les travailleurs jusqu'alors isolés, l'Unionisme a puisé dans le principe de l'association une force capable de défendre les intérêts, la dignité personnelle et l'indépendance de ses membres. Elles n'ont pas peu contribué à l'amélioration du sort de la classe ouvrière en Angleterre et elles ont donné aux autres pays un exemple dont l'imitation a été couronnée d'effets bienfaisants. Mais il faut bien reconnaître cependant que ni leur but ni les moyens qu'elles emploient pour y arriver, ne sont de nature à établir entre le capital et le travail le lien de solidarité indispensable

(1) Georges Howell. *L'Unionisme ancien et nouveau.*

à la prospérité de leurs intérêts et au développement de la production.

Durant la première période .de leur existence, de 1824 jusque vers 1870, les Trade-Unions, surtout les unions locales, ne furent qu'un corps d'armée toujours prêt à marcher contre le capital. Les fonctionnaires de l'association auxquels on obéit comme à un chef, n'étaient que des maîtres-ès-grèves.

Voici le portrait qu'en a tracé un des plus chauds amis de l'Unionisme : « Vrais démagogues, tapageurs, avides, tout langue et tout estomac, ils arrivent à une fonction à force de déclamation, d'hypocrisie, et ne la convoitent que pour les rations de pain et de poisson, de bière et de grogs qu'elle rapporte, le petit relief qu'elle donne, la paresse qu'elle autorise, et les facilités qu'elle offre pour commettre des détournements et des malversations. Des appâts de ce genre dans les Unions ne font pas faute aux ambitions de bas étage » (1).

C'est entre les mains de ces agents sans scrupules que résidait en fait, sinon en droit, l'autorité suprême. Ce sont, sous des apparences libérales, de vrais despotes. Ils fabriquent des règlements encore plus nuisibles à la production qu'au patron et les imposent par la terreur. Ainsi, dans certaines Unions, il est défendu à l'ouvrier, sous peine d'amende, de faire plus d'ouvrage que ses camarades : ailleurs, le patron n'a pas le droit d'introduire des machines dans ses chantiers ou dans ses usines et est obligé de restreindre au gré de l'Union le nombre des apprentis ; les membres de l'Union n'ont pas le droit de travailler avec des ouvriers non unionistes.

Le chef-d'œuvre de ces démagogues de bas étage, c'est la grève. D'après les statuts de la plupart des Unions, la

______

(1) Thornton. *On Labour.*

grève doit être soumise au referendum de l'association et ne
peut être déclarée qu'à une majorité des deux tiers des
membres. Mais cette clause n'est qu'une vaine formalité :
grâce à leurs mensonges, à leurs calomnies et parfois même
à la terreur, les meneurs ont toujours leur majorité. Dès
que la grève est commencée, on ne recule devant aucun
moyen pour empêcher de travailler les ouvriers qui refusent
d'y prendre part. Menaces, incendies, vitriol, assassinats
font partie de la stratégie unioniste contre les non-grévistes.
On poussa parfois la cruauté jusqu'à des raffinements barbares : les émissaires des Unions firent sauter à coups de
pouce les yeux des ouvriers qui continuaient le travail ;
les crimes de Sheffied et de Manchester furent leur œuvre.
« Dans toute grande Union, ouvrière, dit M. Thornton, un
des ardents partisans de l'Unionisme, il y a toujours des
individus aussi disposés que les *carbonari* italiens ou les
ribandmen écossais, à exécuter tout ce que leurs chefs leur
commanderont, pourvu qu'ils soient payés en conséquence. »
Moyennant 37 fr. 50, deux de ces bandits acceptèrent, en 1866,
la mission de faire sauter, avec une boîte de poudre, la maison d'un ouvrier qui avait déserté l'Union : cependant le
prix, en général, était plus élevé ; il allait de 100 francs
à 500 francs suivant les circonstances. Les fonds étaient
versés par la caisse de l'Union : les livres de comptabilité
en accusaient le paiement. Aussi, lors de l'enquête de Manchester, plusieurs Unions s'empressèrent-elles de détruire
leurs livres.

Le nouvel Unionisme a répudié ces procédés barbares :
mais il n'est pas moins oppresseur de la liberté du travail,
soit envers le patron, soit envers l'ouvrier. Il impose aux
patrons le renvoi des travailleurs non-unionistes : certains
patrons ont même été obligés de se passer du concours de
leurs fils dans leurs propres usines, parce qu'ils n'étaient
pas membres de l'Union.

Le 7 janvier 1867, les plâtriers de Bradford envoyèrent à leur patron la lettre suivante : « Monsieur C. Howroyd, Nous, ouvriers plâtriers de Bradford, nous vous prévenons que tous vos fils qui travaillent comme plâtriers et qui sont âgés de 21 ans, sont requis d'entrer dans la Société d'ici à samedi prochain, faute de quoi tous vos ouvriers cesseront de travailler le lundi suivant et ne retourneront pas au travail jusqu'à ce que vous ayez payé les frais de la grève. — Toujours à vous. — Les Plâtriers de Bradford. » —

Comment le travail doit-il être fait et le temps employé, par des ouvriers animés de pareils sentiments à l'égard de leur patron? N'est-on pas fondé à conjecturer que, comme les écoliers paresseux, ils travaillent le moins possible?

Les Nouvelles Unions ont aussi rompu avec le genre d'agents et de chefs peints par M. Thornton. La plupart d'entr'elles sont dirigées et conseillées par des hommes sérieux, avisés et prudents, qui comprennent la responsabilité de leurs actes, de leurs conseils et de leurs avis. S'agit-il de se mettre en grève : la question est étudiée, discutée avec le calme d'une assemblée délibérante ; on apporte des chiffres, on dissèque les bilans ; et ce n'est qu'après une discussion solide qu'on passe au vote. Sans doute avec ces sages précautions la grève est moins fréquente qu'autrefois. Mais tout en agissant avec plus de modération, le Nouvel Unionisme poursuit le même but que l'ancien, le but néfaste de la surélévation des salaires par la grève. La grève, c'est l'épée de Damoclès continuellement suspendue sur la tête du patron. Les Unions la préparent de longue main : chacune d'elles a sa caisse pour la grève. Dans son livre tout récent sur la question ouvrière en Angleterre, M. de Rousiers, faisant la monographie d'une famille de mineurs écossais, raconte l'anecdote suivante : « Fisher (c'est le nom du mineur) paie seulement un penny par semaine à son Union, tandis que dans les Midlands, on verse couramment 4 pence, sans compter les sacrifices exceptionnels consentis à certains moments pour soutenir une grève dans un autre bassin houillier. — Et pourquoi nos cotisations sont elles si faibles, dis-je à Fisher? — Que voulez-vous, répondit-il? Pendant un certain temps nous versions 3 pence (0 fr 30) par semaine. Puis nous nous sommes aperçus que nous ne pourrions jamais arriver à amasser un fonds de grève suffisant pour supporter de longs chômages, et alors nous avons jeté le manche après la cognée et nous ne payons plus qu'un penny. » Mais dans les Unions plus nombreuses, on n'hésite pas à faire de grands sacrifices en vue de la grève. Pendant une période d'une vingtaine d'années, quatorze Unions ont puisé dans leur caisse 11,570,450 francs pour soutenir des grèves (1).

Ce n'est pas seulement pour défendre leurs soi-disant intérêts ou ceux de leur corporation que les Trade-Unions préparent et organisent la résistance au patron par la solution belliqueuse de la grève. Elles s'en font les apôtres et les fauteurs dans les autres pays. Le 29 juin 1896, *la Fédération des mineurs de la Grande-Bretagne*, district des porteurs de charbon, adressait aux grévistes russes le télégramme suivant : « Aux ouvriers de la Russie. — Dans la réunion du Conseil de l'Union a été voté l'ordre du jour suivant : Vu la grève générale de Pétersbourg et de quelques autres districts de Russie, nous exprimons notre sympathie sincère à nos camarades russes, dans leurs premières démarches pour faire meilleures les conditions de leur travail, spécialement pour abréger la journée de travail, et nous condamnons le gouvernement qui permet à des maîtres de fabrique de ne pas céder à des revendications ouvrières, et nous promettons de faire tout ce que nous

(1) Howell. *L'unionisme ancien et nouveau.*

pourrons pour apporter un appui pécuniaire et moral (1).
Pour le Comité : Georges Shelley, secrétaire général. »

Quand le conflit latent entre les ouvriers et le patron amène
la crise aiguë de la grève, les Unionistes, pour obliger le patron à passer par leurs Fourches Caudines et à se soumettre,
ont recours à ce qu'ils appellent « les vexations pacifiques »,
« le jeu loyal-fair play, » système qui a pour principe d'allier « un maximum de compression avec un minimum de
violation de la loi (2) ». Si le patron fait appel à des ouvriers
étrangers, ausitôt des délégués de l'Union entourent l'usine
et emploient pour les éloigner l'argent ou la violence : c'est
le *pickeling*. Le rattening est encore plus odieux : les grévistes volent les outils de ceux qui continuent le travail et
ne les leur rendent que quand ils obéissent aux décisions de
l'Union : s'ils ne veulent pas s'y soumettre, les persécutions
continuent.

On voit par ces quelques traits que le caractère essentiel de l'Unionisme anglais, c'est une hostilité permanente
et systématique contre le capital; les Trade-unions sont
des sociétés de combat et de vraies machines de guerre
contre les patrons. Et quels sont les résultats de ce système?
En 1893, 133 Unions, comprenant un effectif de 1,083,904
membres, ont dépensé en indemnité de grève 733,045 liv. st.
(18,326,125 francs). En 1894, les 1,061 grèves qui se sont
produites en Angleterre, ont condamné au chômage 324,245
ouvriers et les ont privés de 9.322.096 journées de travail (1)
C'est une perte de près de 50 millions pour la population
ouvrière et d'environ 80 millions pour la production nationale. Mais la plus grande perte est celle qui résulte de la
mollesse du travail : car celle-là est constante. Comparez le

(1) *Petite République* (11 juillet 1876).
(2) M. Stirling.
(1) Office du travail.

travail fait par les ouvriers unionistes à celui des ouvriers participationnistes. Chez les premiers, défense de faire plus d'ouvrage que les camarades : le bon ouvrier doit suivre l'exemple des tièdes, sinon des mauvais ; chez les seconds, obligation de faire autant d'ouvrage que les camarades : les ouvriers peu actifs doivent imiter les bons. Est-ce qu'à la fin de l'année, la richesse produite sera égale dans les deux camps ?

C'est de l'éloquente comparaison de ces résultats que sortira le triomphe de l'idée participationniste, soit en Angleterre, soit dans les autres pays où les associations ouvrières poursuivent le même but que les Trade-Unions. Quand on aura mis sous les yeux du parti ouvrier les résultats de la participation, il n'est pas téméraire de conjecturer et même d'espérer qu'ils seront capables de dissiper les erreurs et les préjugés les plus invétérés, et qu'un grand nombre de travailleurs déposeront les armes pour conclure avec leurs patrons le Contrat de participation, aussi conforme à la justice qu'à la prospérité des intérêts communs du patron et de l'ouvrier.

II. — S'il n'y a qu'un pas à faire pour passer du système unioniste au participationnisme, il y a un abîme infranchissable entre la participation et le collectivisme. Bien qu'il y ait une extrême tension entre les associations ouvrières et les patrons, ils vivent du moins côte à côte et se supportent mutuellement: le collectivisme supprime d'un seul coup capital et patronat. Mais, quelque remuant que soit ce parti, comme le succès d'une doctrine dépend de la quantité de vérité qu'elle renferme, le système collectiviste ne semble guère appelé à descendre du domaine de l'imagination dans celui de la réalité, s'il trouve en face de lui des hommes assez dévoués à la classe ouvrière pour lui signaler tout ce qu'a de chimérique et de faux cette étrange théorie. Qu'y a-t-il, en effet, de solide et de sensé dans ce succédané du communisme, qui, à entendre ses prédicants, serait, en sociologie, le seul système scientifique?

La conception collectiviste de l'histoire va jusqu'aux dernières limites du faux. D'après le marxisme, les diverses évolutions des peuples, les phénomènes multiples de leur activité, leurs progrès ou leurs réactions n'ont eu d'autre moteur que la lutte des classes. Antagonisme des riches et des pauvres, de l'aristocratie et de la plèbe, conquête de l'égalité : voilà l'histoire universelle.

On ne saurait pousser plus loin la falsification et la mutilation du passé. Que deviennent, dès lors, les puissants leviers de la diversité des races, de la religion, du patriotisme, de l'ambition, de l'amour, de la gloire? Ces idées, ces sentiments, ont cependant produit, dans le cours des siècles, chez les différents peuples, tantôt des progrès qui les ont émancipés de l'ignorance et de la servitude, tantôt des heurts et des fracas de toute sorte qui ont sillonné de sang la route si pénible de la civilisation : leurs désastres ont décimé le genre humain ; leurs victoires, inscrites sur l'airain des colonnes, sur la pierre des arcs de triomphe et sur le piédestal des statues, ont activé sa marche vers le bien-être et la justice.

Est-ce que Léonidas aux Thermophyles, Thémistocle à Salamine, Paul-Emile à Cannes, Charles-Martel à Poitiers, les Croisés en Orient, la chevalerie française à Crécy et à Azincourt, Condé à Rocroy, Luxembourg à Steinkerque, Dumouriez à Valmy, Desaix à Marengo, Napoléon à Austerlitz, à Wagram et à Iéna, étaient les champions de la lutte des classes? Quand Socrate buvait la ciguë, en proclamant l'immortalité de l'âme, que le Christ affranchissait la pensée en mourant sur un gibet, que les réformés achetaient la tolérance au prix de leur sang et que nos pères de 89 allaient porter aux autres peuples l'étendard de l'indépendance et de la liberté, était-ce pour une question de « plus-value » que combattaient ou mouraient tous ces héros? Vraiment, l'audace scientifique du marxisme est étonnante : avec une simple formule, comme avec une baguette magique, ses adeptes se figurent qu'ils peuvent métamorphoser l'histoire à leur guise et la réduire aux mesquines proportions de leur matérialisme économique. Mais l'histoire, drapée dans sa dédaigneuse immortalité, se rit de leur folle entreprise, et, malgré toutes leurs prédictions, l'avenir, semblable au passé, saura mettre le dévouement, le sacrifice, l'héroïsme au-dessus des appétits et des questions de ventre.

Le principe économique sur lequel les collectivistes bâtissent leur révolution sociale n'est pas moins contraire à l'expérience. Le capital, disent-ils avec Karl Marx, c'est du travail non payé, c'est la plus-value du travail. Que sous le régime du salariat orthodoxe, la rémunération incomplète du travail ait donné naissance à certains capitaux : c'est une affirmation confirmée par les faits. Mais est-ce qu'il n'y a pas une autre source du capital plus commune et plus abondante? Est-ce que l'épargne ne crée pas le capital? C'est le phénomène de chaque jour, presque de chaque heure. La cuisinière, le valet de chambre, l'artiste, le médecin, l'avocat, le professeur, l'artisan, l'ouvrier, qui mettent leurs économies dans une entreprise industrielle, commerciale ou agricole, au lieu de les employer à la satisfaction de leurs besoins ou de leurs plaisirs, deviennent des capitalistes. C'est grâce à l'accumulation de cette épargne que notre pays a pu faire de si grands travaux, soutenir des guerres si désastreuses, et payer, en 1871, cinq milliards à l'ennemi. L'épargne n'est pas cependant du travail non payé; c'est le travail accumulé, et loin d'être, comme le prétend Schaefle, un élément purement négatif, elle est le nerf de la production. Quelque habile et éloquent que soit M. Jaurès, il n'a pu construire la verrerie ouvrière d'Albi qu'en faisant des appels pressants et réitérés à l'épargne.

Quant à l'organisation sociale, telle que la rêve et la prône le collectivisme, outre que la socialisation de la terre, des instruments de production et de crédit, des moyens de transport, constituerait une spoliation générale, un véritable brigandage, ce serait la pire des tyrannies.

Dans la société, fondée sur les principes de 89, chacun est libre de suivre ses goûts, de consulter ses aptitudes pour le choix d'une carrière, de prendre le métier ou d'embrasser la profession qu'il veut ; on a la liberté du domicile, on peut habiter à son gré au nord ou au midi, à la ville ou à la campagne : chacun a le droit de posséder ou d'acquérir par son travail et par son épargne érigée en capital, une fortune suffisante pour assurer son bien-être et celui de ses enfants. Mais que deviennent ces libertés primordiales, ces droits naturels sous le régime collectivisme ? Aucun droit de choisir sa profession : elle est imposée par l'État. L'État désigne à chacun son domicile et le change suivant les décisions sans appel des directeurs du travail. L'État enlève les enfants du foyer paternel pour leur donner l'instruction qu'il veut et les embrigader dans le travail qui lui plaît. On n'a même pas la faculté de laisser à sa famille des biens légitimement acquis ; l'État seul est propriétaire. L'ouvrier n'a pas le droit de discuter son salaire ; un *omniarque* le lui impose au nom de l'État.

Y eut-il jamais un régime pareil ? une oppression aussi dure ? une servitude aussi dégradante ? N'est-ce pas la négation des besoins intellectuels et moraux de la personne humaine ? Certes, il y a de grands abus dans notre société, la loi couvre de son égide plus d'une iniquité, le prolétariat a raison de demander un peu plus de place au soleil, l'amélioration de son sort, des loisirs pour sa culture intellectuelle et son développement moral : mais notre état social est un véritable éden en comparaison de la vaste caserne où le caporalisme·marxiste cherche à enfermer les peuples, et de la perspective d'un prolétariat universel mille fois plus esclave que le prolétariat actuel.

Que serait la liberté de la presse, quand l'État tiendrait à sa discrétion tous les directeurs de journaux, tous les imprimeurs, tous les éditeurs? Que deviendrait la liberté de réunion, quand l'État serait seul propriétaire des salles et de tous les locaux où on peut se réunir ? (1).

La liberté de conscience, la liberté d'association ne seraient-elles pas outrageusement foulées aux pieds, quand l'État, dispensateur du travail, pourrait le refuser à ceux qui auraient la courageuse imprudence de ne pas se soumettre à sa doctrine et de ne pas admirer ses principes? Supposez que dans la société collectiviste un groupe de professeurs chrétiens, ou même simplement libéraux, demande à l'État un établissement d'instruction, que lui répondra l'omniarque chargé de ce service public? ·

Si du moins la richesse nationale prospérait sous l'autocratie collectiviste, les sceptiques et les positivistes, tous les esprits qui n'ont d'autre horizon que le mercantilisme, s'accommoderaient volontiers du nouvel état de choses. Mais le travailleur, privé du stimulant de la propriété et de l'intérêt personnel, accomplirait sa tâche sociale avec mollesse; l'initiative privée étant paralysée par l'État, tout progrès industriel, commercial, littéraire ou artistique serait entravé et presque impossible; et chaque année ajouterait un nouveau déficit à la production nationale.

---

(1) Au septième Congrès international des mineurs, à Aix-la-Chapelle, en mai 1896, les organisateurs eurent toutes les peines du monde à trouver une salle. On fut contraint de se réunir dans la salle étroite d'un petit café tenu par un socialiste, au fond d'une salle donnant sur une rue déserte.

Servitude et misère, voilà les deux termes auquel aboutit la thèse collectiviste.

Tout pacte avec une pareille doctrine serait un crime. Le participationnisme n'a d'autre drapeau que celui de la démocratie libérale. Son but, c'est celui qu'indiquait déjà Richard Cobden quand il disait : « Je vois toujours avec plaisir tout ce qui tend à combler l'abîme qui a jusqu'ici séparé ces deux classes, les capitalistes et les travailleurs... Je voudrais que le travailleur vint à comprendre *que le capital n'est que le travail accumulé et que le travail lui-même n'est que la semence du capital;* que ces deux hommes, intéressés à une œuvre commune, le capitaliste et l'ouvrier, vissent que ce qui profite à l'un fait la prospérité de l'autre, et que tous les deux ils ont également à gagner dans le succès de l'entreprise ». C'est en tenant haut et ferme contre le collectivisme ce drapeau de la liberté et de la concorde que les participationnistes gagneront à leur cause les patrons et les ouvriers, et c'est du succès de leur système que dépendent en grande partie la richesse nationale et la paix sociale.

III. — Dans le camp le plus opposé aux réforme sociales, de quelque nature qu'elles soient, et qui semble considérer le *statu quo* comme un dogme, le camp de l'économie politique, on élève aussi des objections contre la participation.

M. Paul Leroy-Beaulieu a, dès l'aurore de la participation, vidé son carquois de science économique contre ce nouveau système qui osait manquer de respect au principe intangible de l'offre et de la demande. Loin d'être un instrument de pacification sociale, le participationnisme, aux yeux de cet économiste, est « *non seulement une utopie décevante, mais encore une utopie dangereuse; il contient un ferment de discorde et un principe dissolvant; il crée plus de causes de dissentiment qu'il n'en supprime; il en-*

chevêtre les intérêts du capital et du travail; il complique leurs relations » (1). Quelques années après cette véhémente satire, en 1875, M. Leroy-Beaulieu, ramené à des sentiments moins antipathiques, ne craignait pas d'avouer que la participation a des chances de succès dans la petite industrie. »

M. Maurice Bloch prétend que les ouvriers ne feront que très rarement, sinon jamais, un bon accueil à la participation, vu qu'elle ne donnera aux revendications socialistes qu'une satisfaction insuffisante et presqu'insignifiante; et qu'elle ne sera presque pas praticable pour les patrons, car elle ne peut exister sans l'immixtion de l'ouvrier dans la gestion de l'affaire, privilège qu'un patron ne saurait accorder. Puis, passant de la théorie à la pratique, il ajoute : « Peu de fabricants se sont laissé séduire par la participation et l'ont expérimentée. Parmi ceux qui en ont tenté l'expérience, quelques-uns s'en sont repentis; d'autres y ont trouvé des avantages, mais uniquement parce que le but qu'ils poursuivaient était de se faire aimer de leurs ouvriers. »

Les prédictions et les raisons spécieuses de l'économie orthodoxe ont reçu une réfutation péremptoire « de l'observation et de l'expérience qui seules, comme le dit si bien M. Leroy-Beaulieu, peuvent donner des solutions certaines dans les questions scientifiques » (1). Le participationnisme, comme il sera dit plus loin, a été adopté dans plus de 500 établissements industriels, agricoles ou commerciaux. Sauf de très rares exceptions, il y a produit de très bons effets. Aucune grève ne s'y est déclarée; patrons et ouvriers ont vécu en bonne harmonie, leurs rapports sont devenus plus sympathiques et plus cordiaux; le personnel y a été plus stable et plus dévoué aux intérêts généraux. Sans

---

(1) La question ouvrière au XIX° siècle (1872)
(1) L'Économiste français, 1895.

prélévement sur le salaire, les travailleurs ont obtenu pour leur vieillesse, tantôt des pensions viagères et tantôt un patrimoine qui les mettait, eux et leur famille, a l'abri du besoin et même leur créait un certain bien-être. Les patrons, de leur côté, n'ont pas eu à regretter leur générosité : au point de vue purement industriel, comme en témoignait Leclaire, ils ont fait une bonne affaire.

Ce n'est pas seulement la petite industrie qui doit de si beaux fruits à la Participation. Depuis 1883, les 2,800 ouvriers de la Compagnie Fives-Lille ont eu leur salaire augmenté de 7,50 0/0 à Fives, de 10 0/0 à Givors, par le 8 0/0 distribué après chaque exercice. Les employés de la Compagnie du chemin de fer d'Orléans, dont le nombre s'élève à plus de 15,000, ont reçu pour leurs parts annuelles de bénéfices, plus de 80 millions. « C'est une somme bien placée, disait M. Sévène, le directeur de cette Compagnie, devant la Commission extra-parlementaire des Associations ouvrières. La Compagnie a amélioré, dans une notable proportion, le sort de ses employés; elle a sauvé de la misère un grand nombre de familles par les mesures de prévoyance qu'elle a prises dans le placement des fonds réservés aux employés; elle a donné à son personnel, je ne dirai pas l'aisance, parce qu'il est impossible de la procurer à tout le monde, mais la solidité de la position et la tranquillité pour l'avenir. De leur côté, les employés font preuve de zèle et de dévouement envers la Compagnie. »

La participation a produit les mêmes résultats au Familistère de Guise, aujourd'hui association coopérative de production, à la Fonderie Piat, à la métallurgie de Mazières, à la maison Tangye, de Birmingham, à la fonderie de fer d'Alfred Hickman, au Gaz de Londres, à la fabrique de machines de MM. Storck frères (Hollande), à la Fonderie de fer d'Ilsede, aux usines métallurgiques de Halle, de Lingen, aux Sociétés de chemins de fer Berlin-Anhalt et Louis de Hesse.

Il y a eu cependant, en Angleterre, un échec retentissant de la Participation aux houillères de MM. Briggs, à Whitwood. M. Paul Leroy-Beaulieu ne manque pas de conclure de ce simple fait que le système participationniste est incompatible avec les établissements qui nécessitent de gros capitaux et emploient un grand nombre d'ouvriers. Dût la fâcheuse déception de MM. Briggs, être imputable à la participation (ce qui n'est pas), M. Leroy-Beaulieu a un trop profond respect de la logique pour ériger un fait particulier en loi générale. Mais l'insuccès de Whitwood est dû à des motifs étrangers à ce système.

Avant l'adoption de la participation, les charbonnages de MM. Briggs étaient depuis longtemps dans une situation extrêmement critique. Il régnait entre les patrons et les ouvriers un antagonisme permanent; les grèves succédaient aux grèves; on suspendait le travail sous les prétextes les plus futiles, et la grève durait tantôt cinq mois, tantôt huit mois. Chaque jour de chômage coûtait environ 3,500 francs pour l'entretien des pompes.

En désespoir de cause, avant de jeter le manche après la cognée, MM. Briggs tentèrent un dernier moyen pour vaincre l'hostilité d'une si redoutable coalition. Ils eurent recours à la participation aux bénéfices. Pendant neuf ans, de 1865 à 1874, la paix ne fut troublée par aucun nuage. Les ouvriers qui, tout d'abord, avaient vu avec le plus de méfiance l'institution participationniste, s'étaient enfin rendus devant les faits, et ne doutaient plus de la bonne foi patronale. L'harmonie régnait entre les ouvriers et les patrons. Déjà les sommes distribuées au personnel s'élevaient au chiffre de 45,000 livres sterling (1,125,000 fr.)

Ce ne fut qu'une courte trêve. Pendant l'automne de 1875, les autres mineurs du bassin s'étant mis en grève à cause d'une réduction de salaire, les ouvriers de MM. Briggs soutinrent leurs camarades de leurs subsides. MM. Briggs, comme il est attesté par de sérieux témoignages, indignés de cette solidarité qui leur semblait un acte d'ingratitude, auraient intimé à leur personnel l'ordre de cesser son appui aux grévistes (1). Les ouvriers se jugèrent lésés dans leur liberté d'action par cette sommation : les esprits s'échauffèrent, les anciens ressentiments s'envenimèrent. On ne vit plus, dans la participation, qu'une arme patronale contre l'indépendance du travail : on répondit par la grève. A la reprise du travail, qui eut lieu au bout de quatre mois, les salaires furent réglés d'après le « *sliding-cale* », c'est-à-dire d'après les variations du prix du charbon, et, depuis lors, le sliding-cale est le mode de rémunération usité à Whitwood. On ne parla plus de participation : de part et d'autre, on comprit que ce système avait vécu.

Ainsi, à Whitwood, l'expérimentation a succombé sous un ensemble de circonstances exceptionnelles et de difficultés personnelles, sous la pernicieuse influence des Trade-Unions, et les vieilles rancunes du personnel, réveillées tout à coup par l'erreur des patrons : mais tous ces motifs sont indépendants de la participation. Ce système, au contraire, avait maintenu pendant neuf ans la paix entre le travail et le capital.

On ne saurait donc arguer de ce fait que la participation ne convient pas à l'industrie houillère. Aucune exploitation ne s'y prête mieux que les charbonnages. Le salaire entre dans les frais d'extraction dans une proportion de 70 0/0, les autres dépenses varient entre 12 et 15 0/0, et la production ne dépend pas des aptitudes ou des connais-

______

(1) Lujo Brentano (Concordia, 1875). *Journal of the Society of Arts* (1881).

sances techniques de la direction. Dans ces conditions, il est aisé de répartir les bénéfices entre les agents producteurs et de déterminer leur part respective.

La seule leçon que donnent aux sociologues les résultats de Whitwood, c'est une leçon morale. La paix entre le capital et le travail dépend autant des sentiments mutuels du personnel et du patron que des conditions économiques. Les dispositions qui règlent l'organisation du travail, pèsent peu dans la conscience des travailleurs, quand ils se croient menacés dans l'exercice de leur liberté et de leurs droits : la question d'intérêt s'efface devant la défense de la dignité personnelle. Sans la confiance et le respect réciproque des ouvriers pour le patron et du patron pour les ouvriers, le succès d'une entreprise est impossible. Assurément les travailleurs font cas d'une augmentation de salaire; mais il est rare qu'ils lui sacrifient leur fierté et leur indépendance. C'est pour avoir usé d'une autorité excessive envers leurs ouvriers que MM. Briggs les ont vus se dresser contre eux. Le temps n'est plus, si jamais il a existé, où un patron peut agir en maître : le travailleur est un homme libre et non un esclave ou un serf : il doit être traité comme tel.

Sans doute, ces maximes démocratiques, les patrons les connaissent et les admettent; mais la théorie n'est rien, la pratique est tout. Or, malheureusement, dans la pratique, il arrive trop fréquemment qu'au lieu d'obéir à la saine raison, on se départit de ce calme d'esprit si indispensable à la juste appréciation des choses, et qu'on cède à un mouvement de dépit ou à des habitudes d'*autoritarisme* qui ruinent en un instant l'œuvre de plusieurs années. Certes, il est difficile à un patron d'être maître de lui, quand il se voit méconnu et presque trahi, parfois même outragé et menacé par des travailleurs qu'il a comblés d'égards; mais, même dans ces cas extrêmes, il faudrait avoir la force d'opposer à des ouvriers aveuglés par la passion, égarés par des prôneurs de grèves, un calme plein de fermeté, et surtout se garder de toutes représailles. Cette victoire sur soi-même, inaccessible à l'ouvrier, que le manque de culture intellectuelle rend esclave de ses passions et de toute excitation malsaine, est une obligation facile à remplir pour des esprits élevés dans le commerce des grandes idées et des nobles sentiments qui mènent l'humanité. Cette persévérance dans le sang-froid impose aux coalitions, et les malentendus ou les discordes, après des explications réciproques, au lieu de s'envenimer, s'évanouissent. Comme les batailles navales, les batailles économiques se gagnent par le « Frappe, mais écoute, » de Thémistocle.

Quant à « *cet enchevêtrement d'intérêts* », à cette immixtion du personnel dans l'entreprise que MM. Leroy-Beaulieu et Maurice Bloch signalent comme la pierre d'achoppement de la participation, les faits sont loin d'avoir justifié leurs prédictions. Il ne s'est presque jamais élevé de contestations sur les comptes présentés par le patron ; on n'en connaît qu'un seul cas qui s'est produit en Angleterre : sauf cette exception, les ouvriers n'ont jamais fait la moindre réclamation sur l'exactitude du bilan patronal, partout on a accepté avec des témoignages de satisfaction le *quantum* distribué. Comment, du reste, à moins d'une malveillance peu vraisemblable, concevoir quelque soupçon sur un patron qui distribue spontanément des bénéfices qu'il lui était loisible de garder pour lui? Si ces imputations sont rares contre les administrateurs des sociétés anonymes, combien ne doivent-elles pas l'être entre gens liés par la mutuelle confiance, conséquence naturelle de la participation! Cependant, à pousser les choses à l'extrême, en cas de chicane de la part d'un participant acariâtre ou mal intentionné, comme jusqu'ici la loi française n'admettait dans aucun cas la validité de la clause de renonciation à tout contrôle, un patron eût été obligé de subir cette ingérence et de se conformer au droit commun. Cet inconvénient n'existe plus : la loi sur le contrat de participation, qui n'attend plus, pour être définitive, que la seconde délibération du Sénat, créant une dérogation à l'article 1006 du Code de procédure civile, a admis la validité de cette clause en matière de participation (1).

Dans les pays où l'état de la législation pourrait donner lieu aux patrons de craindre le danger de l'ingérence ouvrière, bien que ce danger soit presque chimérique, on peut l'éviter en employant le mode de participation adopté par la maison Tangye, de Birmingham, ou une combinaison analogue. Dans cette maison, il est remis à chaque participant, à titre de don, un bon valable pour un an. Ce bon, qui est de 50 livres sterling (1,250 fr.), donne droit à un dividende égal à celui des actionnaires de la société. Il est délivré tous les ans, au 1er juillet, à tout ouvrier dont la conduite et le travail ont été satisfaisants durant l'exercice. En cas de mort du titulaire, le capital de 50 livres sterling est payé à sa famille (2).

Il est un point, cependant, sur lequel le système participationniste est d'accord avec M. Maurice Bloch. Comme les partisans de la participation, il reconnaît qu'il faut améliorer le salariat. Mais à ses yeux la seule amélioration praticable, c'est le système des primes. Il a soutenu ce panégyrique des primes, à maintes reprises, dans la *Revue Allemande*, dont il est le collaborateur, d'accord sur ce point avec les économistes et les industriels allemands, qui ont presque tous élevé contre la participation des critiques plus nombreuses que solides.

Loin de nous la pensée de contester l'utilité des primes.

-----

(1) Le contrat de participation peut déterminer les conditions du contrôle des comptes.

(2) Ce mode de participation a donné toute satisfaction, depuis 1883, à cette maison, qui occupe 1,500 ouvriers.

C'est une atténuation de la rigueur du salariat, un premier pas vers une plus juste rémunération du travail, une étape vers la théorie participationniste. Lorsqu'une entreprise ne laisse pas, après chaque exercice, des bénéfices assez considérables pour pouvoir distribuer à chaque ouvrier une part de quelque importance ; quand le personnel n'a pas atteint encore le degré de culture intellectuelle et morale nécessaire pour comprendre les avantages de la participation et surtout pour ne pas voir en elle une atteinte à l'indépendance ouvrière, le système des primes ou des gratifications est un de ces moyens qui, comme les institutions patronales, peuvent atténuer l'antagonisme entre le capital et le travail. Les primes pour économie dans les matières premières, pour ancienneté ou assiduité, sont même de nature à avoir une heureuse influence sur la production et sur la stabilité du personnel. Mais, au point de vue moral, qui joue, dans les rapports entre patrons et ouvriers, un plus grand rôle qu'on ne croit communément, il y a toujours, entre le patron et l'ouvrier, la même distance sociale : le travailleur ne sort pas du rang de salarié. De plus, suivant le témoignage des ouvriers de la maison Billon et Isaac, « ce système est trop abandonné au bon plaisir des patrons et éveille facilement la jalousie entre les ouvriers ».

Au point de vue économique, les primes au surcroît de production peuvent avoir un effet désastreux dans la nature du produit : l'ouvrier est exposé à sacrifier la qualité à la quantité. Il en est dans ce cas comme sous le régime du travail aux pièces où l'ouvrier fait son ouvrage le plus rapidement possible pour augmenter son salaire : le plus souvent, cet ouvrage est moins bien fait, moins fini ; il est peut-être encore acceptable, mais il n'est pas à la hauteur de la réputation de la maison. En 1892, la Compagnie Parisienne de levure et d'alcool accorda à ses ouvriers une prime mensuelle proportionnelle à la quantité de production qui dépasserait un chiffre déterminé. Au bout de quelques mois, on dut renoncer à ce système. La production avait augmenté, mais au détriment de la qualité du produit. De plusieurs côtés il était venu des plaintes à la direction.

La participation, au contraire, élève l'ouvrier et en fait une sorte d'associé du patron; elle l'achemine à devenir à son tour patron dans une association coopérative de production. Elle crée une étroite solidarité entre tous les travailleurs d'une même maison et les stimule à contribuer de toutes les forces de leur activité à la prospérité de l'entreprise, tant par l'économie dans les matières premières, un meilleur emploi du temps, que par la quantité et la qualité de la production : car leurs intérêts sont liés à ceux du patron. Enfin chacun des agents producteurs, le capital et le travail, reçoit une rémunération aussi juste que possible, puisqu'elle est proportionnelle à la valeur de son concours dans l'œuvre productrice.

CHAPITRE VI

État actuel de la Participation dans l'industrie.

Le Participationnisme n'est pas un de ces systèmes enfantés dans le silence d'un cabinet par les rêveries d'un esprit chimérique et dont la génération subite surgit tout à coup dans le corps social sans avoir été opérée par les efforts d'une longue expérience. Bien qu'il n'ait porté des fruits que vers le milieu de notre siècle, il avait déjà germé sous l'ancien régime, non seulement en France, mais encore dans plusieurs autres pays ; et son développement, interrompu par les événements politiques, reprit son essor dès que les sociologues eurent fait l'analyse scientifique du phénomène de la production : car il est inhérent au contrat du travail.

Dans les tissages flamands d'Ypres, de Léau et de Bruxelles, au xiiie siècle, l'ouvrier qui avait foulé et tondu une pièce de drap, recevait les trois quarts du prix payé par les drapiers ; le dernier quart appartenait au maître (1). A Bruges, le salaire était réglé de telle façon que les compagnons participaient aux bénéfices (2).

(1) *La législation du travail*, par Ch. Morisseau, t. I, p. 69.
(2) *La question ouvrière*, par Luijo Brentano.

Sous le règne de Henri IV, un arrêt du Conseil, rendu le 14 mai 1604, rend obligatoire dans toutes les mines de l'État la participation collective des ouvriers aux bénéfices. Le quantum et l'emploi en sont déterminés.

« Étant lesdites mines, dit cet arrêt, bien souvent ouvertes en lieux qui sont éloignés des paroisses et villages, tellement que les ouvriers qui y travaillent, n'y ont aucun exercice de leur religion, et, s'*ils tombent malades ou leur arrive quelque accident ès-dites mines*, par ravage d'eau, impétuosité de vents ou autres inconvénients, lesquels ceux qui y travaillent, sont sujets, *ne peuvent être secourus*, les sacrements leur être administrés, ni pourvu à la sépulture des morts, faute de prêtres et moyens pour les faire assister en de telles nécessités; Sa Majesté veut et ordonne pareillement :

« Qu'en chaque mine qui sera ouverte en ce royaume, de quelque qualité et nature qu'elle soit, *un trentième soit pris sur la masse entière de tout ce qui en proviendra de net et de bon*, pour être mis ès-mains du trésorier et receveur général d'icelles mines, qui en fera un chapitre de recettes à part; et seront les deniers employés pour l'entretènement d'un ou deux prêtres, selon qu'il en sera besoin, tant pour dire la messe à l'heure qui sera réglée tous les dimanches et jours de fêtes sur semaine, administrer les sacrements, *que pour l'entretènement d'un chirurgien et achats de médicaments*, afin que les pauvres blessés soient secourus *gratuitement*, et par cet exemple de charité, les autres plus encouragés au travail des dites mines ; de laquelle dépense l'État sera fait et arrêté par ledit grand-maître et superintendant des dites mines et minières, ou son lieutenant-général en son absence, tout ainsi que des autres dépenses, selon l'ordre contenu au dit du mois de juin 1601 (1). »

(1) Lamé-Fleury. *De la législation minérale sous l'ancienne monarchie.*

Ce germe bienfaisant aurait pu produire une belle moisson : mais il fut détruit en même temps que les corporations, les maîtrises et les jurandes.

En Amérique, la participation était pratiquée dès le xviii° siècle : « Comme Turgot, en France, devança Leclaire, dit M. Nicholas Gilman, de même aux États-Unis, Albert Gallatin qui fut, pendant douze ans Ministre des Finances, sous Jefferson et Madison, au commencement de ce siècle, devint le promoteur de la participation. Il établit ce système dans les verreries qu'il fonda à la Nouvelle-Genève (Pensylvanie) en 1794 (1). »

En 1788, le Parlement irlandais vota une loi pour l'encouragement et la propagation de la participation aux bénéfices.

En 1829, Lord Wallscourt essaya de réformer le salariat par le système suivant. Il considéra le salarié comme un capitaliste et le montant des salaires fut capitalisé au taux que recevait le capital à titre d'intérêt : c'est ce qu'on appelle aujourd'hui le capital-travail. Les bénéfices qui restaient, après la déduction des intérêts et des salaires, étaient partagés entre le capital et le travail.

Le taux de capitalisation étant fixé à 5 0/0, l'ouvrier qui recevait un salaire de 52 livres sterlings par an était considéré comme le propriétaire nominal d'un capital de 1,040 livres sterling $\frac{52 \times 100}{5}$ représenté par sa propre personne et touchait dans la répartition des bénéfices une part proportionnelle à cette somme.

Ces usages et ces lois ont laissé si peu de traces dans l'histoire du travail que jusqu'à ces dernières années on attribuait à Leclaire la gloire d'avoir été le promoteur de la participation et d'avoir découvert cette riante oasis dans les contrées si arides du salariat. Mais si Leclaire n'est pas

____

(1) Holyoake. — *History of Coopération.*

l'inventeur du système participationniste, c'est sa courageuse et généreuse initiative qui l'a révélé à notre siècle, l'a retiré de son obscurité pour le mettre en pleine lumière. Et, suivant la célèbre prédiction de M. Duruy, le monde industriel est venu se ranger sous la bannière que Leclaire avait arborée avec un cœur si vaillant et qu'il a tenue si haut et si ferme. Depuis 1842, l'idée participationniste n'a cessé de faire des progrès dans le Nouveau comme dans l'Ancien Continent. Ce petit grain de sénevé est aujourd'hui un arbre vigoureux : la participation est en vigueur dans 508 établissements industriels, financiers ou commerciaux.

FRANCE. — Dans ce livre d'or du progrès la France tient le premier rang. Sur les 508 entreprises qui ont adopté la participation, 356 sont françaises. Cette place d'honneur dans la marche ascensionnelle de la participation n'est pas un hasard éphémère ; elle est dans les traditions de notre industrie. En 1877, M. le Dr Böhmert, dans son excellent ouvrage sur la *Participation*, rendait hommage à nos industriels en ces termes : « Les nombreuses études, théoriques et pratiques, faites en France, ont considérablement élucidé et propagé l'idée. Elles ont puissamment secondé l'enquête dont rend compte le présent ouvrage. Les réponses et les documents qui nous sont venus de France portent, l'empreinte de l'esprit d'initiative qui distingue le caractère français, de la facilité avec laquelle il conçoit et met en pratique les idées nouvelles, de sa grande aptitude à établir les statuts et à organiser le fonctionnement des innovations économiques (*Galli novarum serum studiosi*). La plupart des nouvelles expérimentations entreprises en France témoignent aussi que les patrons ont puisé dans leur cœur les inspirations qui les ont portés à améliorer le sort de leurs ouvriers. (Les grandes fondations comme les grandes idées viennent du cœur). Beaucoup de patrons français font les plus louables efforts dans l'intérêt de la paix sociale, en commençant dans leur propre établissement à se rapprocher de leurs ouvriers (1). »

Cette généreuse activité constatée par l'écrivain allemand, nos patrons français ne l'ont pas laissée se ralentir depuis lors. Les exposants qui, en 1889, à l'Exposition universelle, occupaient le pavillon spécial construit par la Société de la Participation, étaient en grande partie français. C'est à eux que le jury international a décerné les plus hautes récompenses, grands prix ou médailles d'or, éclatant hommage qui signalait notre organisation participationniste comme un modèle au monde entier.

En parcourant la feuille de classe, ce qui frappe tout d'abord, c'est la diversité de cette organisation. Aucune des maisons récompensées n'est donnée comme un prototype : chacune d'elles a son caractère et son mérite particuliers. L'ancienne maison Leclaire (aujourd'hui Redouly et Cie) a eu un grand prix pour *la fondation*, en 1842, de la participation aux bénéfices, l'ensemble de ses institutions ouvrières et la transformation de *la maison patronale* en association coopérative de production. On récompense l'ancienne maison Godin pour son mode de participation aux bénéfices, qui rend les ouvriers *obligatoirement* copropriétaires du capital social, et sa constitution définitive en association coopérative de production ; la papeterie coopérative d'Angoulème, pour sa participation avec copropriété *facultative* du capital social, et sa transformation graduelle en société coopérative de production. L'ancienne maison Goffinon (actuellement Barbas, Tassart et Balas) a reçu une médaille d'or pour son mode d'organisation de la participation aux bénéfices et son *système de contrôle des comptes* (2). Ce qu'il y a de plus remarquable dans l'éta-

____

(1) *La participation aux bénéfices*, par le Dr Victor Bohmert, traduit par Albert Trombert, p. 34.

(2) L'article 20 du Règlement inaugurait, en 1872, le contrôle des

blissement Baille-Lemaire, ce sont les régles d'inventaire ; à l'imprimerie Chaix, les diverses institutions qui se rapportent toutes à l'organisation participationniste ; à la Compagnie du Canal de Suez, son système de retraites.

L'Exposition de 1889 fut pour la Participation l'inauguration d'une ère nouvelle. Jusqu'alors ses progrès avaient été assez lents : le navire qui la portait, avançait avec beaucoup de peine ; il y avait une sorte d'hésitation dans le monde industriel ; les patrons avaient des appréhensions et se refusaient à adopter un système dont ils ignoraient le mécanisme. Mais à partir de 1889, le vaisseau semble avoir doublé le Cap et vogue à pleines voiles dans une mer sans écueil. Les distinctions honorifiques du jury, les savantes discussions et les sages résolutions du Congrès international, les votes de la Chambre des Députés et du Sénat sur le Contrat de participation, le rapport si exact, si lumineux et si précis de M. Charles Robert que nous avons déjà cité plusieurs fois, ont projeté sur l'idée participationniste une si vive lumière qu'elle brille comme un phare. Les patrons, jusque-là indécis, lui ouvrent les portes

comptes en ces termes : « Pour garantir les droits des ouvriers et employés intéressés, et bien que la comptabilité soit tenue par des participants et établie de manière à fixer régulièrement les parts, on procédera, à chaque assemblée générale, à la nomination d'un arbitre-expert accrédité près les tribunaux du département de la Seine, qui sera chargé du contrôle des comptes avec le ou les commanditaires.

Le rapport dressé par l'arbitre aura pour objet de constater : 1º Si l'inventaire a été fait conformément aux prescriptions de l'acte social, rendu public par le dépôt d'une expédition conforme au greffe de la justice de paix de l'arrondissement où est le siége de la société et du tribunal de commerce du département de la Seine, en conformité de l'art 55 de la loi du 24 juillet 1867, prescrivant la publicité qui doit être donnée à toute constitution de société commerciale ; 2º si la participation de 5 o/o dans les bénéfices nets de cet inventaire a bien été appliquée au personnel participant suivant les statuts.

de leurs usines et de leurs fabriques : en quelques années
50 établissements et plus de 100 sociétés coopératives de
consommation sont venus grossir les rangs de l'armée participationniste. Et parmi ces maisons, il en est qui ont amené
de gros bataillons : les Fabriques des fils Peugeot, les Magasins du Printemps, la C[io] Parisienne du Gaz, la Fonderie
de bronze de MM. Muller et Roger, les deux teintureries
lyonnaises de M. Gillet et de MM. Renard, Villet et Bunand,
représentent un effectif de 3,500 travailleurs. Aucun des
nouveaux adhérents, tout en s'inspirant des exemples de ses
devanciers, n'a abdiqué son indépendance et ne s'est fait l'esclave d'une combinaison quelconque. Chacun d'eux a adapté
le principe participationniste à son milieu, à la nature de
son industrie, aux besoins de ses ouvriers et à sa conception personnelle du rôle économique et social du système.

Pour ne citer qu'un exemple, voici un passage de
l'allocution que M. Muller adressa, le 14 février 1892,
à ses ouvriers, pour leur exposer les motifs qui l'avaient
déterminé à instituer la participation dans ses usines :
« Lorsque l'on considère les progrès gigantesques faits par
la science, la diffusion de l'instruction dans toutes les
classes de la société, et, par suite, des idées de justice,
d'équité et d'humanité, on reste un peu surpris en constatant que le génie des hommes qui, depuis un demi
siècle, a enfanté des merveilles de toute sorte, a pour
ainsi dire oublié, laissé dans l'ombre ou, tout au moins,
négligé d'appliquer les principes de la science la plus
intéressante de toutes : je veux parler de la branche de
l'Economie sociale qui s'occupe tout spécialement des rapports du capital et du travail. Aujourd'hui, une aspiration,
un besoin général de réparer cette omission se fait sentir.

« Les philanthropes, les industriels, les gouvernements
cherchent à résoudre ce problème, dont la solution ferait
succéder, à l'antagonisme actuel entre le travail et le capital,

la confiance, l'amitié et le bien-être général du plus grand nombre.

« C'est le désir d'apporter notre grain de sable à cette grande idée et dans le but de faire de tous les employés et ouvriers de notre usine qui répondront à notre appel, *des collaborateurs dévoués et des associés*, que nous avons fondé les institutions dont je vais vous entretenir. »

Si on considère la nature de l'industrie exercée par les établissements qui vivent sous le régime de la participation, ils se répartissent ainsi : 5 mines et forges ; 12 métallurgies ; 6 tissages ou filatures ; 6 fabriques de produits chimiques ; 14 entreprises de construction ; 7 entreprises de transports ; 7 établissements financiers ; 11 compagnies d'assurances, l'élite de nos compagnies ; 20 imprimeries, maisons d'édition ou journaux ; 29 maisons d'alimentation, de vêtements, d'ameublement ou magasins ; enfin 127 sociétés coopératives de consommation.

La statistique dressée d'après les principaux caractères de la Participation dans nos établissements industriels donne les résultats suivants. Le taux de la participation est déterminé dans 70 maisons, indéterminé dans 59. La copropriété par actions ou parts n'existe que dans cinq entreprises. Onze ont admis le contrôle. La répartition se fait en espèces dans 54 ; les parts sont affectées à des institutions de prévoyance dans 75. Quant aux clauses secondaires, elles varient dans chaque Règlement et défient toute classification : on a pu cependant s'en faire une idée par les considérations et les exemples du chapitre IV.

Cette diversité n'a pas épuisé la fécondité du Participationnisme. Il surgit soudain des combinaisons nouvelles qui ouvrent au système un plus vaste horizon. Telle est la récente application que vient de faire la Compagnie d'assurances, le Phénix. Bien qu'il s'agisse des assurés et non du personnel, comme cette ingénieuse innovation a pour fondement la Participation, elle nous semble entrer dans le cadre de cette étude.

On sait que les Compagnies d'assurances sur la vie exceptent le cas de guerre, ou que du moins elles n'acceptent la responsabilité de ce risque que moyennant de fortes surprimes. Cette clause est imposée par les tables de mortalité qui ont servi à établir le tarif des primes. Le Phénix a comblé cette lacune si regrettable. Désormais si l'assuré succombe sur le champ de bataille, l'avenir des siens sera garanti : le capital de la police leur sera payé intégralement. Pour jouir de cet avantage, ceux qui contractent une assurance sur la vie, n'ont, en s'engageant à payer les primes ordinaires, qu'à stipuler que *les parts de bénéfices* réparties après chaque exercice entre les assurés, seront versées à un fonds de guerre. Si la guerre éclate et que l'assuré meure en défendant le pays, cette caisse versera à la veuve, aux orphelins ou aux ayants-droit le capital convenu dans la police. Si le décès de l'assuré survient en temps de paix, les parts de bénéfices versées au fond de guerre, reviennent sans retenue à ceux que désigne le contrat d'assurance.

En prenant l'initiative d'une mesure si patriotique, le Phénix s'est élevé à la hauteur d'une institution nationale. Ce bel exemple ne tardera pas à avoir des imitateurs. Nos grandes Compagnies d'assurance, où on a accueilli avec un admirable ensemble la Participation et où on étudie avec tant de soin toutes les mesures qui peuvent contribuer au progrès social, n'hésiteront pas à adopter cette innovation qui peut avoir à l'heure du péril une grande importance pour les destinées de la patrie et qui du moins sera la consolation suprême des héros qui verseront leur sang pour elle.

L'état actuel de la participation en France donne lieu à une dernière considération. La grande industrie semble s'être tenue en dehors de cette institution : les mines, la métallurgie, les manufactures de glaces, les cristalleries, les porcelaineries, les grandes filatures, les grands tissages, sauf de très rares exceptions, ont été jusqu'ici réfractaires à l'idée participationniste. Bien qu'on ne voie pas figurer sur la liste de la Participation nos établissements métallurgiques, nos groupes houillers, ces sociétés ou ces maisons ne sont pas restées indifférentes à l'amélioration de la condition des ouvriers et ne se sont pas crues libérées de tout devoir à leur égard par le paiement du salaire. La plupart de ces entreprises, adoptant la forme d'institutions patronales qui n'est au fond qu'une participation indirecte, plutôt que le système de la participation contractuelle, ont bâti des maisons où l'ouvrier est logé moyennant un loyer très modique, dont il est même devenu propriétaire par paiements annuels ou par des retenues sur son salaire ; fondé des écoles, des salles d'asile, des ouvroirs, des orphelinats, des bibliothèques ; créé des caisses de secours, des caisses de prévoyance et d'épargne, des caisses de retraite (1).

Dans les dix-huit principales Compagnies houillères du Nord et du Pas-de-Calais, qui occupent 30,984 ouvriers, les institutions patronales coûtent annuellement 106 fr. 38 par tête. Ces dépenses philanthropiques qui sont toujours maintenues, même quand il n'y a pas de dividendes, réduisent ordinairement les dividendes de 20 à 25 0/0. Il en est de même au Creuzot, à Blanzy, à Bessèges, dans le Centre, dans le Midi, dans la Loire. A Bessèges, où notamment le chauffage est gratuit, les dépenses annuelles des institutions patronales, dont l'organisation est remarquable, s'élèvent à 119 fr. 10 par tête. A Anzin, d'après la notice qui a figuré à l'exposition universelle de 1889, la Compagnie a dépensé, en 1888, la

<hr>

(1) *Annales des mines* : septembre-octobre 1884. Rapport de M. Keller, ingénieur en chef des mines. — *Le Patrimoine de l'ouvrier*, par M. Gibon, directeur des Forges de Commentry. — *Bulletin de la Société de l'Industrie minérale.*

somme de 1,567,757 francs, ce qui représente 136 francs par ouvrier, sans y comprendre les frais de création. C'est 12 0/0 des salaires annuels et 47 0/0 des dividendes distribués aux associés de la Compagnie.

La principale raison qui a déterminé la grande industrie à embrasser le patronage de préférence à la participation, c'est que le mode patriarcal n'aliène aucune parcelle de l'autorité directoriale : quelque lourdes que soient les charges volontairement acceptées par le patron pour l'amélioration matérielle et morale de son personnel, il demeure toujours maître absolu chez lui, tandis qu'avec la participation, avant le vote de la loi qui règle la nature de ce contrat, il pouvait craindre, bien qu'elle fût presque invraisemblable, l'ingérence des ouvriers dans sa comptabilité et des procès. Mais comme la loi va dissiper ces appréhensions, la grande industrie trouvera de grands avantages à combiner la participation avec ses institutions patronales, si, après le prélèvement des sacrifices faits pour le maintien de ces créations, il reste des bénéfices assez considérables pour donner à la fin de l'exercice à chaque ouvrier une somme appréciable.

Tout en répondant à des besoins d'un ordre élevé, ces institutions n'ont pas la même efficacité que la participation. M. Jules Chagot constatait déjà ce fait en 1889 et en donnait les raisons. « Les institutions patronales, dit-il (1), n'ont peut être pas donné des résultats en rapport avec les sacrifices faits par la Compagnie. On apprécie généralement assez peu ce qui ne coûte aucune peine ; on s'habitue à considérer les faveurs comme des droits ; volontiers on s'imagine que ceux qui font le bien sont poussés par l'intérêt. Il y a pis encore : lorsqu'une espèce de providence pourvoit à tous ses besoins, *sans exiger de lui aucun effort*, l'ouvrier cesse

(1) *Notice sur les institutions ouvrières des mines de Blanzy*, par Jules Chagot.

de compter sur lui-même ; il perd le goût de la prévoyance, de l'économie, parce qu'il n'en sent plus la nécessité ; son initiative s'éteint, sa dignité s'amoindrit : il est mûr pour le socialisme. »

Tout autres sont les effets de la participation. L'énergie individuelle est excitée ; l'ouvrier est l'artisan de son sort ; chacun de ses efforts est un pas vers son émancipation ; au lieu d'être un simple salarié, il est en fait, sinon en droit, l'associé du patron et leurs intérêts sont communs. C'est ce qui a décidé la Compagnie parisienne du gaz à adopter, en 1894, le système de la participation. Sans renoncer à ses institutions patronales, elle a résolu de donner à son personnel 2 0/0 sur les bénéfices nets de son exploitation. Au dernier exercice, clos le 31 décembre 1895, chaque ouvrier a reçu une part de 120 francs ; le montant de cette allocation s'est élevé à 554,000 francs (1). Tel est, du reste, l'avis général depuis qu'on a pu comparer les résultats de la participation et ceux des institutions patronales. En 1867, à l'Exposition universelle, le Jury international des récompenses fit tomber une vraie pluie de prix et de grandes médailles sur les institutions patronales. On n'osa pas refuser une distinction à la maison Leclaire qui avait déjà quelque célébrité : mais on crut la récompenser largement en lui décernant une simple mention honorable, perdue au milieu des derniers accessits. En 1889, le Jury international, dans la section d'économie sociale, accorda un grand prix à cet établissement et les plus hautes récompenses à la Participation.

Ce jugement du jury de 1889 est non seulement la consécration de la valeur économique et morale du participationnisme, mais encore un indice de la voie où doit entrer la grande industrie. On parle beaucoup aujourd'hui d'évolutionnisme. Il y a, en effet, une évolutution qui s'accomplit

(1) Rapport de l'assemblée générale du 26 mars 1896.

avec la sage lenteur et le calme de toutes les grandes lois ; c'est l'évolution morale. La conception de la justice, telle qu'elle a régi jusqu'ici les questions du travail salarié, ne répond plus à la conscience contemporaine. Le temps n'est plus où on pouvait invoquer, pour l'apologie du salariat, la doctrine commerciale d'après laquelle le prix du travail était réputé juste par le fait même de son acceptation. Si les esprits éclairés, droits, généreux et intègres qui président aux destinées de notre industrie, ont le courage de s'affranchir de théories surannées, et de rétribuer par la participation le travail de l'ouvrier, proportionnellement à son concours dans la production, ils barreront la route au collectivisme et la paix sociale sera établie dans notre pays sur des bases inébranlables.

Alsace. — La solution des problèmes du travail a été l'une des plus grandes préoccupations des industriels alsaciens et l'objet de leur constante sollicitude. Mulhouse, cette ancienne petite république, qui, au xvᵉ et au xviᵉ siècle, dépensa tant de courage et tant d'énergie pour la défense de son indépendance et de ses traditions, est, depuis plus de cinquante ans, une sorte d'Université sociale où se concentrent toutes les recherches, tous le plans, toutes les conceptions et tous les projets : on les étudie, on les discute, on fait des enquêtes ; les résultats sont propagés par le *Bulletin de la Société industrielle de Mulhouse*, qui forme actuellement 55 volumes, et mis à exécution sur les divers points industriels de l'Alsace. C'est de Mulhouse que se sont répandues en France deux institutions ouvrières de la plus haute importance : l'Association pour prévenir les accidents du travail, qui veille aujourd'hui dans onze départements sur plus de 80,000 ouvriers, et l'œuvre des habitations à bon marché pour l'ouvrier (1). En 1851, onze industriels de Mulhouse

(1) L'Académie des sciences morales et politiques ayant décerné en 1889 une grande médaille d'or à la *Société Mulhousienne des cités*

fondèrent *la Société d'encouragement à l'épargne*, dont le but était d'assurer une retraite à l'ouvrier et de lui apprendre la prévoyance, institution fort commune de nos jours, mais qui à cette époque était très rare dans l'industrie.

Après les institutions patronales, vint à l'Académie mulhousienne la question de la Participation. Elle y eut des partisans aux convictions profondes, qui en exposèrent dans d'intéressants ouvrages la nécessité sociale et les avantages (1).

Dans son livre intitulé *la République* et *la Question ou-*

ouvrières*, voici en quels termes M. Émile Levasseur expose dans son rapport l'origine et l'objet de cette société : « En juin 1853, douze manufacturiers de Mulhouse constituèrent un Société civile, sous le nom de Société Mulhousienne des cités ouvrières. M. Zuber s'inspirant de ce qui avait été fait en Angleterre, avait été l'instigateur du projet. M. Jean Dolfus en fut le créateur; il fournit presque tous les fonds nécessaires à l'entreprise et il n'a cessé d'en suivre le développement avec la plus tendre sollicitude; il fut dès le début, et il est resté jus-qu'à sa mort le président de la société. M. Muller en a été l'architecte. La Société se proposa de construire des maisons pour une famille, avec cour ou jardin, afin que chacun fût chez soi, condition impor-tante pour la moralité autant que pour le bien-être ; de les faire saines et commodes, de manière que, chacun se plaisant chez soi, le cabaret fut moins fréquenté ; de les louer en se contentant d'un modique intérêt, et surtout de les mettre en vente au prix coûtant, avec paiement en treize annuités, de manière à faciliter à l'ouvrier l'accès de la propriété, et, en le fixant au sol, à relever sa dignité en même temps qu'à amé-liorer sa situation matérielle. »

On a pu voir à l'Exposition universelle de 1889 plusieurs types de ces constructions ouvrières. Ils ont été décrits dans le *Bulletin de la Société industrielle de Mulhouse.*

Après l'Exposition, une association pour encourager en France la construction des maisons à bon marché, s'est formée à Paris sous la présidence de M. Siegfried, député, ancien ministre. Son siège social est, 15, rue la Ville-l'Évêque. — Cette société publie le *Bulletin de la Société française des habitations à bon marché.*

(1) *La République et la question ouvrière*, par M. Steinheil. — *Bul-letin de la Société industrielle de Mulhouse.* — *Les grands industriels de Mulhouse*, par Mosmann. — *Nos devoirs envers les ouvriers de l'in-dustrie moderne*, par M. Steinheil.

vrière, M. Steinheil, un des patrons de la filature de Rothau (Alsace), voit dans le partipationnisme un remède à l'antagonisme entre les deux facteurs de la production : « Dans l'organisation actuelle, dit-il, la solidarité entre le capital et le travail est incomplète. Généralement, on s'efforce de maintenir la fixité des salaires, et *c'est le capital seul qui bénéficie* des bonnes chances et supporte les mauvaises chances de l'industrie. Serait-il sage d'associer complètement le travail à ces chances industrielles?

« Certaines industries, peu compliquées, peu chanceuses, et dans lesquelles la main-d'œuvre joue un rôle très grand, permettent assez facilement cette association de l'ouvrier aux résultats de l'exploitation. Elle est plus difficile à réaliser dans ces grandes industries dont les résultats dépendent surtout de la perfection de l'outillage, de l'importance du capital et des fluctuations incessantes du prix des matières premières et des produits fabriqués. *Toutefois, même dans ce cas,* une certaine participation de l'ouvrier aux résultats de l'usine n'est pas impossible. '

« En résumé, et en m'éclairant de mon expérience personnelle, j'estime que *le salaire fixe* doit rester *la rémunération principale* de l'ouvrier, mais qu'il est sage d'ajouter dans les années prospères une certaine participation au bénéfice, participation spontanément allouée par les patrons, participation nécessairement restreinte, car, pour être large dans les bonnes années, il faudrait qu'elles s'étendît aussi aux résultats des années médiocres et mauvaises ».

. Ce principe, M. Steinheil l'appliqua, dès 1872, aux 600 ouvriers de sa filature de coton, sous la forme de la participation collective, en allouant statutairement à chaque exercice 10 0/0 des bénéfices nets à son personnel, pour une Caisse de secours mutuels et de retraite et pour une Caisse de veuves, ainsi que pour les frais de cours d'adultes. La législation sociale de l'empire allemand a fait subir une transformation à cette organisation : mais l'allocation statutaire est toujours la même.

C'est d'après des motifs analogues que M. Scheurer-Kestner, sénateur, établit, en 1862, la participation dans la Fabrique de produits chimiques de Thann où travaillent environ 370 ouvriers. A l'Enquête de la commission extra-parlementaire de 1883, il exposa son but en ces termes : « Notre but principal était de rendre possible à l'ouvrier l'accès du capital, de le moraliser par l'économie, de le rendre stable, de lui enlever cette incurie qu'il n'a que trop souvent, même quand il est chargé d'une grande famille, et qui le porte à quitter la ville où il travaille, à s'exposer à payer des frais de déménagement, de déplacement, à laisser des dettes derrière lui, à être pris de désespoir en dernier lieu et à s'adonner à l'ivrognerie... Voici le système que nous avons employé. Lorsqu'un ouvrier a économisé, *par la participation aux bénéfices*, une certaine somme, nous nous sommes engagés à lui avancer une somme égale, sans intérêt, à condition que nous serions remboursés successivement, et par petites sommes, prélevées sur les payes de quinzaines. Nous permettons ainsi à l'ouvrier d'acheter un immeuble ou un champ. Quand l'ouvrier désire que nous lui fassions une avance, il vient nous la demander en disant : j'ai économisé 1,000 francs, je veux acheter une petite maison qui vaut 2,000 francs, avancez-moi 1,000 sans intérêts. Ce système nous a donné des résultats, après trente ans de pratique, qui ne sont pas sans importance... Une enquête que nous avons faite il y a trois ans, permet de constater que 44 0/0 de nos ouvriers sont propriétaires ».

Le taux de l'allocation est de 10 0/0 sur les bénéfices après prélèvement de 10 0/0 pour un fonds de réserve et de 5 0/0 pour intérêt du capital. Les parts individuelles sont inscrites au compte de chaque participant et versées à la caisse de la société. Elles rapportent 5 0/0 d'intérêt et ne peuvent être retirées qu'après un laps de trois ans.

En outre, cet établissement paie une pension viagère à tout ouvrier qui est devenu incapable de travailler et accorde aux veuves, tantôt des pensions, tantôt des secours. Enfin, une subvention est donnée tous les ans à une caisse de secours mutuels alimentée par les cotisations des ouvriers.

L'idée dominante de MM. Schœffer, Lalance et Compagnie, dans l'application de la participation à leur fabrique de Pfastadt, près de Mulhouse, a été la formation d'un capital pour l'ouvrier. Comme l'établissement ne pouvait disposer de bénéfices assez considérables pour distribuer à ses mille ouvriers une part individuelle de quelque importance, le nombre des participants est limité : le titre de participant est une sorte de grade décerné au mérite par les gérants sur les rapports des chefs d'atelier, et dont on déchoit par une conduite irrégulière. L'allocation annuelle est déterminée chaque annéce par les gérants : sa moyenne est de 25,000 francs. Une partie des parts individuelles est payée en espèces; l'autre partie est portée au livret de prévoyance de l'ayant droit et produit un intérêt annuel de 5 0/0.

Il y a de plus à la fabrique de M. Schœffer, une caisse de retraites fondée, en 1875, par une donation de 115,000 fr. Au bout de cinq ans de travail, une pension viagère est accordée à tout ouvrier frappé d'incapacité de travail, par suite de maladie ou de vieillesse. On donne aussi une pension aux veuves et aux orphelins.

La plus haute personnification de l'industrie mulhousienne et de la participation en Alsace est la famille Dolfus. Depuis plusieurs générations, les chefs successifs de cette famille ont imaginé et réalisé les conceptions les plus ingénieuses ponr l'amélioration du sort de leurs ouvriers, dont l'effectif actuel dans les trois fabriques de Mulhouse, de Dornach et de Belfort, s'élève à 2,600 travailleurs. M. Jean Dolfus, l'un des trois introducteurs à Mulhouse de l'industrie des toiles peintes, a été le créateur des cités ouvrières, que M. Engel Dolfus regarde « comme l'instrument le plus puissant de moralisation et de bien-être matériel, le stimulant le plus énergique à l'épargne et la plus commode, la plus ingénieuse, la plus solide des caisses d'épargne ». On lui doit de nombreuses institutions que M. Charles Robert énumère ainsi (1) : Jean Dolfus a pensé aux femmes en couches, pour leur permettre l'interruption du travail pendant une période suffisante; il a donné l'hospitalité de nuit aux ouvriers voyageurs; il a cherché les moyens de procurer un petit capital à la famille de l'ouvrier décédé; après de nombreuses études qui n'ont pas duré moins d'une vingtaine d'années et qui avaient pour but la propagation de l'assurance sur la vie parmi les ouvriers, il a donné la préférence à l'assurance mixte, mise en pratique d'après ses conseils par la Société d'assurances ouvrières de Mulhouse; il a procuré, à Cannes, des soins médicaux aux ouvriers alsaciens malades, envoyés dans cette région ; il a créé au Geisbühl, près de Dornach, a l'occasion de sa noce de diamant, un asile pour quarante vieillards ».

Les mêmes sentiments ont animé M. Engels-Dolfus. D'une bienveillance extrême à l'égard des classes ouvrières, il consacra toute la généreuse fécondité de son esprit, aussi prompt à concevoir qu'à réaliser ses conceptions, à la création d'institutions destinées à encourager l'épargne; à préserver les ouvriers des accidents et à pré-

____

(1) Notice nécrologique sur Jean Dolfus (*Bulletin de la Participation aux bénéfices,* t. IX).

téger les enfants employés dans l'industrie. Si c'est par la maxime de sa vie qu'on doit, comme le dit Bossuet, juger un homme, aucune maxime ne fut plus haute que la sienne : « Il y a pour le patron, dit-il, des devoirs qui ne se discutent plus; de ce nombre est celui de fonder, d'une façon inébranlable et définitive, les institutions de prévoyance... Que l'on me cite une obligation morale qui s'impose plus sérieusement à l'industriel arrivé à la fortune, que celle de secourir l'ouvrier amené par l'âge, les infirmités ou l'épuisement à ne plus pouvoir gagner sa subsistance ». Un jour qu'on lui disait « que les ouvriers devaient pourvoir eux-mêmes au pain de leurs vieux jours, il répondit qu'il leur était impossible de faire des économies ». « Qui ne vit pas *au jour le jour*, dit-il, peut difficilement se rendre compte de la signification profonde de ces quelques mots, des privations et des angoisses infinies qu'ils renferment. C'est un immense horizon de misères, souvent imméritées, que cet *au jour le jour*. Il faut le plus souvent, encore enfant, partir pour un long voyage, sans argent, presque sans aide, sans instruction, sans le bagage le plus indispensable : quoi d'étonnant qu'on atteigne souvent le terme, épuisé et tout aussi dénué qu'au départ! ». On ne peut parler ainsi de l'ouvrier qu'à la condition d'avoir pour lui un cœur paternel. Aussi, quand vint pour lui l'heure suprême, une de ses dernières recommandations fût-elle de fonder une caisse de retraite pour les employés de sa maison.

Quant à ses idées sur la participation, voici comment il les a lui-même exprimées : « Dans les maisons comme la nôtre, il surgit trop souvent des incidents qui faussent les résultats de l'industrie proprement dite, déjà si incertains et surtout si irréguliers par eux-mêmes. De plus, il y a une telle variété dans l'évaluation à faire des services rendus, et un tel besoin de changement dans notre classe ouvrière, que l'on se heurterait à une difficulté matérielle presque insurmontable dans la mise en pratique de ce système chez nous. Nous avons préféré nous en tenir *à la participation indirecte*. A vrai dire, ce genre de participation prend facilement un *certain caractère de charité* contre lequel bien des philanthropes protestent, et qui ne remplace pas toujours, pour les intéressés, la satisfaction que leur procurerait la jouissance *du droit acquis*, qui fait la base de la participation directe ; mais, d'un autre côté, nous sommes persuadés que l'usage des fonds que nous mettons à la disposition de nos différentes institutions est plus profitable à la masse que si ces fonds étaient versés, en espèces, à des participants ».

C'est d'après ce principe que fonctionne la Participation aux Fabriques de MM. Dolfus-Mieg et Cⁱᵉ. Les institutions ouvrières y pourvoient pour une grande part aux assurances contre la maladie et contre les accidents, rendues obligatoires par la législation de l'empire allemand, à des assurances sur la vie et contre l'incendie ; on fait aux ouvriers l'avance nécessaire à l'acquisition d'une maison ; des pensions viagères sont payées aux invalides du travail, hommes et femmes, et aux veuves ; les femmes en couches reçoivent des secours ; une salle d'asile est ouverte à tous les enfants de Dornach : enfin conformément aux intentions de M. Engel-Dolfus, une caisse de prévoyance et de retraite pour les employés, fondée en 1884, avec une dotation de 400,000 francs, reçoit tous les ans une large allocation (1). L'entretien de ces institutions coûte à la Société une somme annuelle de 140,000 francs. Ces fonds sont fournis par les intérêts à 4 0/0 d'une *réserve ouvrière*, dont

______

(1) Nous ne citons ici que les principales institutions de cette maison. Voir pour les autres la notice de M. Trombert : *Les applications de la participation aux bénéfices*, pp. 66 et suiv.

le capital, en 1889, était de 786,000 francs et par un prélèvement sur les bénéfices de l'entreprise.

La participation collective de la maison Dolfus-Mœg a servi de modèle à la Société Scheurer-Nott et Cⁱᵉ. Depuis 1874, elle alloue à son personnel de 700 ouvriers et ouvrières 10 0/0 de ses bénéfices nets. Cette subvention est versée à un compte d'institutions ouvrières, qui ont pour objet de secourir les ouvriers et leurs familles et de servir des retraites aux ouvriers et aux contremaîtres, dans les limites permises par la loi allemande.

En ajoutant à ces importantes entreprises le personnel des employés de la Compagnie d'assurances Rhin et Moselle de Strasbourg (1), la Participation en Alsace étend ses bienfaisants effets sur 5,300 travailleurs. Mais, comme on a pu le voir par ce bref exposé, les préférences des industriels alsaciens vont à la participation collective. Il semble que ce soit la forme traditionnelle de cette terre. Jean-Luc de Gand, ami de Pestalozzi et collaborateur d'Oberlin, consacrait, dans son établissement du Ban de la Roche, *la dime* de ses bénéfices à l'instruction des classes ouvrières. « La fabrique donnait des allocations aux instituteurs; elle payait intégralement sept écoles maternelles (2). »

Angleterre. — La Participation a jeté de profondes racines dans le sol anglais. Bien qu'elle ne soit pas en vigueur dans autant d'établissements qu'en France, elle y est solidement implantée et n'a plus rien à redouter de ses nombreux adversaires ; les obstacles qu'ils tenteraient de

---

(1) Nous publions à l'appendice le règlement de la participation de cette Compagnie et les communications qui nous ont été faites par la Direction.

(2) Rapport du jury international en 1889 sur la participation aux bénéfices, par M. Charles Robert.

semer sur sa route, ne sauraient arrêter son essor, car elle est assez forte pour les renverser.

Depuis 1864, date où le participationnisme fut introduit pour la première fois dans l'industrie (il n'y avait eu jusqu'alors de participation que dans l'agriculture), par M. Crosley et ses fils, en dépit de l'échec si retentissant et si perfidement exploité du système dans les houillères de MM. Briggs et Cⁱᵉ, à Whitwood, dont nous avons déjà parlé, les patrons anglais ont marché avec confiance sur les traces de Leclaire et de Godin. Le 31 décembre 1894, la participation florissait dans *cent-vingt-six maisons*. Dans ce nombre ne sont compris que les établissements où, en sus du salaire, une allocation, stipulée d'avance et prise sur les bénéfices, est accordée aux travailleurs : car le système des primes à taux fixe pour surcroît de production au delà d'un chiffre fixé, celui des gratifications volontaires, et le mode qui restreint la participation aux employés principaux, est en vigueur dans un certain nombre d'autres entreprises.

Ces maisons comprennent les industries les plus diverses. Il y a notamment : 18 maisons d'imprimerie; 13 d'alimentation; 11 métallurgies, 8 entreprises agricoles; 5 tissages; 3 boulangeries; 2 entrepreneurs de constructions ; 2 compagnies pour la fabrication du gaz; 2 maisons de confections pour l'habillement; 2 fabriques d'appareils électriques ; 2 meuneries; 1 brasserie; 1 compagnie de tramways; 2 cafés-restaurants; 1 fabrique de voitures; 1 fabrique d'eaux minérales.

Quelques-unes de ces entreprises occupent un personnel considérable : il y a 3,899 ouvriers à la South Metropolitan Gas Cⁱᵉ (Londres); 1,500 ouvriers à la Fabrique de machines Tangye etCⁱᵉ (Birmingham) ; 1,500 ouvriers à la Fabrique de chemises Rogers (Londres); 1,100 ouvriers à l'Imprimerie

Cassell et Cie;500 à la Fabrique d'appareils électriques Brush ; 450 à la compagnie du gaz du Crystal Palace District; 450 à l'Imprimerie Unwin ; 500 à la Fonderie Hickman.

La Participation a régné pendant un certain laps de temps dans 51 établissements qui l'ont abandonnée pour divers motifs. Deux y ont renoncé à cause de la diminution des bénéfices ; 2, après complet achèvement de l'entreprise ; 2, à cause de la mort du patron ; 9, pour manque de réussite ou pertes ; 10, pour liquidation ou dissolution ; 9, pour résultats qui n'ont pas satisfait le patron ; 3, pour contestations entre le patron et les ouvriers; 1, pour augmentation de salaire sur la demande du personnel.

L'ensemble des ouvriers qui bénéficient de la Participation peut être évalué en Angleterre à 50,000. Le chiffre est modeste sans doute, surtout en comparaison des deux millions de travailleurs rangés sous les drapeaux de l'Unionisme ; mais il ne faut pas perdre de vue que dans ce pays la Participation a en face d'elle un adversaire qui dispose de ressources considérable et d'une solide organisation. Les Trade-Unions qui ont à leur tête et dans leurs rangs des esprits éclairés, rompus à la pratique des questions ouvrières, actifs et vigilants, voient clairement l'importance de la thèse participationniste et le danger que leur ferait courir son succès définitif. Chacune de ses victoires est une défaite pour leur cause. Le jour qui marquerait le triomphe de ce système, serait la ruine et l'effondrement du leur. Aussi font-elles à la Participation une guerre sans trève ni merci. « Patrons et ouvriers, dit M. Charles Robert, ne sont pas libres de traiter ensemble dans un esprit de conciliation et de paix. Il y a, derrière les ouvriers, un pouvoir occulte qui les empêche de répondre à l'appel sincère des meilleurs patrons. En juillet 1890, The Thames Ironworks and Shipbuilding Company, ayant proposé à l'acceptation de son nombreux personnel un système complet de participation aux bénéfices, avec de sérieuses garanties, un contrôle des comptes et pas de déchéances, la Trade-Union appelée The Amalgamated Protection union of Hammermen, Enginemen, Machinemem, Helpers, and general Labourers s'y est énergiquement opposée. Une réunion des ouvriers a été organisée. Deux orateurs habituellement écoutés, MM. W. Morgam et docteur le John Moir, ont parlé en faveur du projet ; mais, malgré leurs sages observations, l'opinion des ouvriers a été qu'une augmentation de salaire vaut mieux qu'une promesse de participation (1).

On comprend que, dans de telles conditions, la marche progressive de l'idée participationniste se soit accomplie avec lenteur. Mais ce qui est de nature à éclairer sur le cas que l'opinion anglaise fait actuellement de ce système, c'est la statistique du progrès qu'il a faite durant ces dernières années. En 1890, il a été adopté par 28 maisons; en 1891, par 16; et 1892 et 1893 par 16. L'an dernier, la Société de consommation des employés civils de Londres (Civil Service Supply Association) dont le chiffre d'affaires s'élève à 41,592,500 francs en 1894, décidait d'admettre à bref délai ses 1,353 employés à la participation de ses bénéfices. Le 1ᵉʳ janvier 1896, la maison Taylor (Bathey), l'un des plus grands établissements de lainages d'Angleterre, qui compte plus de cinquante ans d'existence, appliquait à ses sept cents ouvriers et ouvrières les règlement dont quelques articles offrent un vif intérêt, et sont l'expression du participationnisme le plus pur. Ainsi, à chaque inventaire annuel, après avoir déduit l'amortissement, l'intérêt du capital au taux de 4 1/2 0/0, et fait les prélèvements statutaires, les bénéfices nets sont partagés entre le capital et le

(1) Rapport du jury international en 1889 sur la Participation aux bénéfices, par M. Charles Robert.

travail, proportionnellement à leurs sommes respectives. Si le montant des salaires représente les 2/3 du capital, le travail recevra les 2/3 des bénéfices : sur 75,000 liv. st. de bénéfices, le personnel aura 50,000 liv. st. et le capital 25,000.

Comme le but de M. Taylor est de transformer peu à peu sa maison en Société Coopérative à l'aide de la Participation, au lieu de payer les parts en espèces, il remet à chaque participant des actions libérées de la société qui ne peuvent être cédées qu'à un membre du personnel. Ces actions touchent à la fin de l'exercice l'intérêt de 4 1/2 0/0 du capital, qui est payé comptant et en argent.

Indépendamment de ces adhésions particulières, moins nombreuses peut-être qu'on ne le souhaiterait pour les intérêts des travailleurs, mais continues et qui marquent la progression croissante de l'idée participationniste, les participationnistes anglais acceptent hardiment la lutte avec les trade-unions sur le terrain des principes. Nous en avons un brillant exemple dans le Congrès coopératif international tenu à Londres du 19 au 23 août 1895. Jusqu'alors les congrès coopératifs qui avaient lieu tous les ans en Angleterre, s'étaient tenus sous les auspices de l'Union des Sociétés coopératives de consommation anglaises. Comme cette union refusait de traiter la question de la participation aux bénéfices, non seulement pour l'ensemble des travailleurs, mais même pour les employés des sociétés coopératives, les participationnistes, sous la conduite de M. Owen Greening, protestèrent contre ce refus systématique et convoquèrent à Londres, pour organiser une action commune les coopérateurs de tous pays et toutes les branches de la coopération. Le succès répondit à l'espérance des participationnistes anglais. Entr'autres résolutions sur l'utilité de la participation aux bénéfices, le Congrès proclama *qu'aucun arrangement, pour régler d'une manière permanente et satisfaisante la situation*

respective du capital et du travail, ne peut être prati-
cable que s'il a pour base l'attribution aux travail-
leurs d'une part dans les bénéfices en sus du salaire
normal, qu'une telle attribution peut être réglée d'une
façon équitable entre les patrons et ouvriers, et que
pour être fidèles au principe coopératif les associations
coopératives de toute nature qui emploient des travailleurs
doivent, par une disposition des statuts, leur donner aussi
une juste part dans les bénéfices.

Les participationnistes anglais poussèrent l'ardeur jusqu'à
l'enthousiasme lyrique. Le 24 août, au grand festival qui
termina le Congrès, un chœur de 6000 chanteurs exécuta,
au Palais de Cristal, un chant, intitulé le Message coopératif de la paix, qui contient ces pressants appels :

« D'où viennent ces clameurs tristes et discordantes, ces
tumultes rapprochés ou lointains ? Ah ! pourquoi faut-il
avoir devant nous le spectacle de deux puissances ennemies,
prêtes à s'élancer avec fureur dans le champ des batailles
industrielles !

« Allons, frères, unissez-vous, cessez les conflits et la
guerre ! Que votre ardeur soit employée à faire de ce monde
un lieu de délices et de paix. »

« La nature possède encore des richesses non exploitées
ou inconnues que pourront découvrir et féconder les bras
courageux, les cerveaux puissants et l'énergie de la volonté
humaine. »

« Placés en présence de tant de trésors, ne consumez pas
vos forces dans de funestes et stériles combats. Joignez,
au contraire, vos efforts pour créer et partager les gains et
les profits qui viendront de la forge, du métier ou de la
mine. »

Ces appels pacifiques seront-ils entendus par l'Unionisme
anglais ? L'avenir le dira : mais si l'on doit juger de l'avenir du participationnisme en Angleterre par sa situation

actuelle, l'avenir est à lui : car bien que la justice soit boiteuse, il vient une heure où elle dicte ses lois.

États-Unis. — Durant ces dix dernières années, la Participation qui jusqu'alors avait à peine germé sur le sol américain, a fait de tels progrès aux États-Unis qu'ils viennent immédiatement après la France et l'Angleterre par le nombre et l'importance des maisons qui ont adopté ce système. En 1886, dans un rapport adressé au Président du Sénat de l'État de Massachusetts, par le Bureau des Statistiques du travail, le colonel Carroll Wright, exposant la situation du Participationnisme aux États-Unis, constatait qu'elle était peu répandue dans l'industrie. Il n'en citait que six applications. Mais, après en avoir fait un lumineux exposé, après avoir analysé leur mécanisme, il ajoutait « que ces quelques faits constituaient, sans contredit, les avant-coureurs d'un progrès à venir et probablement considérable. » Les prévisions du colonel Carroll Wright se sont réalisées. On connait aujourd'hui 43 établissements qui pratiquent ce système et, d'après le témoignage du *Journal Emplóyer and Employed de Boston,* plus de 10,000 ouvriers, aux États-Unis, reçoivent une participation aux bénéfices des diverses industries où ils sont engagés. (1) Trois de ces maisons obtinrent une récompense à l'Exposition universelle de 1889 : une médaille d'or fut décernée à la fabrique Nelson, « *pour sa participation contractuelle, avec co-propriété du capital social, par l'emploi des parts de bénéfices en actions, dans l'esprit des institutions crées à Guise par Godin »;* l'imprimerie Houghton, la fabrique de lainages *Peace Dale* eurent une médaille d'argent et la fabrique de serrurerie *Yale and Towne,* une médaille de bronze.

Parmi les 43 maisons participationnistes, il y a 6 métallurgies, 5 filatures ou tissages, 4 maisons d'imprimerie ou

---

(1) *Journal Employer and Employed,* Boston, avril 1893.

d'édition, 3 fabriques de chaussures, 2 magasins de nouveautés, 2 fabriques de produits chimiques.

Quant au mode d'organisation, le quantum est déterminé dans 28 maisons ; la copropriété par actions existe dans 3 ; les parts individuelles sont payées en espèces dans 35, et affectées à des institutions de prévoyance dans 4.

Quatre établissements qui avaient fait l'essai de la participation, l'ont abandonnée. Dans deux, la direction n'ayant donné aucune explication aux ouvriers sur les conditions du succès, le personnel ne s'est pas rendu compte que la progression des bénéfices dépendait de lui-même, de son activité et de sa vigilance. Dans l'une de ces expérimentations, comme on avait partagé l'allocation bénéficiaire sur la base des catégories, sans égard à la diversité des salaires, la discorde s'est glissée dans le personnel ; les moins favorisés se plaignaient d'avoir été victimes d'injustices. Enfin, dans le quatrième cas, l'expérimentation cessa par la faute des ouvriers et employés.

Ce qui frappe dans le Participationnisme américain, c'est son caractère pratique. Ce n'est ni par la philanthropie ni par une idée de justice sociale que les patrons de ce pays ont été guidés, en partageant leurs bénéfices avec leurs ouvriers : le grand, sinon le seul mérite de la participation, à leurs yeux, c'est sa valeur économique. Des théories de Leclaire, de Godin et de Laroché-Joubert ils n'ont vu que le côté mercantile : c'est que la participation est une bonne affaire. Lorsque M. Cameron, fabricant de pompes à vapeur, inaugura dans son usine la participation, qui fonctionna depuis 1869 jusqu'à sa mort survenue en 1877, il exposa ses intentions en ces termes :

« Aider quelqu'un à améliorer sa situation par ses propres efforts, c'est en faire un homme.

« Soutenir quelqu'un sans le concours de ses propres efforts, c'est en faire un mendiant.

« Notre but est de donner à chacun de nos employés la facilité de travailler lui-même à augmenter son bien-être.

« Nous avons adopté le système de la coopération comme un *moyen pratique de développer les affaires,* et nullement dans un but de charité. »

Ce que M. Cameron demande à ses ouvriers, en échange des 10 0/0 du bénéfice net qu'il lui alloue, c'est que chacun travaille comme si l'entreprise lui appartenait et qu'il veille à ce que ses compagnons en fassent autant, épargnant chaque minute de temps et chaque parcelle de matière première.

En 1874, une maison de commerce de Massachusetts avait adopté la participation dans l'espoir que ce serait un stimulant pour son personnel. Elle y renonça dès qu'elle s'aperçut « qu'un très grand nombre d'employés n'en appréciaient pas les bienfaits, et ne montraient, en retour, ni plus de fidélité, ni plus d'application au travail, et préféra consacrer l'équivalent du boni à augmenter les salaires des plus méritants. »

Le but poursuivi par la Compagnie manufacturière de. *Peace Dale,* où la Participation fonctionne depuis 1878, n'est pas moins utilitaire. « Le surcroît de rémunération ajouté au salaire normal, dit le compte-rendu de l'exercice 1881, ne peut être justifié que par un surcroît de diligence et de soin de la part du personnel ».

Cette opinion que nous pourrions confirmer par d'autres exemples, est loin d'être la synthèse des avantages de la participation : mais en dégageant ainsi le système participationniste de tout élément philanthropique et social (1), en ne mettant en relief que son action sur la production,

____

(1) M. Nelson qui est venu étudier à Guise le mécanisme participationniste de Godin, a cependant fait ressortir le principal caractère de la participation. En inaugurant dans l'Illinois un village industriel

les patrons, partisans de cette réforme, lui attirent tous les industriels uniquement préoccupés de la prospérité de leur entreprise. De même que jadis un ministre disait : Faites de la bonne politique et je vous ferai de bonnes finances; ainsi les participationnistes américains disent : « Donnez à votre personnel une bonne participation aux bénéfices industriels : votre personnel vous donnera de la bonne industrie. »

Allemagne. — Il y a peu de pays où on ait plus étudié le système participationniste qu'en Allemagne. En 1867, le Dr Engel, directeur du bureau royal de statistique de Prusse, parlant de l'application du participationnisme faite par un industriel berlinois, conclut en ces termes : « La question sociale n'est plus une question : on peut la considérer comme résolue. Les principes sur lesquels repose sa solution ont déjà reçu dans le domaine de la pratique un commencement d'application. » Cet éloge de la participation jeta l'alarme dans la classe des économistes allemands. Quatre d'entr'eux ouvrirent une vive polémique par la voie des journaux et des revues, par des écrits spéciaux, contre l'opinion du docteur Engel et essayèrent de prouver que la participation avait de très graves inconvénients. Le système faillit même être condamné comme une hérésie économique par le Congrès des économistes allemands à Dantzig, en 1872 : les anathèmes étaient tout prêts : mais le rapporteur de la question ayant été empêché par la maladie de faire son rapport, la discussion n'eut pas lieu et la participation échappa à l'excommunication de la docte assemblée.

En cette même année, en 1872, la société d'économie

auquel il a donné le nom de Leclaire, il disait : « D'ailleurs, il nous *semble juste* que celui qui travaille ait une part des fruits de son travail, et, même dans les affaires industrielles, *la justice n'est pas hors de sa place.* »

sociale d'Eisenach fit une enquête sur le système participationniste et adressa aux manufacturiers un questionnaire rédigé par le Dr Engel. Un conseiller de légation à Vienne et un propriétaire de terres nobles envoyèrent deux mémoires favorables à laparticipation : l'un l'avait considérée au point de vue théorique, l'autre avait exposé ses résultats pratiques. Deux manufacturiers, l'un de Berlin, l'autre de Bornheim, prétendirent que « pour des causes multiples, elle était impraticable, nuisible et que loin de faire disparaître l'antagonisme des classes, elle est plutôt de nature à aggraver le désaccord entre les patrons et les ouvriers. »

Voici un exemple des puissants arguments invoqués par le manufacturier berlinois pour appuyer son opinion. « *L'industrial partnership* est regardée par ses partisans comme le soleil qui doit éclairer sur la terre la paix sociale : je n'y vois au contraire qu'une nouvelle source de discordes et de convoitises. Elle donnera naissance à des difficultés au sein même du monde ouvrier. La participation engendrera parmi les travailleurs une inégalité de revenus qui. ne correspondra pas à leurs capacités et à leurs services, et ne résultera que des hasards plus ou moins heureux... L'ouvrier qui, malgré le zèle le plus actif et le travail le plus dévoué, n'arrivera pas à un gain aussi élevé que son collègue, peut-être moins capable, d'une fabrique voisine, se plaindra.tout autant qu'aujourd'hui de l'inégalité de la distribution des biens et il sera plus fondé à le faire, car cette inégalité ne reposera que sur le hasard ». D'où il résulte qu'il ne faut pas toucher à l'arche sainte du salariat. Quelle belle âme que ce manufacturier qui, pour éviter l'inégalité entre les parts bénéficiaires des ouvriers, les supprime d'un trait de plume! Avec son système, plus de discorde, plus de convoitises : tous les ouvriers seront logés à la même enseigne : ils auront tous les mains vides;

le patron aura assuré le pain social en gardant par devers lui l'intégralité de ces bénéfices produits en grande partie par le travail. Henri Heine appellerait cela de l'ironie berlinoise. Les autres arguments de ce mémoire sont marqués au coin de la même logique et du même esprit (1).

Le roi de Bavière ordonna, en 1873, une enquête relativement aux institutions fondées pour le bien-être des ouvriers. Dans le questionnaire, la participation aux bénéfices formait un chapitre spécial. Les résultats de cette enquête ont été publiés par le Bureau de statistique de Bavière. Ils citent ciquante maisons bavaroises comme pratiquant la participation aux bénéfices nets ou au capital de l'entreprise. Peu de temps après, le Dr Böhmert ayant demandé pour son enquête particulière des informations aux directeurs de ces établissements, constata que les commissaires bavarois avaient confondu le participationnisme avec le système des primes et l'allocation d'un intérêt aux directeurs et aux premiers ouvriers et que la participation contractuelle réglée par des statuts était très rare en Bavière.

En 1876, le Ministre du commerce de Prusse fit paraître un ouvrage intitulé. « *Les institutions pour le bien-être des ouvriers, fondées en Prusse, dans la grand industrie.* » Il y a un tel écart entre les chiffres donnés dans cet ouvrage sur le nombre des établissements participationnistes, et la réalité, que nous n'oserions y croire, si nous n'avions pour garant les témoignages de M. le Dr Böhmert qui s'exprime ainsi : « Le Ministère du commerce prussien a donné la première place dans son questionnaire aux demandes concernant la participation du personnel, employés, contre maîtres et ouvriers, tant au bénéfice net qu'au capital de l'entreprise et a publié à ce sujet de nombreux chiffres signalant

---

(1) Société d'Économie sociale d'Eisenach. 6º volume : De la participation des ouvriers aux bénéfices de l'entrepreneur. Leipzig-1874.

l'existence en Prusse de 439 entreprises avec participation aux bénéfices nets et de 61 entreprises avec participation au capital. Un examen attentif de ces chiffres donne lieu de constater cependant que cette participation a surtout été fondée en faveur des employés, des contremaîtres ou des directeurs, et ne s'étend que rarement aux ouvriers. Trente-quatre établissements seulement font participer aux bénéfices l'ensemble des travailleurs : dix-huit après l'accomplissement d'un stage par chaque intéressé; les seize autres sans exiger des services préalables (1). »

Depuis 1876, la marche de la participation en Allemagne a quelqu'analogie avec celle de la tortue. La majorité des industriels prussiens est animée contre ce système des mêmes sentiments que le manufacturier dont nous venons de citer les violentes attaques. Dans un pays où tout est hiérarchisé et soumis à une extrême discipline, les patrons entendent conserver toutes les prérogatives de leur autorité sur leur personnel, estimant que toute tentative de rapprochement avec leurs ouvriers serait une dérogeance et que la seule attitude qui leur convienne envers eux est celle du caporalisme. Quant aux patrons que la science de leurs devoirs envers le travail ou des sentiments d'humanité auraient pu peut-être amener à l'application de la participation, les lois sociales de l'empire allemand, relativement aux assurances ouvrières, ont arrêté leur élan en leur imposant des charges qui ont considérablement diminué leurs bénéfices.

Il y a eu cependant dans ces dernières années, dit le D\u02b3 Böhmert, dans un article du Volkswohl (2), le 26 septembre 1895, un mouvement marqué en Allemagne en faveur des

<hr>

(1) La participation aux bénéfices, par le D\u02b3 Böhmert, traduit par M. Trombert.

(2) Le Volkswohl, organe des intérêts ouvriers, est publié à Dresde sous la direction de M. Böhmert.

idées participationnistes. Dans plusieurs fabriques de machines, dans certains tissages et filatures mécaniques, dans des manufactures de porcelaine, de couleurs, dans des ateliers de reliure, chez des entrepreneurs de jardins et dans quelques autres autres genres d'industrie, on a organisé le système de la Participation aux bénéfices, soit d'après des statuts, soit sans statuts. Dans le cours de l'année 1894, les inspecteurs du travail en Saxe, ont constaté cinq nouvelles applications de la participation ».

Suisse. — En Suisse, l'égalité démocratique qui est encore plus dans les mœurs que dans les lois, et les qualités généreuses et patriarcales du caractère helvétique ont été un puissant secours pour le développement de la Participation. Nulle part la solution des problèmes sociaux n'a été l'objet de plus de sollicitude et d'un zèle plus éclairé que dans cet heureux pays : il leur semble que, suivant la pensée de Socrate, la misère d'un seul citoyen soit une honte pour la société toute entière. De plus, comme patrons et ouvriers ont entre eux de fréquents rapports, qu'ils se voient journellement, que le patron traite ses ouvriers en amis et que les ouvriers ont pour leur patron un amical respect, le terrain est admirablement préparé pour tout ce qui concerne l'amélioration du sort des travailleurs. Aussi à peine la Participation avait-elle poussé quelques rejetons en France qu'elle passa les Alpes. Ce fut le canton de Zurich qui en arbora l'étendard.

En 1868, la Société cantonale zurichoise nomma une commission pour étudier la situation des ouvriers de fabrique. Une des questions sur lesquelles portèrent les discussions et les délibérations de cette commission fut celle de la Participation : le rapport de M. le Dʳ Böhmert en est la vive image (1). La Société zurichoise de statistique économique

(1) Étude et rapport sur la situation des ouvriers de fabrique, par le Dʳ Victor Böhmert (Zurich. 1868).

mit, quelque temps après, à son ordre du jour la même question : des ouvriers et des démocrates socialistes prirent part aux discussions.

Du canton de Zurich le participationnisme se répandit dans tous les autres cantons, grâce au concours de la *Société Suisse d'utilité publique* et de son journal : il y fut accueilli avec une grande sympathie par toutes les classes, « spécialement par les ecclésiastiques et les instituteurs, fonctionnaires sur lesquels on prend généralement exemple dans les communes ».

En 1870, un directeur de forges écrivait au *Journal de la Société d'utilité publique du canton de Vaud :* « La question ouvrière n'est pas insoluble pour ceux qui savent déterminer les conditions réelles des rapports entre le capital et le travail..... Il existe un moyen d'unir les intérêts, aujourd'hui si profondément séparés, du travail et du capital : en faisant participer les ouvriers aux bénéfices, *on assure la sécurité au capital,* on dirige toutes les forces physiques et intellectuelles des travailleurs vers un seul et même but, et on obtient, par l'amélioration du sort de ces derniers, de sérieuse garanties pour l'avenir ».

Pendant que les économistes, les sociologues et les philantrophes discutaient, dans les centres industriels on agissait. Une fabriques d'indiennes de Winterthur, une fabrique de lainages de Feldbach, dans le canton de Zurich, deux grandes filatures et une fabrique de machines de Schaffouse, une filature de coton de Fischenthal (Zurich), un entrepreneur de constructions de Zurich, une manufacture de poteries de Nyon, un fabricant de boîtes à musique de Saint-Jean près Genève, un fabricant de savons et un fabricant d'outils à Zurich adoptaient la participation. Le conseil fédéral lui-même l'appliquait, dès 1869, aux employés des postes et télégraphes. Cette décision fut prise sur un message présenté par le Conseil fédéral à l'Assemblée fédérale.

Ce message, qui est un brillant exposé des avantages de la Participation, nous ne pouvons, vu sa longueur et le cadre restreint de notre étude, le citer tout entier : mais nous croirions priver nos lecteurs d'un vrai plaisir, si nous n'empruntions à ce rapport l'extrait suivant qui est la peinture exacte de la psychologie du fonctionnaire et même de tout travailleur :

« Si l'on suit avec quelque attention les conditions d'existence des classes des travailleurs *à salaires fixes*, et si on les compare avec celles des travailleurs *à la tâche*, on reconnaît souvent entre ces conditions un constraste frappant. Au commencement, il est vrai, la différence est peu sensible. On observe même, notamment dans les services de l'État, l'intervention de certains facteurs moraux qui relèvent la personnalité de l'employé. Celui-ci en effet n'est pas en butte aux soucis pécuniaires : il jouit dans la société d'une position honorable, à la condition de remplir son devoir. Mais souvent, après quelques années, la scène change graduellement : le sentiment que le salaire est l'équivalent du dévouement absolu de l'employé à ses obligations s'efface un peu, en même temps qu'un regard jeté sur d'autres carrières, dont les chances de gain sont plus avantageuses, persuade l'employé que son propre travail n'est pas suffisamment rétribué. Le fardeau du devoir, surtout lorsqu'il a pour objet un travail trop uniforme, se fait sentir; il éveille le désir de rendre l'accomplissement de ce devoir aussi léger que possible. Insensiblement le travail est fait avec moins de goût, moins d'application; il ne porte plus l'empreinte d'une exécution soignée et consciencieuse, comme celui des premières années. Les rouages extérieurs fonctionnent bien toujours comme auparavant; les heures du bureau sont peut-être encore mieux observées, et, par le fait de la routine acquise, les affaires sont, au moins dans la forme, menées plus aisément et plus régulièrement.

Néanmoins chez l'employé l'élan primitif n'existe presque plus; *les résultats de l'exploitation lui deviennent indifférents; car, qu'ils soient ou non favorables, il n'en retire rien.* S'ils sont avantageux, l'employé n'en prend guère souci; mais il n'éprouve pas non plus un intérêt particulier à faire des économies ou à réprimer les abus, tant que ceux-ci ne viennent pas troubler sa quiétude personnelle. En un mot, *l'ancien homme a été transformé par la baguette magique du salaire fixe en une machine* qui possède tous les avantages de la ponctualité, de la régularité extérieure dans le travail, unie à l'absence absolue de tout effort intellectuel.

« Quel genre différent pour l'homme qui retire un bénéfice de son travail! Dans les commencements, sa tâche lui causera bien des soucis; mais avec ces soucis se développeront aussi l'amour du travail et la satisfaction que lui procurent ses résultats. Il n'a point d'heures limitées; il reste à la besogne, lorsqu'il le faut, jour et nuit, sans interruption et sans le secours d'aucun aide. Son travail ne demande pas à être contrôlé; lui-même ne s'inquiète pas de l'apparence extérieure; mais il est le premier intéressé à ce que cet ouvrage soit foncièrement soigné et bon.....

« Nous croyons donc pouvoir dire, à bon droit, qu'en général la participation du travailleur au fruit de son travail est avantageuse à la marche des affaires; qu'elle élève l'homme dans son essence, et qu'il est utile de l'appliquer chaque fois que la nature des choses s'y prête. »

Cet éclatant panégyrique de la Participation, sanctionné par l'Assemblée fédérale, lui donnait une sorte de consécration d'État. Il lui vint aussitôt de nouveaux partisans : la Compagnie générale de navigation sur le lac Léman et la Compagnie des tramways suisses, une Fabrique d'allumettes de Fehraltorf et un fabricant d'horlogerie de Sainte-Croix. Enfin le succès du Participationnisme à notre Exposition universelle de 1889 n'a pas peu contribué à amener dans ces dernières années à ce système les sociétés coopératives de consommation de Genève et de Nyon, la Compagnie de l'industrie électrique de Genève, la fabrique d'appareils électriques de Neufchâtel et la Société Génevoise pour la construction d'instruments de physique et de mécanique. Ainsi, actuellement le système du participationisme fonctionne dans 17 établissements de la Suisse : car, ainsi qu'on peut le voir sur la liste qui figure parmi les appendices de cette étude, il a cessé dans quelques maisons.

Le taux de la participation est déterminé dans 11 entreprises ; 2 ont adopté la copropriété par actions. Dans 11 maisons les parts sont payées en espèces, en totalité ou en partie ; dans 7, elles sont affectées à des institutions de prévoyance (1).

Italie. — La participation n'a encore fait qu'effleurer l'industrie italienne. Malgré les ouvrages de M. Pierre Manfredi, de M. Ugo Robbens, professeur d'économie politique à l'Université de Bologne et de M. Francesco Vigano, la plus grande partie des patrons se maintient avec une quiétude extrême dans les conditions du plus pur salariat. Ni dans la province de Novare, où les fabriques de lainages se comptent par centaines, ni dans le Milanais où l'on travaille la soie avec tant de succès, ni dans les mines de fer de Lombardie et les solfatares de la Campanie et de la Sicile, on ne trouve la moindre institution en faveur de la classe ouvrière. Huit établissements seulement, dans tout le royaume, ont adopté la participation : 5 fabriques ou manufactures, 2 banques coopératives populaires et une imprimerie.

Le taux de la participation est déterminé dans 6 maisons :

____

(1) On trouvera, au *Chapitre VIII*, des informations sur ces établissements qui ont répondu à notre demande de renseignements avec une courtoisie que nous avons été loin de trouver dans l'industrie française.

la copropriété est obligatoire pour les participants à la fabrique de savons Genevois. Les fonds de la participation sont employés à des institutions de prévoyance dans 5 entreprises.

L'un de ces 8 établissements, le *Lanificio Rossi*, est d'une rare importance. A l'Exposition universelle de 1889, le Jury international des récompenses lui décerna une médaille d'or. Cette maison qui comprend 6 manufactures où travaillent 6.000 ouvriers, fondée par M. Alexandre Rossi, sénateur, est devenue, en 1872, la propriété d'une Société anonyme au capital de 24 millions de fr. Son siège social est à Schio. Les principes de cette société étaient sur le piédestal d'une statuette en bronze qui figurait à l'Exposition de 1889 et qui était la réduction d'une grande statue placée à Schio devant l'usine :

> Égaux devant le métier comme devant Dieu,
> Exerçons, en le perfectionnant, l'art de nos pères.
>
> . . . .
>
> Conquêtes du travail, conquêtes d'or.
> Le travail nous affranchit et nous élève.
> *Capital, travail d'hier. Travail, capital de demain.*
> Par le métier, l'épargne; par l'épargne, la propriété.
>
> . . . .

La production s'élève à 18.000.000 de francs et les salaires à 4.680.000 francs. Cinq pour cent des bénéfices nets sont consacrés à des institutions ouvrières. Même dans les mauvaises années ces institutions n'ont pas eu à souffrir de la stagnation des affaires. « Bien que de 1877 à 1881, dit M. le sénateur Rossi, les actionnaires n'aient touché qu'un intérêt de 6 0/0, déduction faite des amortissements, le fonds de la participation n'en a pas moins reçu chaque année une dotation, grâce à la libéralité personnelle du président et des actionnaires. L'administration considère, en effet, les dépenses des asiles, des écoles et des autres œuvres philanthropiques *comme un concours dû au person-*

nel; les actionnaires, de leur côté, ont toujours reconnu que la satisfaction donnée ainsi aux ouvriers et l'esprit de concorde qu'elle éveille entre eux, constituent les premiers éléments de la prospérité de l'entreprise (1). »

Les institutions du *Lanificio Rossi* pourvoient à tous les intérêts matériels et moraux des ouvriers. On donne des pensions aux vieillards, aux blessés et aux veuves, des subventions et des secours aux nécessiteux et à la Société de secours mutuels. Il y a un asile de maternité pour l'allaitement et la garde des petits enfants, un asile pour l'enfance et des écoles élémentaires. Dans l'ordre intellectuel et artistique, on a fondé une bibliothèque, une société philharmonique, une école de chant et un théâtre ; dans l'ordre économique, un magasin coopératif et des habitations à bon marché (2).

Stimulés par un si haut et si puissant exemple, les patrons italiens l'auraient peut-être imité, si depuis de longues années n'avait sévi contre l'industrie transalpine la crise résultant de la tension des rapports commerciaux avec la France. Dès que l'horizon s'éclaircira, il nous semble que la propriété des affaires amènera logiquement les industriels italiens à la doctrine participationniste à la suite de M. le sénateur Rossi.

Hollande. — Si l'agriculture est florissante dans les Pays-Bas, si, dans ses 12.000 kilomètres carrés de pâturages et de prairies, il y a pour l'élevage des ressources inépuisables, l'industrie y est moins prospère : la nature lui a refusé les

(1) Memoria sulle instituzioni morali, private et collettive fondate dal senatore Alessandro Rossi. Esposizione internazionale d'Igiene, Londres, 1884.

(2) Les ouvriers peuvent en dix ans, avec leurs épargnes, devenir propriétaires d'une maison de 2 000 à 8 000 francs. En 1889, 197 maisons avaient été achetées. Sur le prix d'achat qui s'élevait à 687.941 francs, il avait été payé 418.616 francs.

minerais et la houille. Il y a cependant un certain nombre d'établissements industriels où l'on traite les produits agricoles : sucreries, raffineries, brasseries, fabriques de liqueurs, manufactures de tabac et de cigares et minoteries, quelques filatures de laine et de coton. Ce genre d'industrie, comme l'établissent de nombreux exemples en France, en Angleterre et en Amérique, est un excellent terrain pour la participation. Comme leur prospérité est en grande partie subordonnée à l'activité du personnel, à l'économie des matières premières dans la fabrication des produits, les patrons, en adoptant le participationnisme, augmenteraient leur production et diminueraient leur prix de revient. Mais jusqu'ici les industriels hollandais semblent complètement ignorer ce système. Sauf quelques mémoires de M. Huet, le savant professeur de l'école polytechnique de Delft, et un opuscule de M. van Marken, il n'a été publié en Hollande aucun ouvrage sur cette question ; elle n'a donné lieu à aucune étude, à aucune discussion. Elle n'est actuellement appliquée que dans 7 entreprises : 5 traitent les matières fournies par l'agriculture, la sixième est une imprimerie et la septième, une fabrique importante de machines.

Quant au mode participationniste de ces 7 maisons, le quantum est déterminé dans 6 ; la copropriété du personnel est admise dans 4 ; les parts sont payées en espèces, au moins pour une partie des participants, dans une, et affectées à des institutions de prévoyance, dans 5.

De même que M. Rossi en Italie, dans les Pays-Bas M. Van Marken est le porte-étendard et le vaillant champion de la Participation. C'est grâce à son initiative et à ses efforts qu'elle a été adoptée à la Fabrique néerlandaise de levure et d'acool de Delft et aux trois autres maisons de la même ville que nous citons dans notre liste. Aussi est-ce à lui, plutôt qu'à cette fabrique que le jury international de 1889 décerna une médaille d'or. Les quatre applications de la Participation auxquelles il a présidé et dont il a été l'âme, sont faites d'après un plan méthodique sur des principes sociaux qui, malgré leur élévation et leur largeur, n'ont rien de chimérique et sont confirmés par l'expérience. Les intérêts et les droits du travail, le mérite personnel de l'ouvrier y sont sauvegardés par un ensemble d'institutions et de mesures qu'on serait tenté de considérer comme l'idéal, s'il pouvait y en avoir un dans une matière dont la réglementation dépend de tant d'éléments divers.

Ainsi, pour n'en citer que les traits principaux, à la fabrique néerlandaise de lévure et d'acool, le taux des salaires normaux, comme le fait remarquer à si juste titre M. Charles Robert, n'est pas déterminé « par le taux habituel des « salaires de la région, mais d'après les besoins modes- « tes, normaux, d'une famille ouvrière ordinaire ». Afin de ne laisser aucun méritant sans récompense, « les membres du personnel sont divisés en classes, d'après leur degré de dévouement. À ces classes correspondent des augmentations de salaire, s'élevant de 2 0/0 à 20 0/0 de ce salaire. Voici un exemple de cette manière de procéder. Un ouvrier de la dernière catégorie (cette catégorie comprend les ouvriers que la direction a jugés excellents, parfaits) recevra, par semaine, pour 60 heures de travail de jour, un salaire de 10 florins augmenté de 20 0/0 ou 2 florins, par un complet dévouement qui dépend absolument de la volonté de l'ouvrier lui-même, soit un total de 12 florins..... De plus, l'habileté spéciale et technique de chaque ouvrier peut être récompensée par des sursalaires pouvant aller de 2 0/0 jusqu'à 20 0/0 du salaire normal..... La coopération à la prospérité de la maison par des services rendus à ses intérêts généraux donne lieu à des primes de 5 à 10 0/0.... Aux salaires peuvent encore être jointes des primes pour épargne de temps, de matières premières et combustible ». Enfin, pour éviter les plaintes ou l'envie qui pourraient résulter de la classification du personnel en catégories et du *quantum* des primes, la direction garde le secret sur ces deux points.

Quant à la répartition de l'allocation de 10 0/0 des bénéfices nets, accordée par les actionnaires au personnel, elle a lieu sur la double base du salaire et de la classification. Les parts sont payées en argent comptant aux pères de famille : les célibataires ne reçoivent que la moitié en espèces, l'autre moitié est portée à leur compte individuel d'épargne.

La Société paie en outre sur frais généraux, des primes d'assurances pour constituer une rente viagère aux ouvriers âgés de 60 ans. A cet âge, un travailleur entré dans l'établissement à 21 ans, reçoit une pension à peu près égale à son salaire (1).

Grâce à cette organisation, le salaire est dans cette Fabrique de 50 0/0 plus élevé que la moyenne de la contrée.

Après avoir exposé l'ingénieux mécanisme de cette entreprise dans une brochure destinée à l'Exposition de 1889, M. Van Marken conclut en ces termes : « Essayez. Je voudrais prêcher ce mot sur tous les toits et être entendu de tous mes collègues, chefs d'industrie, grands et petits. Cherchons la prospérité en rendant les autres prospères... Sacrifions dans ce but un peu de nos loisirs ; hasardons un peu de notre argent, et enfin mettons-y un peu de dévouement : cela ne nuira, ni à notre cœur, ni à notre bourse ».

Dans l'organisation de l'Imprimerie qui porte son nom, M. Van Marken a poussé la Participation à son plus haut de-

______

(1) Voir à l'appendice III l'exposé complet des institutions fondées par M. Van Marken à la Fabrique néerlandaise de levure et d'alcool et à la Fabrique d'Huiles, à Delft. M. Van Marken a décrit cette organisation dans un livre intitulé : *La question ouvrière à la Fabrique néerlandaise de levure et d'alcool*.

gré. L'unique rémunération du capital est un intérêt de 6 0/0 qui paie à la fois ses services et les risques courus : il n'a droit à aucun dividende. La totalité des bénéfices nets appartient au travail (1).

C'est d'après un plan analogue à celui de M. Van Marken qu'a été, au commencement de 1896, organisée la Société anonyme « *De Veluwe* » pour la fabrication des vernis du Japon, couleurs et produits techniques et d'horticulture, à Nunspeet, dans le Gelderland. Voici la description qui en est faite dans une lettre adressée de Hollande à la Société de Participation, en mars dernier :

« Un fabricant fortuné, M. Molym, de Rotterdam, a donné son capital et son savoir pour établir une Société anonyme sur des bases non usitées jusqu'ici dans les Pays-Bas. Le but est de procurer une vie utile, saine et agréable, à autant de personnes que possible. Pour l'atteindre, la Société donne à chacun de ses collaborateurs une demeure hygiénique, des bains, la nourriture préparée dans une cuisine et boulangerie centrales, de la lumière électrique, une assurance en cas de d'invalidité ou de maladie, une pension de retraite. En outre, le lavage et le repassage du linge se font dans une usine à vapeur pour tout le personnel, moyennant quelques sous par semaine.

« La Société est établie à la campagne, loin des villes, de leur air malsain, de leurs dangers de toutes sortes. Elle dispose d'une superficie de 144 hectares, près du village de Nunspeet, station du chemin de fer d'Utrecht à Zwolle.

« Pour satisfaire aux besoins intellectuels de la population de la petite colonie, on a construit un palais social, où se trouvent des salles de lecture, de conférence, de conversation, etc. Là, en outre, tout le personnel non marié

____

(1) Nous donnons au chapitre VIII de plus amples détails sur le mécanisme participationniste de cette imprimerie.

se réunit pour les repas. Au deuxième étage, les apprentis ont chacun une petite chambre à coucher. Le dimanche le repos est absolu. La journée de travail est de huit heures et demie en hiver et de neuf heures et demie en été. A dix heures du soir, la lumière électrique est éteinte.

« *Le bénéfice entier* de la Société est attribué aux collaborateurs, après déduction de 4 0/0 pour le capital et de 60 0/0 pour *les institutions d'utilité générale*. La répartition n'a pas lieu en argent, mais en actions de 200 francs. Ainsi toutes les propriétés passeront avec le temps en la possession des collaborateurs.

« Les ouvriers qui ne font pas partie du personnel fixe prennent également part aux bénéfices; le montant de leurs parts est payé en espèces. Hommes et femmes reçoivent le même salaire. Le salaire est fixé à 10 francs pour un chef de département et à 5 francs pour les collaborateurs ordinaires. Chaque employé sain, qui a servi la Société d'une manière satisfaisante, est admis comme sociétaire. M. Molyn est nommé directeur pour cinq années; il est assisté d'un conseil de six membres choisis par les collaborateurs au sein du personnel »

Il ne faudrait pas beaucoup de faits pareils pour couper dans sa racine le collectivisme, qui depuis quelque temps se propage avec un rapide succès dans une partie de la Hollande, surtout dans les contrées agricoles (1); car ces faits portent avec eux leur enseignement et sont de nature à frapper les esprits les moins cultivés.

Dans les autres pays d'Europe, la Participation n'a posé que de rares jalons. Malgré ses richesses minières de la Styrie, de la Bosnie, de la Transylvanie et de la Bohême, malgré l'étendue de ses gisements houillers le long de la Moldau, de l'Eger et de l'Elbe, l'Autriche-Hongrie n'a que

______

(1) Voir le journal « *le Temps* », nᵒ du 26 octobre 1896.

trois établissements qui pratiquent la participation : dans toutes les mines de Bohême, de Moravie, de Styrie et de Galicie, dans les usines métallurgiques de Graz, dans les manufactures de coton de Moravie et de la Sibérie, dans les célèbres verreries de Bohême, partout, les conditions du travail sont celles du salariat. La participation ne fonctionne que dans deux Compagnies d'assurances, la Franco-Hongroise à Buda-Pest, l'Unio catholica, à Vienne, et dans une fabrique de papiers de Schlœglmuhl.

En Belgique, où abondent le fer et les autres métaux, où l'extraction de la houille occupe plus de 100,000 mineurs, où on compte par centaines les manufactures et les usines diverses, les fonderies et les métallurgies, l'industrie semble réfractaire à toute réforme et à tout allégement de la loi d'airain : la loi de l'offre et de la demande y règne en souveraine. Au milieu de cette routine générale quatre maisons cependant ont accordé la participation à leur personnel. Depuis 1872, le Lloyd belge, à Anvers, donne à ses ouvriers 5 0/0 de ses bénéfices nets : l'emploi des parts individuelles est réglementé par des statuts analogues à ceux de la Compagnie d'assurances générales. En 1888, M. Gustave Boël a introduit dans son usine le système participationniste, et en 1891 M. de Naeyer l'instituait dans ses fabriques où travaillent environ 2,000 ouvriers. A Bruxelles, il est depuis un certain nombre d'années en vigueur à la maison Vimenet.

Enfin, pour terminer cet exposé, il ne reste qu'à constater l'existence de la Participation dans deux maisons en Espagne, une en Portugal, deux en Norvège, une en Suède et trois en Russie.

On voit par cette statistique sommaire que les amis des idées participationnistes ont raison d'avoir confiance en leur avenir. La participation est aujourd'hui maîtresse d'une bonne partie du terrain industriel, dans les trois pays où l'indus-

trie est le plus active et le plus prospère, l'Angleterre, les
Etats-Unis et la France. Elle n'a fait encore que s'implanter
dans la plupart des autres pays : mais cette prise de possession a l'avantage de l'y signaler aux patrons, aux ouvriers
et à tous les apôtres de la paix sociale, et d'y provoquer des
études et des comparaisons entre les résultats des maisons
participationnistes et ceux des maisons inféodées au salariat orthodoxe, études et comparaisons qui ne peuvent
qu'être favorables à ce système et en accélérer la marche,
progressive.

Il y a notamment une nation où la participation nous
semble appelée à prendre bientôt un rapide essor : c'est la
Russie. L'industrie russe est actuellement dans toute la
floraison de la jeunesse. Sans parler de l'Oural, où la population ouvrière est si dense et du bassin houiller du Donetz
qui est encore insuffisamment exploité, il s'est créé tout
récemment en Russie trois grands centres industriels où
règne une extrême activité et qui sont déjà très florissants,
tant par le nombre des ouvriers que par la variété et la
quantité de la production, celui de Pétersbourg au nord,
celui de Moscou et de sa banlieue au centre et celui de
Lodz et de la frontière polonaise à l'ouest. A Pétersbourg,
l'industrie privée ne compte pas moins de 484 usines et
emploie plus de 80,000 ouvriers. Les ateliers des chemins
de fer et les usines de l'Etat ont un nombre à peu près égal de
travailleurs : ce qui forme un centre de 160,000 salariés.

Le salaire de l'ouvrier russe est très faible et très inférieur à celui du travailleur des autres pays, surtout de la
la France et de l'Angleterre. Il ne gagne qu'un rouble
(2 fr. 60) pour un travail de douze heures. Sans doute la
vie est moins chère à Pétersbourg, à Lodz et à Moscou qu'à
Londres ou à Paris et ce rouble de 2 francs 60 représente
en réalité un salaire plus élevé : mais est-il une rétribution
suffisante pour une si longue journée?

Les ouvriers des usines privées de Pétersbourg demandèrent en juin dernier la réduction de la journée à 10 heures 1/2. Les fabricants ayant refusé, la grève éclata. Elle s'étendit rapidement au faubourg de Catherinegof, aux filatures Kœnig et Mitrophanievsky, à la fabrique de l'Arc-de-Triomphe, aux usines Nevsky, Kajevnikof, Alexandre et Novaïa, aux ateliers d'Okhta, Beck, Spasskaïa, Pétrovskaïa, Novosampsonievsky et Starosampsonievsky et comprit 14,700 ouvriers. Bien que la grève fut pacifique, que les grévistes ne commissent aucune violence et ne portassent aucune atteinte à la liberté du travail, au plus fort de la grève le préfet de Pétersbourg se rendit aux usines et demanda à entrer en pourparlers avec les délégués des grévistes. Sur un ton paternel il leur exposa que la grève était illégale, puisqu'ils s'étaient tous engagés par contrat pour un certain laps de temps, et ajouta que leurs vœux seraient certainement exaucés par décision impériale, s'ils étaient reconnus légitimes, mais qu'il les invitait, pour le moment, à reprendre leur travail, dans l'intérêt de l'industrie nationale. Deux jours après tous les ouvriers, à peu d'exceptions près, rentraient à l'usine.

Une commission officielle fut chargée de discuter avec les patrons les revendications des grévistes. Comme le gouvernement, tout en exigeant des ouvriers le respect de l'ordre, est disposé à demander en même temps aux patrons tous les sacrifices réclamés par l'humanité et par le bien-être de l'ouvrier, il ne faudra pas beaucoup de temps ni de longs efforts aux patrons pour comprendre que le meilleur moyen de remédier au malaise actuel et de parer tout danger pour l'avenir est d'adopter la participation aux bénéfices dont les résultats, comme on le verra plus loin, sont aussi favorables aux salariés qu'aux chefs d'entreprises.

Dès que cette voie aura été ouverte à l'industrie russe,

soit par les conseils et les encouragements du gouvernement, soit par les initiatives privées, cette nation intelligente et généreuse y marchera résolument et sous peu de
temps le courant participationniste, parti de Pétersbourg,
traversera l'Oural et s'étendra jusqu'aux portes de la Chine,
en couvrant de ses bienfaits ce vaste empire de 110 millions
d'habitants

CHAPITRE VII

État actuel de la Participation (*Suite*).

Agriculture. — Pêche maritime.

§ I.

Dans l'agriculture, dans la pêche maritime, les conflits entre le capital et le travail sont moins fréquents et ont moins d'acuité que dans l'industrie. Comme les rapports sont presque constants et immédiats entre les deux facteurs de la production, dès qu'apparaît le moindre antagonisme, il se règle presque toujours à l'amiable après une explication ou une discussion, sans hostilité et sans aigreur. Mais si jusqu'ici la paix sociale a été moins souvent troublée dans ces deux branches du salariat que dans les entreprises industrielles, il est à craindre aujourd'hui que les ouvriers agraires et les pêcheurs ne prêtent l'oreille aux prédicants du collectivisme. Pour empêcher ou arrêter l'action de cette propagande dissolvante et malsaine, le capital n'a qu'à opposer à cette utopie décevante son union avec le travail, par l'application de la Participation aux travailleurs des champs et de la mer.

Le participationnisme agricole ne constitue pas une institution nouvelle : il est aussi ancien que le métayage, qui était fort usité chez les romains et passa en Gaule avec César. Jusqu'à ces derniers temps, ce mode de culture a été accablé par les économistes des plus terribles anathèmes, et, appuyée sur l'autorité de Turgot, de J.-B. Say, de Rossi et de M. de Tracy, l'opinion en France le regardait comme un système suranné et incompatible avec notre civilisation. On connaît le tableau qu'en a fait Arthur Young en 1789 : « Dans ce système de location, dit-il, qui est le plus pitoyable de tous, le propriétaire dupé ne reçoit qu'une chétive rente ; le métayer reste dans le dernier degré de la pauvreté ; les terres sont mal cultivées et la nation souffre autant que les parties intéressées. » Et à cette époque le métayage régissait les sept huitièmes de notre sol.

Il est hors de doute que l'histoire du métayage est pleine de pages sombres, qui ne justifient que trop les critiques des économistes que nous venons de citer. Jusqu'au milieu de ce siècle, le métayer a continué d'être le pauvre hère peint par Young. Aucune amélioration dans sa position misérable ; il n'a ni fonds de roulement ni capital pour entreprendre la moindre amélioration foncière ; c'est à peine s'il peut vivre de son travail en donnant au propriétaire la part qui lui revient. Mais, depuis une quarantaine d'années, les choses ont changé de face. Grâce à l'initiative, aux conseils et aux capitaux de propriétaires intelligents, le métayer a pu assainir des terres jusqu'alors presqu'incultes, augmenter dans de grandes proportions, par le chaulage, le marnage, l'emploi du phosphate de chaux et des nouveaux engrais, la fertilité de la terre, et améliorer le bétail par les prairies artificielles et par la culture des racines fourragères. Dès lors le métayage est devenu, comme le définit Léonce de Lavergne, « une association véritable, une harmonie vivante qui, réunissant l'intelligence et le capital du maître avec l'expérience et le travail de l'ouvrier, amène des résultats de plus en plus profitables pour tous deux et entretient, par la solidarité des intérêts, l'affection et la confiance réciproques. »

Cette union du propriétaire et du travailleur a opéré une telle transformation dans le métayage que, d'après M. Jules Rieffel, un de nos plus éminents agronomes, il est aujourd'hui plus rémunérateur que le fermage ou tout autre mode d'exploitation. « Il arrive souvent, dit-il, dans les riches pays de fermage, que les propriétaires ne trouvent à louer leurs terres qu'à raison de 2 0/0 de la valeur vénale de ces biens-fonds, tandisque certaines métairies, dans des contrées arriérées, rapportent 10 à 12 0/0 des capitaux qu'on leur confie... Je connais beaucoup de terres, dans l'ouest de la France, que j'ai vues passer sous divers régimes, sous l'exploitation directe du propriétaire, sous le fermage et sous le métayage; et toujours c'est le métayage qui a donné le revenu net le plus élevé : aussi y a-t-il une tendance prononcée vers le bail à partage de fruits, chez un grand nombre de propriétaires, et cette tendance est très heureuse pour leurs intérêts personnels et pour l'avenir de l'agriculture » (1).

M. Rieffel a même fait des expériences pour établir sur des données précises le résultat de ces trois genres de culture. « En prenant sur une vaste étendue de pays une grande moyenne générale pour des sols de toute nature, y compris les Landes, » il a constaté que le rendement du fermage est de 25 francs par hectare, celui de l'exploitation par le propriétaire, de 30 francs et celui du métayage, de 40 francs. Dans certaines propriétés où régnait une harmonie complète entre le propriétaire et le colon, la rente de la terre s'est élevée jusqu'à 50 et 60 francs par hectare.

Dans deux enquêtes faites, en 1862 et en 1863, sur le métayage dans le Bourbonnais, dans le Puy-de-Dôme et dans

____

(1) *Manuel du propriétaire de métairies,* par Jules Rieffel.

la Haute-Loire, il a été établi que la métairie de Bonneau, d'une contenance de 95 hectares, a rapporté 6,000 francs au propriétaire et 7,000 francs au métayer, ce qui, déduction faite de 1,600 francs pour frais à sa charge, journaliers, domestiques, etc., et après un supplément des fruits du potager, du verger et de la basse-cour, constitue pour le colon une part égale à celle du propriétaire.

Un exemple non moins concluant a été présenté par M. Bignon à la Société des Agriculteurs de France, en 1881. Une métairie de Theneuille (Allier) exploitée par un père de famille, ses deux fils et deux de ses parents, a produit pendant l'année 1880 :

En bétail, un bénéfice de 4,661 francs ;
En céréales et divers... 7,404 fr. 34.

Le métayer a eu pour sa part :

En bénéfices du bétail 2,330 fr. 50 ;
En céréales et divers 3,702 fr. 17.

c'est-à-dire un total de 6,032 fr. 67. Chacun des travailleurs a eu pour sa part 1,206 francs En outre presque toute la nourriture de la famille a été produite par la métairie, pommes de terre, légumes, œufs, beurre, laitage, fruits, volailles, etc., consommés ou vendus, et qui ne figurent pas dans le bénéfices ci-dessus (1).

Dans un tableau présenté à la réunion régionale des Unions du Nivernais et et du Bourbonnais, tenue à Moulins en 1884, M. de Garidel a dressé la statistique financière de 6 domaines pendant la période de 1879 à 1883. Durant ce laps de temps lé bénéfices nets des métayers de ces domaines se sont élevés :

(1) Société des agriculteurs de France. Séance du 1er mars 1881.

Pour le 1ᵉʳ, contenance de 65 hectares, à 1,505 francs ;

Pour le 2ᵉ, contenance de 54 hectares, à 2,005   »

Pour le 3ᵉ, contenance de 48 hectares, à 1,566   »

Pour le 4ᵉ, contenance de 48 hectares, à 1,695   »

Pour le 5ᵉ, contenance de 60 hectares, à 1,397   »

Pour le 6ᵉ, contenance de 62 hectares, à 2,124   »

La moyenne générale du bénéfice des métayers est de 1,710 fr, 33.

Il faudrait bien se garder de conclure de ces exemples et de ces expérimentations que toutes les formes de métayage (1) produisent de si brillants résultats. Partout où il est prospère, son succès est dû en majeure partie à l'unité et aux aptitudes de la direction. La régénération du métayage est l'œuvre des propriétaires mêmes. Amis de l'agriculture et de ses progrès, munis de connaissances agricoles, ils ont fait une guerre acharnée à la routine des métayers, les ont stimulés, guidés et aidés à appliquer les améliorations qui ont considérablement augmenté la puissance productive du

(1) Le métayage n'est pas conçu d'après un type unique. Parmi les deux millions de cultivateurs qui vivent sous ce régime, il serait difficile de trouver deux cas absolument identiques. « Il n'y a pas, dit M. Louis Million, dans un rapport à la Chambre des députés sur le Bail à colonat partiaire, de contrat plus protéiforme. Une seule chose reste fixe, c'est la rémunération de la culture par un partage des fruits. Tout le reste se modifie et change.

« On trouve ce contrat adapté à tous les états sociaux. Tantôt nous le voyons imposé par le vainqueur, et participant beaucoup plus de la nature du tribut que du fermage ; tantôt il est combiné avec le travail servile, et le partage des fruits n'est que le moyen d'exciter au travail l'esclave qui cultive ; tantôt c'est un mode réel de fermage avec paie-ment du bail en nature proportionnellement à la réussite. Dans d'autres circonstances, il devient un véritable contrat d'ouvrage avec paiement du service rendu par une portion des fruits obtenus. Enfin il revêt dans certains cas le caractère d'un contrat de société entre le capital et le travail et se traduit alors par un véritable partage de bénéfices (*Journal Officiel*, 1888). »

sol et auxquelles ils étaient si réfractaires. « Le travail au colon, la direction au propriétaire », telle est la formule posée par M. Damourette, dans son remarquable travail sur le Métayage moderne. — L'exemple de M. Liazard, qui obtint le prix d'honneur de la Loire-Inférieure, en 1859, donne une confirmation éclatante à ce principe du colonage. En 1852, deux de ses métairies rapportaient 1,392 francs : en 1856, le produit atteignit la somme de 11,000 francs. Les capitaux et les conseils du propriétaire, la docilité du métayer avaient ainsi en quatre ans presque décuplé les produits du métayage.

En France, le métayage, si répandu qu'il soit, n'est pas le seul mode de participation agricole. Dans le *faire-valoir* direct, certains propriétaires appliquent à l'agriculture un système analogue à celui des établissements industriels.

En 1880, M. Mathieu-Dolfus, propriétaire du domaine du Château-Montrose, a fondé pour ses employés et ouvriers une Caisse de prévoyance alimentée par le prélèvement de 5 0/0 sur les bénéfices du vignoble. La répartition a lieu sur la base du salaire. Le compte particulier de chaque participant est porté sur un livret individuel et est productif d'un intérêt de 4 0/0. Le travailleur a droit à la liquidation de son compte après 25 de services ou à l'âge de 60 ans. Les fonds sont consacrés à l'achat, soit d'une rente viagère dans une compagnie d'assurances, avec réversibilité sur la femme ou tout autre personne désignée par l'ayant droit et agréée par M. Dolfus, soit de rentes françaises ou d'obligatisns nominatives de chemins de fer français, dont les titres demeurent entre les mains de M. Dolfus jusqu'au décès du titulaire pour être remis alors à ses héritiers.

Outre la participation aux bénéfices, M. Dolfus a créé dans son domaine de Château-Montrose des institutions patronales, telles que la gratuité des soins médicaux et des médicaments, une prime de cent francs aux femmes en couches, une crèche pour les enfants et le paiement de fournitures scolaires et frais d'école.

Cette généreuse organisation n'a pas jusqu'ici donné de beaux résultats; car c'est surtout sur les vignobles que sévit depuis de nombreuses années la crise générale de l'agriculture. Mais dès que l'horizon s'éclaircira et que l'agriculture retrouvera enfin une ère de prospérité, on ne tardera pas à comprendre et à sentir au Château-Montrose les heureux effets des fondations de M. Dolfus.

Depuis le 1er mai 1895, M. Cazeneuve a appliqué la participation aux bénéfices à l'exploitation agricole et viticole de son domaine d'Esquiré (Haute-Garonne) d'une contenance de 235 hectares.

Le personnel stable comprend 32 ouvriers, 20 hommes et 12 femmes, et 12 employés.

Pour être admis à la participation, il faut avoir travaillé deux années consécutives et faire partie d'une société de secours mutuels.

Le quantum de la participation est indéterminé : il est fixé chaque année par le propriétaire. La répartition a lieu sur la double base du salaire et de l'ancienneté : la proportion du salaire est de 50 0/0; celle de l'ancienneté est de 30 0/0.

L'admission des participants et la répartition des bénéfices est confiée à un comité consultatif et de surveillance. Les parts individuelles sont payées en espèces. Mais avant toute répartition il est prélevé 20 0/0 sur les bénéfices pour constituer une réserve destinée à des institutions de prévoyance.

Cette organisation semble avoir été inspirée à M. Cazeneuve par celle que M. Goffinon a établie, en 1893, dans son domaine des Grésy (Gironde). Grâce à sa profonde connaissance des diverses étapes de la Participation, de ses diverses applications, des conditions nécessaires à son succès, M. Goffinon, vice-président de la société pour l'étude pratique de la Participation, a condensé dans ses statuts les meilleures solutions des difficultés inhérentes à ce système, et ses dispositions peuvent servir de modèle.

Le quantum n'est pas déterminé : il est fixé par le propriétaire. Bien que dans l'industrie la fixation du taux ait l'avantage d'être un stimulant pour l'ouvrier, à raison même de la netteté du but, il serait imprudent d'agir ainsi dans l'agriculture. Il faut compter sur les variations atmosphériques, dont l'influence est capitale dans le rendement annuel. Mieux vaut, avec les bénéfices extraordinaires des bonnes années, constituer une réserve où on pourra puiser après une mauvaise récolte. Cette sage mesure permet de faire une répartition dans les mauvaises années et évite la déception et le découragement des travailleurs. Ainsi, même en agriculture, il est bon d'adapter les institutions au *processus* de l'âme humaine.

On n'est admis à la participation que si on fait partie depuis un an d'une société de secours mutuels. Cette clause est une garantie de stabilité : elle est indispensable aux champs où les travailleurs sont presque nomades.

L'admission est prononcée par le propriétaire, après l'avis favorable d'un comité consultatif, composé d'ouvriers d'élite qui ont déjà de brillants états de service dans le domaine.

La répartition annuelle est proportionnelle au concours de chacun. Cette collaboration est constatée par un rapport quotidien du régisseur. Ces rapports sont résumés à la fin de chaque mois et c'est sur ces pièces mensuelles qu'on établit la distribution des parts à la fin de chaque exercice.

Les fonds de la Participation sont affectés à l'achat d'un titre de rente 3 0/0. Ce titre est remis au bénéficiaire, qui en touche les coupons chez le percepteur. Bien qu'il soit sa propriété, il ne peut l'aliéner ou le donner en garantie qu'après l'avis du comité consultatif et l'autorisation du propriétaire. S'il passait outre, il pourrait être rayé de la liste des participants. En aucun cas, il n'y a lieu à déchéance.

Les dispositions qui règlent l'usage des fonds de l'ouvrier participant, sont sans doute une restriction du droit de propriété, mais elles sont en même temps un stimulant à l'épargne et à la prévoyance. Comme le paysan est souverainement jaloux de son amour-propre, ce n'est que dans un cas d'extrême urgence qu'il se résoudra à demander à ses camarades du comité consultatif l'autorisation de disposer de son titre de rente.

La réunion du comité consultatif a lieu tous les dimanches. C'est une sorte de chambre du travail. On y expose les travaux de la semaine écoulée; on y prévoit ceux de la semaine suivante.

M. le comte de Lariboisière a réalisé dans son domaine de Monthorin (Ile-et-Vilaine) une combinaison d'un genre tout particulier. Il a greffé la participation sur le fermage.

Comme les locataires de ses 80 fermes le payaient d'une manière très-irrégulière, et parfois même ne le payaient pas, il créa deux laiteries à vapeur sur le modèle de celles du Danemarck, acheta près de mille vaches de la meilleure race laitière, la race jersiaise, pour ses 80 fermes et, au lieu de chercher de nouveaux fermiers, il proposa aux anciens de leur distribuer à la fin de chaque année une part des bénéfices, aux conditions suivantes.

Le fermier reçoit tous les produits de la culture. Il doit porter son lait à l'une des deux laiteries où on le lui achète 5 centimes 1/2 le litre en hiver et 4 centimes 1/2 en été. Quant au bétail, le produit de la vente est partagé entre le propriétaire, le fermier et les ouvriers : le premier a droit aux trois sixièmes, le second à deux sixièmes et les derniers à un sixième.

Les deux usines font du beurre avec le lait acheté aux fermiers. Sur le prix de la vente de ce beurre on prélève le prix du fermage, le prix d'achat du lait, les intérêts et les amortissements des sommes dépensées par le propriétaire pour l'entretien de la ferme. Le reliquat est divisé en quatre parts, deux pour le propriétaire, une pour le fermier, une pour les ouvriers. Ceux-ci touchent les 4/6 de leur part en argent; le reste est versé à la Caisse nationale des retraites.

Dans une de ces fermes (la Bouletière, d'une contenance de 27 hectares), dont le fermage antérieur était de 2,270 fr. les résultats de l'exercice 1888-1889 ont été les suivants :

Le prix du beurre s'est élevé à 7,495 fr. 80;

Le prix du bétail a été de 1,261 fr. 80.

Sur cette somme de 8,757 fr. 60, le propriétaire a reçu 5,072 fr. 20; le fermier, 3,175 fr. 40 et les ouvriers 510 fr.

Ainsi des fermiers qui, avant la pratique de la Participation, ne pouvaient venir à bout de payer leur fermage, dès que la Participation a été appliquée à leur exploitation, ont réalisé des bénéfices sur le lait et sur le bétail, sans parler du produit des autres cultures et les revenus du propriétaire ont fait plus que doubler et sont devenus plus sûrs. Sans doute dans le cas actuel, la création des laiteries a certainement contribué à la prospérité des fermes de M. de Lariboisière : mais, comme cela ressort de l'organisation, la plus grande partie du succès, sinon le succès total, est dû à la Participation.

Tunisie. — M. Saurin vient d'établir le métayage en Tunisie, où il était encore inconnu et met tout son zèle à l'y propager. Dans un hameau français de trente habitants, hameau qui est sa création, il a établi cinq métayages.

Le propriétaire a droit au tiers des céréales, à la moitié du produit du bétail et à la moitié du vin. Le reste appartient au métayer : mais il doit pourvoir à tous les frais de l'exploitation, à la main-d'œuvre et à la réparation des instruments agricoles. Le matériel vinicole est fourni à parts égales par le propriétaire et le métayer.

Angleterre. — L'Angleterre ne pratique pas le métayage : mais la participation agricole y est plus ancienne et plus répandue qu'en France. Cette différence tient à l'organisation de la propriété immobilière dans les deux pays. Le participationnisme n'est possible que dans les propriétés d'une grande étendue; or chez nous la terre est très morcelée, les grands domaines y sont rares : en Angleterre, au contraire, la propriété du sol est encore sous le régime seigneurial.

Il y a actuellement dans la Grande-Bretagne dix propriétaires ou associations qui font participer leur personnel aux bénéfices de leur exploitation agricole :

La Ferme coopérative d'Assington (Suffolk) depuis 1850; (1).

L'association agricole de Radbourne-Manor (Warwick), depuis 1883;

L'association agricole de Ufton-Hill (Warwick), depuis 1885;

Earl Spencer, agriculteur, (Northampton), depuis 1886;

Albert Grey, agriculteur, (Northumberland), depuis 1886;

John Boyd Kinnear, agriculteur (Fifeshire), depuis 1887;

Lord Wantage, agriculteur (Berks), depuis 1887;

George Holloway, agriculteur (Farmhill-Stroud), depuis 1890;

Marquis of Hartford, agriculteur (7 fermes) (Warwick), depuis 1890;

---

(1) Dans la plupart des ouvrages sur la Participation, on classe la Ferme coopérative d'Assington parmi les établissements participationnistes. De tous les documents que nous avons consultés, y compris le récent ouvrage de M. Schloss, aucun n'y signale la moindre allocation au personnel de la ferme : les associés seuls ont droit aux bénéfices et les ouvriers étrangers à l'association ne reçoivent que leur salaire. Si nous faisons figurer cette entreprise dans notre liste, c'est avec la conviction que nos confrères ont eu sous les yeux des documents justificatifs.

Brassey, agriculteur (Battle ; Sussex), depuis 1891.

On voit dans cette liste que la participation agricole a été inaugurée en Angleterre par des sociétés coopératives.

A Radbourne-Manor, l'association agricole qui a pris à bail, en 1883, la propriété de M. Bolton-King a, dès sa fondation, distribué les bénéfices d'après le système participationniste. On prélève d'abord 20 0/0 pour constituer un fonds de réserve jusqu'à concurrence de 800 livres sterling (20,000 fr.) et 40 0/0 pour le remboursement du capital social. Le reste des bénéfices, 40 0/0, est donné au travail : 15 0/0 à la direction ou travail intellectuel ; 85 0/0 aux associés et aux ouvriers. Les associés touchent une part proportionnelle à leur salaire ; les ouvriers ne participent à cette répartition que pour la moitié de leur salaire.

A Hufton-Hill, la participation a un mécanisme analogue à celui de Radbourne-Manor. Les ouvriers qui ne sont pas membres de l'association participent à la répartition des bénéfices alloués au travail, au prorata de la moitié de leur salaire.

Bien que la Participation n'existe plus, depuis 1883, au domaine de Ralahine, dans le comté de Clare, en Irlande, l'expérience que M. Vandeleur y fit de la participation agricole, depuis 1831 jusqu'en 1883, est si instructive et si décisive qu'on ne peut la passer sous silence dans une étude sur le Participationnisme.

L'organisation de cette association était très complexe : c'était un mélange de fermage, de société coopérative et de participation (1). Le propriétaire recevait annuellement une rente pour fermage, *intérêts du capital-bétail, du capital-immeuble, de l'outillage, des approvisionnements et des*

____

(1) M. le Docteur Böhmert a fait une intéressante monographie de cette entreprise dans son ouvrage de la Participation aux bénéfices, page 312 et sqq.

avances pour les salaires. Le taux de cette rente était établi sur la moyenne des trois dernières années et par conséquent sujet aux variations de la vente des produits.

Le travail était fait par une réunion d'ouvriers et d'employés qui s'étaient organisés en association coopérative. Cette société avait tous les caractères d'une communauté puritaine.

« L'association, est-il dit dans le règlement, a pour but : 1° La constitution d'un capital commun pour l'acquisition du domaine et des biens mobiliers de M. Vandeleur; 2° *l'assurance mutuelle des ouvriers contre la pauvreté, la maladie, l'infirmité et la vieillesse;* 3° *l'amélioration du bien-être;* 4° le perfectionnement moral et intellectuel des membres; 5° la bonne éducation des enfants ». C'est le régime patriarcal.

La communauté comprenait 21 célibataires, 7 hommes mariés, 5 femmes célibataires, 7 femmes mariées, 4 jeunes gens et 3 jeunes fillles au dessous de 17 ans et 5 enfants au dessous de 9 ans, au total 52 membres.

Dans l'ordre économique, tout était réglé avec une scrupuleuse exactitude dans cette sorte de monastère laïque; la durée du travail était de six heures du matin à six heures du soir en été, et de l'aube au coucher du soleil en hiver, sauf une heure pour le repas; la tâche journalière de chacun était fixée d'avance; le maximum de la dépense alimentaire était de 0 fr. 85 pour les ouvriers et de 0 fr. 50 pour les femmes : cette somme était remise tous les jours à chacun par la caisse de la société. Le comité (j'allais dire *le Chapitre*) fixait tous les jours les travaux du lendemain. Chaque travailleur n'avait d'autre surveillant que sa conscience.

Dans l'ordre moral, toutes les dépenses pour la nourriture, l'entretien et l'éducation des enfants jusqu'à 17 ans, étaient supportées par la caisse de l'association. L'alimentation y était l'objet d'une surveillance spéciale. Les orphelins avaient les mêmes droits que les autres enfants. On leur apprenait à tous la culture des champs et des jardins et une autre profession conforme à leurs aptitudes. Une caisse où chaque associé versait 1/2 penny en recevant son salaire, venait en aide aux ouvriers malades. Le tabac, les liqueurs spiritueuses, le jeu de cartes étaient prohibés dans toute l'étendue du domaine. Cependant les opinions étaient libres.

La clef de voûte, c'était l'organisation de l'autorité. Monsieur Vandeleur est une sorte de souverain constitutionnel : il représente l'association et le comité; mais le véritable gouvernement est entre les mains du Comité, qui se réunit tous les soirs et de l'Assemblée générale qui se tient une fois par semaine. Cette Assemblée peut prononcer l'excommunication contre tout membre qui est négligent dans son travail ou ne se conforme pas aux prescriptions du règlement.

Sauf les dispositions familiales et la liberté des opinions, n'est-ce pas la discipline de la Trappe?

Malgré ces règles draconiennes, la communauté de Ralahine eut une longue période de prospérité. Robert Owen, le célèbre économiste, vint la visiter et adressa les plus vives félicitations à M. Vandeleur, à qui revenait tout le mérite de cette organisation. Lorsque la Chambre des Communes nomma une commission pour étudier les meilleurs moyens de combattre l'ivrognerie, un gros négociant de Liverpool, sociologue distingué, M. Finch, signala à cette commission les résultats obtenus à Ralahine.

La comparaison du budget d'un ouvrier mécanicien de Liverpool et de celui d'un travailleur de Ralahine, qui se trouve dans le rapport de M. Finch, est une leçon d'un haut intérêt sur le salaire nominal et sur le salaire réel.

« Le mécanicien de Liverpool, dit l'auteur de ce rapport,

gagne par semaine 1 liv. et 10 shell.: l'ouvrier de M. Vandeleur avec sa femme n'a que 6 sh. 6 d. Or, avec ses
six shellings et demi, celui-ci peut se procurer plus d'agréments et une nourriture plus confortable que le mécanicien
anglais avec ses trente shellings. Et il est à remarquer que
le premier n'a rien à attendre de la bienfaisance, alors que
le second y trouve différentes sources d'économie. Le mécanicien envoie ses enfants à l'école des pauvres et épargne
ainsi 3 sh. par semaine; il puise ses connaissances techniques à l'Institut mécanique, ce qui lui fait économiser
5 d. par semaine; les médicaments, dont la valeur peut
être estimée à six d. par semaine, lui sont également fournis
par le bureau de bienfaisance. Sa famille se nourrit de
légumes défraîchis, de lait falsifié, de mauvaise eau; sa
demeure est située dans une cour étroite et malsaine; sa
lessive est faite dans son propre logement, qu'elle rend
humide et désagréable. Soixante shellings par semaine ne
lui procurent donc pas les agréments dont on jouit sur le
domaine de Ralahine avec 6 sh. 1/2. »

Les résultats moraux sont encore plus brillants. Le participationnisme opéra une transformation complète à Ralahine. Et ce qui rehausse encore l'efficacité de son action
bienfaisante, c'est qu'il eut à vaincre des obstacles presqu'insurmontables. Avant l'application de la participation,
les ouvriers de M. Vandeleur étaient adonnés à l'ivrognerie et à la débauche. Indociles, indiciplinés, ils étaient constamment en guerre avec un régisseur, du reste aussi brutal
qu'eux. On décida dans une assemblée nocturne de le mettre
à mort. Le complot fut exécuté et ce régisseur fut frappé
de deux balles sous les yeux même de sa femme. On ne
s'en tint pas là: deux de ses parents, qui lui avaient suc-
cédé, furent assassinés quelques jours après : il y eut dans
le domaine six meurtres en six semaines.

La fondation de l'Association désarma toutes les colères

et ouvrit une ère de paix et de prospérité qui dura 52 ans. Tout à coup une catastrophe irréparable renversa de fond en comble cet édifice qui semblait réunir toutes les conditions d'une solidité durable. En quelques heures M. Vandeleur perdit au jeu, dans un cercle de Dublin, toute sa fortune, y compris son domaine de Ralahine. Ce désastre eut pour conséquence la dissolution de l'association agricole. Mais avant de se séparer, les associés signèrent en témoignage de leur félicité la déclaration suivante :

« Nous, soussignés, membres de l'Association coopérative agricole et manufacturière de Ralahine, déclarons avoir trouvé *la paix et le bonheur* dans les institutions organisées par M. Vandeleur et par son secrétaire.

« Malgré les préventions dont nous étions animés contre le nouveau régime, nous ne tardâmes pas à en éprouver les bons effets. Grâce à lui, nos besoins se trouvèrent plus régulièrement satisfaits et nos anciens sentiments d'envie, de haine et de vengeance firent place peu à peu à la confiance, à l'affection et à l'indulgence réciproques. Les conférences du président et du secrétaire servirent à notre perfectionnement : ils n'ont pas manqué d'exercer sur nous une heureuse influence. Les principes de l'organisation ont donc démontré dans la pratique leur caractère efficace ».

Malgré une fin si regrettable, la longue carrière de l'association de Ralahine est une des plus belles victoires de la participation agricole. La déclaration d'adieu à M. Vandeleur, dictée moins encore par la reconnaissance que par une affection respectueuse, a formulé en deux mots la maxime de la participation : « Paix et bonheur ».

Allemagne. — Il y a, en Allemagne, trois applications de la participation agricole, celle de M. de Thünen, à Tellow (Mecklembourg), celle de M. Neumann, à Posegnick (Pruse) et celle de M. Limburger, à Pfalzhill.

En 1842, M. de Thünen publiait un ouvrage où, rompant

avec le principe de l'offre et de la demande que l'économie politique prônait comme l'unique loi de la rénumération du travail, il démontrait que *cette loi sacrosainte ne déterminait pas la quotité naturelle du salaire et que ce taux n'était exact qu'avec la participation des travailleurs aux bénéfices de l'entreprise*. En 1847, il mit en pratique dans sa terre de Tellow, les idées économiques qu'il avait exposées dans ce livre.

L'organisation participationniste de M. Thünen, conservée dans toute son son intégrité depuis trois générations, renferme des dispositions très judicieuses qui révèlent en leur auteur une profonde sympathie pour la classe ouvrière : mais l'expérimentation est bien timide dans la détermination du taux alloué au travail. Hardie à l'époque de sa création, elle est aujourd'hui bien en arrière de la plupart des applications de la participation à l'agriculture. Cependant il ne lui en reste pas moins le mérite d'avoir inauguré un principe fécond et montré au monde agricole la voie de la justice.

Voici les dispositions principales de la participation à Tellow.

Après le prélèvement des frais généraux, si les bénéfices dépassent 18,000 marcks (22,000 francs), les participants ont droit a 1/2 0/0 de l'excédent. Quand la production est inférieure à cette somme, déduction est faite de la différence sur l'excédent de l'année suivante.

Dans l'inventaire qui est fait à la clôture de chaque exercice annuel, tout est évalué à un prix ferme.

La participation s'étend à tous les travailleurs valides, hommes et femmes, qui prennent part à la culture du domaine et habitent le village de Tellow.

Les parts individuelles sont inscrites sur le livret de chaque participant : l'intérêt en est payé tous les ans au titulaire, au taux de 4 1/2 0/0. Le capital n'est touché par l'ayant droit qu'à soixante ans. Si l'ouvrier meurt avant cet âge, le capital est remis à sa veuve. Toutefois le propriétaire se réserve de voir s'il n'y a pas lieu de garder une partie de l'épargne paternelle pour les enfants.

De 1847 à 1879, le capital de chaque participant s'est élevé à la somme de 2,690 fr, 23. En 1876, la production a été inférieure de 8,781 marks 40 pf. au chiffre statutaire de 18,000 francs : il n'y a eu aucune allocation au personnel; en 1866, chaque part n'a été que de 6 fr. 85. Le maximum qui fut atteint en 1863, est de 194 fr. 40. Dix-sept fois durant cette période de 32 ans, les parts n'ont pas atteint le chiffre de 100 francs.

Malgré la modicité de cette épargne, l'institution a exercé une heureuse influence sur les ouvriers. « Le régime, dit le petit-fils du fondateur, a produit sur la majeure partie du personnel les effets que mon grand'père en attendait. L'institution attache le travailleur au domaine, celui qui nous quitte ne recevant que l'intérêt de son capital. Elle préserve l'ouvrier de la tentation du vol, lui assure la sécurité de la vieillesse et diminue, par suite, les charges que nous occasionne l'indigence. Elle établit une communauté d'intérêts entre le propriétaire et les ouvriers et améliore leurs relations. Au début de l'organisation, la plupart des participants a manifesté son mécontentement de ne pas toucher en espèces les parts qui lui étaient attribuées. Peu à peu cependant, au fur et à mesure que s'accroissait le fond d'épargne de chacun, le personnel a reconnu les bienfaits du système. Aujourd'hui les intérêts touchés annuellement par un grand nombre d'intéressés, sont supérieurs aux parts nouvelles de bénéfices qu'on inscrit sur leurs livrets d'épargne. Il est à remarquer enfin que, malgré les avantages assurés par la participation, les ouvriers du domaine reçoivent un salaire égal à la rémunération ordinaire des autres travailleurs de la contrée.

M. Neumann institua la Participation dans sa terre noble de Posegnick (Prusse), en 1858, et quelques années après, dans ses deux domaines de Betthyof et de Luisenwerth.

Le quantum fut de 6 0/0 jusqu'en 1866. Depuis cette date il est de 8 0/0. Pour établir les bénéfices nets, on déduit de la production les frais généraux, l'intérêt du capital d'achat à 4 0/0 et l'amortissement du capital d'exploitation et d'amélioration à 5 0/0.

L'allocation du personnel est divisée en autant de parts égales qu'il y a d'ouvriers et d'ouvrières dans le domaine : les semeurs reçoivent une demi-part en plus et le surveillant a deux parts.

Les deux tiers des parts sont payées en argent : un tiers est versé dans une caisse d'épargne et rapporte un intérêt de 4 1/2 0/0 par an. Le participant peut disposer des intérêts de son fonds d'épargne à 55 ans : à partir de 60 ans, il peut toucher un dixième par an du capital.

Les ouvriers occupés à l'élevage ne participent pas à cette repartition. Il y a des dispositions spéciale pour la fixation et la distribution de leur tantième (1).

Durant une période de 7 ans, de 1867 à 1875, la moyenne des parts individuelles a été de 19 marks 17 pf. à Posegnick, de 20 marks 47 pf. à Betthyof et de 22 marks à Luisenwerth.

Quant aux résultats moraux, voici l'opinion de M. Neumann : « Ce qui m'a amené à fonder la participation aux bénéfices dans mes exploitations rurales, c'est la conviction qu'il n'existe pas de moyen plus propre à élever la situation morale et intellectuelle des ouvriers. La participation aux bénéfices stimule l'ouvrier à travailler plus vite et mieux, à remplacer par des instruments de production perfectionnés un outillage vieilli ou insuffisant et à s'en assimiler rapi-

(1) La Participation aux bénéfices, par M. Böhmert (traduit par M. Trombertp) page 300.

dement la pratique; à apporter plus de soin à la conservation des outils, des machines et des animaux qui lui
sont confiés. Les ouvriers comprennent mieux la communauté d'intérêts qui les unit entre eux et la solidarité de
leurs intérêts avec ceux du patron. Il est évident que cette
influence de la participation n'est que lente et progressive,
surtout au sein d'une population agricole comme celle de
la Prusse orientale, dont la culture intellectuelle, est encore très inférieure, mais j'ai la conviction qu'elle a produit de bons effets chez moi ».

Outre cette forme de participation, il y a dans certaines
régions allemandes l'exploitation dite *en compte à demi*, qui
n'est au fond que le métayage. Il est actuellement pratiqué avec succès par M. Bohm, dans sa propriété de Brunne,
près Fehrbellin (Prusse), par M. Sewais, conseiller d'état
à Luxembourg, dans son domaine d'Altenhof (district de
Trèves) et par un grand nombre d'autres propriétaires de
ce district (1).

Dans la propriété de M. Janke, à Bredow, dans le Bran-
debourg, qui eut recours au métayage, depuis 1872 jusqu'en
1877 où il cessa l'agriculture et vendit son domaine, la rémunération annuelle des ouvriers qui faisaient les travaux,
s'éleva à une moyenne de 1.178 marks 81 pf., tandis que
les autres ouvriers agricoles ne gagnaient par an que 635
marks 40 pf., soit dans l'Allemagne du Nord, soit dans l'Allemagne du Sud.

Dans un rapport de 1875, M. Janke exposait que ce genre
d'exploitation offrait des avantages au propriétaire, aux ouvriers, à la commune, à tous les propriétaires de la commune, au public en général et à l'État. Les seuls ennemis
de la participation, à ses yeux, sont :

(1) Voir la Participation aux bénéfices, par M. Bohmert (traduit
par Trombert) page 276. —

1° Ceux des propriétaires qui, tout en demandant des prix élevés,pour leurs produits, sont peu disposés à accorder à leurs ouvriers une augmentation proportionnelle des salaires ;

2° Les ouvriers qui veulent gagner de forts salaires avec peu de travail ou de mauvais travail ;

3° Les gens qui cherchent leur avantage dans la mésintelligence des patrons et des ouvriers agricoles.

Le 6 avril 1877, il écrivait à M. le Dr Böhmert : « Je puis déclarer, quant à moi, que l'entreprise a *entièrement* réussi..... »

Et M. Berthol Wöbling, propriétaire à Kreuzkrug, écrivait la même année dans les Annales agricoles : « Le propriétaire trouve dans le système de compte à demi, indépendamment de profits pécuniaires, de précieux avantages. Il 'a des ouvriers entièrement sûrs et il sait que chaque travail est fait en temps opportun. Il n'a plus à presser, à stimuler les travailleurs, à s'aigrir en secret au sujet de négligence contres lesquelles il ne peut rien. S'il 's'absente, il peut être certain que l'exploitation est aussi bien soignée que sous son contrôle direct..... »

La participation agricole a été, en Allemagne, l'objet de sérieuses études et de savantes discussions. En 1868, le Congrès des agriculteurs de l'Allemagne septentrionale invita les agronomes allemands à faire connaître leur opinion sur les différentes formes d'association qui sont propres à favoriser les intérêts des industries agricoles, et les résultats de leur applications. Dans un mémoire remarquable rédigé sur la demande du Congrès, M. le professeur Birnbaum consacra deux chapitres « à l'élévation du salaire par l'allocation d'une part du produit brut et du produit net » et « aux associations avec des ouvriers pour l'exploitation en commun de propriétés rurales. » M. Birnbaum approuve sans restriction et recommande vivement ces deux formes de participation. En 1869, M. Schuhmacher-Zarchlin, propriétaire de terre noble à Zarchlin (Mecklembourg), publia un ouvrage (1) où il défendait les principes participationnistes de M. de Thünen, exposait le mécanisme de Tellow et donnait un projet de réglement pour la participation agricole. En 1871, M. le professeur van der Goltz étudia dans toutes ses manifestations diverses « la participation des ouvriers au produit des terres (2) ».

Bien que ces ouvrages fussent de nature à détruire les préjugés d'une grande partie des propriétaires et des agronomes allemands qui soutenaient que les produits des entreprises agricoles ne pouvaient servir de base à la rémunération des ouvriers et que « les diverses méthodes de participation ne peuvent modifier les relations des patrons et des ouvriers, ni même améliorer le sort des travailleurs, » les adversaires de ce système ne furent pas convaincus par les plus solides arguments ni par l'exposé des résultats. Dans une conférence au Club des agriculteurs de Berlin, M. le Dr Schulz, en 1871, attaqua avec une extrême vivacité la doctrine participationniste qu'il taxa de socialiste et renouvela ses critiques dans un ouvrage publié la même année et intitulé : « Sur la participation des ouvriers agricoles au produit des terres. » En 1872, à l'assemblée des agriculteurs et des propriétaires forestiers qui se tint à Munich, M. Settegard, économiste allemand, lut un rapport où il prétendait qu'on ne pouvait introduire dans l'économie rurale en faveur des ouvriers de plus larges méthodes de rémunération que les méthodes employées jusqu'ici et qu'il n'était pas possible notamment d'appliquer aux tra-

---

(1) La loi de Jen-Henri de Thünen sur le taux naturel du salaire et son importance au point de vue pratique, par M. Schuhmacher-Zarchlin.

(2) La Gestion ouvrière et sa solution, par M. le professeur Théodore van der Goltz.

vailleurs agricoles le système de la participation. Sur le terrain pratique, les agriculteurs allemands non-seulement n'introduisaient pas dans leurs entreprises l'une des formes quelconques du participationnisme agricole, mais ils faisaient la guerre à ceux qui les adoptaient. « Je dois reconnaître, dit M. Janke dont nous avons parlé un peu plus haut, que le système de la participation m'a attiré un grand nombre d'ennemis et que cette circonstance m'a engagé à céder mon domaine. *Les grands propriétaires surtout se sont agités contre mon entreprise.* »

C'est à ces vives et nombreuses attaques que répondit la Conférence berlinoise des agriculteurs en prenant la résolution suivante : « Le tantième système stimule l'ouvrier à accomplir plus fidèlement ses devoirs. L'emploi prudent de ce mode de rémunération assure au travailleur un salaire dont le taux s'élève en proportion du développement productif de l'activité nationale. Il serait presqu'impossible, pour des causes diverses, à beaucoup d'entrepreneurs agricoles, de faire face à une hausse directe et subite du salaire. Mais pareille difficulté ne se présente pas lorsqu'il s'agit d'appliquer le tantième système, la dépense qui en résulte ne grandissant qu'en raison de l'augmentation même du rapport des terres. *On ne saurait réagir plus efficacement contre les doctrines des socialistes* qui prétendent, avec une énergie sans cesse croissante, que « l'intégralité du produit du travail » revient aux ouvriers, qu'en attachant ces derniers aux intérêts du patron par le moyen du tantième système organisé sur les bases d'une exacte comptabilité. « *Le minimum du salaire fixe doit être assez élevé pour suffire à l'entretien de la famille de l'ouvrier et ne pas s'écarter des conditions de rémunération en vigueur dans la contrée.* Les ressources que procurera le tantième système pourront dès lors être économisées par l'ouvrier et lui fourniront les moyens d'acquérir lui-même une propriété foncière. »

De si sages conseils auraient peu à peu attiré l'agriculture allemande à l'essai et à la pratique de la participation ou du métayage : mais comme les lois sociales de l'Empire allemand sur les assurances ouvrières, concernent aussi bien les travailleurs agraires que ceux de l'industrie, elles ont paralysé tout le bon vouloir de l'initiative privée.

Suisse. — Le métayage est très ancien en Suisse. Il est employé surtout dans les exploitations vinicoles des cantons de Vaud et du Valais. Les propriétaires des vignobles situés entre Lausanne et Vevey abandonnent aux vignerons la moitié du vin, mais ceux-ci prennent à leur charge la moitié de l'engrais et des échalas neufs. Les vignerons n'ont pour la rémunération de leur travail que le tiers ou le cinquième de la récolte, quand tout est fourni par le propriétaire.

Quand la vendange est belle, le produit d'un hectare est de 40 à 50 hectolitres de vin. Le prix moyen étant de 58 fr. l'hectolitre, le tiers revenant au vigneron est de 666 fr. 66 par hectare.

On emploie le même mode pour la culture du houblon où la main-d'œuvre est, comme dans la vigne, très importante.

Ce genre de métayage n'est accessible qu'aux vignerons aisés qui peuvent attendre jusqu'à la récolte la rémunération de leur travail et supporter les conséquences des mauvaises récoltes. Les vignerons qui n'ont que leurs bras, préfèrent un salaire fixe.

Nous ne pouvons terminer ce court exposé de la participation agricole sans mentionner que le métayage est très usité en Italie, dans les plaines de la Lombardie; et qu'il régit les entreprises agricoles les plus diverses, la culture des graines oléagineuses, de la vigne, du mûrier, etc., et qu'en Danemark M. le baron Zytphem-Adeler a adopté dans sa terre noble de Dragsholm (Ile de Seeland) la participation en 1873 (1).

§ II.

Il y a plus de deux cents ans que le système économique de la Participation est employé dans la pêche maritime.

Dès le xviiᵉ siècle, c'était le mode de travail le plus commun. « Les mariniers, est-il dit dans un ouvrage du temps, louent leurs manœuvres et services en diverses façons. Premièrement pour tout le voyage, proposé à certain prix et somme de deniers.... Secondement, autres pour tout louage stipulent et prennent part au frêt du navire..... Mais le plus commun est, mesmement au Ponant, *qu'ils ont leurs loyers partie en argent, et partie en cette faculté de prendre quelque part* au frêt (2). Les mariniers de Guyenne, qui faisaient la pêche de la baleine, en partageaient le produit d'après des règles fixées d'avance. « L'harponeur, est-il dit dans le même ouvrage, qui le premier l'a lancée, reçoit en son particulier, de préciput ou d'honoraire sur le prix total de la proye, la somme de 12 livres; la pinasse qui l'a portée, 30 livres, partageables entre l'harponeur et le reste de l'équipage par égales parts et portions..... Mais le bourgeois ou le propriétaire de la pinasse en amende trois parts, c'est-à-dire tout autant que trois compagnons ».

Des usage analogues subsistent encore en Normandie, à

---

(1) M. Böhmert expose le mécanisme de cette organisation dans la seconde partie de la Participation aux bénéfices, p. 303.

(2) Jugements d'Oleron : *Les us et coutumes de la mer*, par Clairac (Rouen, 1671)

Fécamp, à Dieppe et à Saint-Valéry-en-Caux. Les marins qui vont pêcher la morue à Terre-Neuve avec salaison à bord, reçoivent leur nourriture et un salaire déterminé, payé avant le départ et improprement appelé *avances*. Ce salaire varie suivant le grade de chaque marin : la moyenne est d'environ 300 francs. Au retour de la pêche, ils reçoivent un cinquième du produit, non du produit *net*, mais du produit *brut*, après déduction de menues dépenses, comme le prix du poisson qui sert d'appât, les frais de relâche, les objets perdus ou brisés, etc.

Dans la pêche de la morue sur les côtes d'Islande, la rémunération du travail est en rapport avec la quantité de poisson péché. A la fin de la campagne, les pêcheurs en masse ont droit à un poids déterminé de poisson, lequel poids varie naturellement suivant les résultats de la pêche. Ce prélévement total est ensuite réparti également par tête entre tous les marins.

C'est sur la base de la participation que se fait aussi dans ces ports la pêche du hareng et du maquereau. On divise le produit de la pêche en trois parts : l'une appartient au propriétaire du navire qui représente le capital, l'autre aux marins propriétaires de filets qui constituent une partie du capital, et la dernière au travail, c'est-à-dire à l'ensemble des marins.

Huit filets forment ce qu'on appelle *un lot*, et touchent dans la participation des bénéfices une part égale à celle d'un homme. Cette part est nommée *lotie*. Le propriétaire du bateau a pour sa part 3 loties 1/2; les loties pour filets s'élèvent environ à 16, et celles du travail à 13 (1).

Semblablé union du travail et du capital règne dans tous les ports du littoral, entre Dunkerque et Cherbourg, qui font sur les côtes d'Ecosse la pêche au hareng, au maquereau

______

(1) Cf, *Bulletin de la Société d'Economie sociale* (1er juin 1870.)

et aux autres poissons qu'on pêche au chalut. C'est ce qu'on appelle *les bateaux à la part*. Ce régime pratiqué de temps immémorial, fait vivre 19,908 marins, emploie 2,367 bateaux, importe dans ces ports 63,255 tonnes de poissons dont le prix s'élève à 31,563,601 francs (1).

Le capital nécessaire pour construire un bateau, et qui est environ de 300,000 francs, est fourni par une sorte de banquier, appelé *écoreur*. Il fait des avances aux familles des pêcheurs pour leur subsistance jusqu'au retour de la campagne, qui dure ordinairement de quatre à cinq semaines. Il fournit le sel et les barils pour la conservation du poisson. Il est responsable des recouvrements du prix du poisson. Enfin il pourvoit à la nourriture de tout l'équipage.

Dès la vente des poissons, l'écoreur est remboursé de tous ses frais et avaries ; il lui est alloué en outre 5 0/0 pour l'indemniser des risques qu'il court pour les rentrées.

Le reste ou les bénéfices est décomposé en parts.

4 parts 1/2 sont données à l'écoreur pour l'amortissement du bateau et de la machine (après l'amortissement ces parts appartiennent au patron) ; 3 parts, au patron ; 2 part 1/2 pour cinq lots de filets (2) ; 1/2 part pour son travail ; 1 part 1/2 pour chaque marin pourvu de deux lots de filets, 1 part 1/4 par homme ayant un aplain 1/2, minimum de filets obligatoire, c'est-à-dire 1/2 part pour le travail et 3/4 de part pour les filets.

En calculant que chaque pêche rapporte environ 9,000 fr., 4,500 francs sont absorbés par les frais. Il reste à partager entre 31 parts 4,500 francs. Ainsi chaque marin reçoit pour ses 5/4 une somme de 180 francs : ce qui constitue un gain de 1,440 francs pour huit mois de travail.

(1) Statistique des pêches maritimes en 1884.
(2) Cette unité des filets s'appelle *aplain*. Chaque aplain comprend six filets de 16 brasses et représente 1/2 part.

En Bretagne, à l'Aberwrach, près de Brest, les produits de la pêche sont répartis d'après le mode suivant : 1 part pour le bateau, 3/4 de part pour chaque homme; 1/4 de part pour les mousses. Les bateaux jaugent environ deux tonneaux et ne sont pas pontés.

On voit par ces quelques exmples que le genre de pêche dit *à la part*, bien que très usité en Frnce, n'est pas conforme à un type unique. Les combinaisons en sont aussi nombreuses que variées; elles dépendent des usages et des traditions de chaque port. Tantôt les marins reçoivent un salaire fixe en argent; tantôt, comme au Tréport, pour la pêche au chalut, ils prennent gratuitement sur la pêche la quantité nécessaire à leur nourriture en mer et une manne de poisson pour leur subsistance après chaque retour, ce qui représente, d'après l'estimation générale, la nourriture annuelle d'un homme. Quant aux modes de répartition des produits de la pêche, la variété dépasse les bornes d'une simple énumération. L'engagnement le plus commun est celui qu'on appelle *engagement au cinquième*, et qui d'ordinaire est réglé par des chartes parties (1).

Les résultats varient suivant les années, les hasards bons ou mauvais de chaque navire et la vente du poisson. A Fécamp, la moyenne de la *rémunération mensuelle* en 1881 et en 1882 a été la suivante :

(1) *Le Bulletin de la Participation* (année 1884, p. 165) reproduit les chartes-parties : 1° de MM. Beust, père et fils, armateurs à Granville (Manche), pour la pêche de la morue à Terre-Neuve; 2° de M. Lemare, armateur à Granville, pour la même pêche; 3° de M. Clément, armateur à Granville, pour la même pêche.

Années	1881	1882
Terre-Neuve......................	90 fr.	105 fr.
Islande........................	62	96
Au hareng (salaison à bord ; frais de nourriture à la charge du marin)......................	109	81
Au maquereau (mêmes conditions)......................	90	76

Durant ces deux mêmes années, la moyenne des *parts* a donné à chaque marin :

Années	1881	1882
Terre-Neuve......................	509 fr.	645 fr.
Islande........................	»	»
Au hareng (conditions ci-dessus)	566	456
Au maquereau (*idem.*).........	339	261

En 1884, la pêche au chalut du bateau appelé Marie-Étoile de la mer, dont le propriétaire est la maison Alphonse Levillain et fils, armateurs au Tréport, a produit, du 23 juillet au 21 août 1884, déduction faite de frais divers, droits municipaux et autres, la somme de 19,395 fr. 22. L'armateur a eu la moitié de cette somme et l'équipage l'autre moitié.

L'équipage comprenait un maître, six hommes et un mousse. En divisant la somme qui lui revenait en huit lots : un lot 1/4 pour le maître du bateau, un lot pour chacun des hommes et 3/4 pour le mousse, on a 1,212 francs pour chaque marin.

Des charges fort lourdes grèvent la part de l'armateur : l'amortissement du prix du bateau, et de son gréement qui s'élèvent à 25,000 francs, les frais de réparation et d'entretien dont la moyenne est de 5,500 francs. Dans le cas présent, il faut y ajouter le tiers du bénéfice patronal que, par une convention particulière, l'armateur s'est engagé à donner au maître du bateau sur sa propre moitié. Cette dernière clause est un usage général du Tréport.

Dans les quatre pêches du 3, du 5, du 6 et du 7 septembre 1884, ce même bateau a rapporté pour 545 fr. 25 de poisson. Après déduction de 74 fr. 25 de frais divers ou commission, le produit net est de 471 fr. dont 235 fr. 50 à l'armateur et autant à l'équipage. Chaque marin a eu pour ses quatre jours de travail 29 fr. 43 ou 7 fr. 35 par jour, y compris sa nourriture.

Les résultats ne sont pas toujours aussi beaux. Mais bon an mal an la moyenne des profits du pêcheur au chalut, au Tréport, est de 1,250 francs. Sans doute le métier est dur, les dangers sont grands : mais du moins il est dans une situation meilleure que la plupart des ouvriers industriels.

Les navires, comme Marie-Étoile de la Mer, qui font la la pêche au chalut, prennent, à l'exception des harengs et des maquereaux, toute sorte de poissons, des crustacés et des crevettes. La pêche du hareng, au Tréport, se fait avec des canots montés par deux hommes : le nombre de ces canots y varie entre 30 et 40.

La valeur d'un canot avec ses agrès est de 1,500 à 2,000 francs, non compris les filets. Ces filets sont très coûteux. Il faut pour un canot 38 filets de 35 brasses chacun : chaque filet coûte de 20 à 30 francs, ce qui nécessite un capital d'environ 800 francs. Ils sont fournis en général par les veuves des marins qui représent ainsi une partie du capital. Huit filets forment un lot et donnent droit à une part d'homme dans le partage des bénéfices.

Voici le résultat de la pêche du canot n° 331 du Tréport, pendant un mois, du 12 octobre au 13 novembre 1883 :

Le produit brut de la pêche a été de 1,020 fr. 41. Les

frais s'étant élevés à 129 fr. 85, le produit net est de 890 fr. 56.

Cette somme a été répartie en sept lots 1/4 : un lot pour le propriétaire du canot, un lot 1/4 pour le maître, un lot pour le matelot, quatre lots pour les propriétaires des filets, Chaque lot est de 122 fr. 80.

Cette petite pêche est, comme on le voit par le rapprochement des chiffres, beaucoup moins fructueuse que la pêche au chalut sur de grands bateaux.

C'est au système de la participation que l'on doit l'harmonie constante qui règne entre les armateurs ou les écoreurs d'un côté et les pêcheurs de l'autre. Alors que dans les entreprises régies par la légale brutalité du salariat, les conflits deviennent de plus en plus fréquents et de plus en plus aigus entre le capital et le travail, qu'éclatent si souvent des grèves aussi funestes aux intérêts des ouvriers qu'à ceux de la production nationale et de la paix sociale, pêcheurs et capitalistes vivent en paix : car liés par le régime de la Participation, leurs intérêts sont solidaires et forment le même bloc.

Un exemple, pris à Boulogne-sur-Mer, a dernièrement permis de comparer la pêche participationniste et la pêche salariée. Après une année qui avait produit de tristes résultats, une maison de Boulogne substitua la pêche salariée au mois au mode traditionnel. Dans la pêche à la part, le marin soignait les filets et le matériel comme son bien propre : toute négligence ou tout gaspillage aurait diminué ses bénéfices. Dès que la moindre déchirure se produisait à une voile, le marin la réparait immédiatement : le salarié n'y prend plus garde et regarde tranquillement, la pipe à la bouche, s'augmenter l'avarie sous le souffle du vent. Que lui importe ? Il n'en aura ni un centime de plus ni un centime de moins à la fin du mois. Jadis après la pêche, on se hâtait de faire sécher les filets : maintenant on les entasse dans un coin où ils pourissent.

Il ne devrait pas en être ainsi, disent les graves moralistes de l'orthodoxie économique : c'est une coupable infraction au devoir. — Sans doute : mais si cela ne devrait pas être, il n'en est pas pourtant moins vrai que cela est, et quand on a affaire aux hommes, il faut les prendre tels qu'ils sont et non pas tels qu'ils devraient être. Puisque la voix du devoir n'arrive pas toujours jusqu'à réveiller la conscience endormie, essayez de la fortifier par celle de l'intérêt. Ce sera peut-être d'une moralité moins belle et moins élevée que si on ne présentait d'autre mobile que celui du bien, mais ce sera plus efficace, plus sûr et plus économique.

On a prétendu que la pêche à la part devait être considérée comme une association coopérative de production et non comme une application de la Participation (1). C'est une théorie que réfutent les caractères constitutifs de la coppération. Pour une société coopérative, tous les associés exercent en commun leur profession ; le capital social est fourni par chaque membre ; la gérance appartient à un conseil d'administration ; la responsabilité des membres vis-à-vis des tiers est limitée aux fonds sociaux ; enfin la société n'est pas dissoute par la mort d'un ou de plusieurs sociétaires. En est-il ainsi de la pêche à la part ? Le propriétaire du bateau se borne à fournir les instruments de la production sans prendre part au travail commun ; les marins ne font d'autre apport que celui de leurs bras et de leur énergie ; les conditions du travail sont réglées par un contrat entre l'armateur et le matelot ; s'il arrive des accidents, le marin n'encourt aucune responsabilité vis-à-vis des tiers, et la mort du matelot met fin à son engagement : tout au-

---

(1) *Bulletin de la Participation*, t. XVII, p. 93 et 85.

tant de dispositions qui constituent le contrat de Participation.

En 1887, un grand industriel belge, M. de Naeyer, conçut le projet d'émanciper entièrement les pêcheurs d'Ostende de la dépendance de l'armateur et de les amener à la coopération de production en les rendant copropriétaires de bateaux. Pour arriver à ce but, il employait la combinaison qui lui avait si bien réussi dans l'institution des habitations ouvrières à bon marché ; il louait avec conditions d'achat une chaloupe de pêche à une association coopérative de pêcheurs. Ces bateaux, pourvus d'appareils à vapeur, permettaient de lever les filets très rapidement, de faire à la fois une grande économie de temps et de forces, de prendre par conséquent une plus grande quantité de poisson et de soutenir facilement la lutte avec les navires ainsi outillés, qui font aux pêcheurs ostendais une concurrence désastreuse et presque mortelle. Un modèle de ces chaloupes perfectionnées fut exposé par M. de Naeyer dans la section d'économie sociale au Centenaire de 1789.

Le prix de la location du bateau était de 3 1/2 0/0, payable partiellement après chaque pêche ; l'amortissement d'environ 2,000 francs pour un bateau neuf ayant coûté 20,000 francs, se payait aussi au retour de la pêche, mais les versement à ce compte variaient suivant les produits de la campagne :

50 %,	si le produit dépasse	1,000 fr.
45 %,	si le produit dépasse	900
40 %,	s'il dépasse	800
35 %,	au-dessus de	700
30 %,	au-dessus de	600
25 %,	au-dessus de	500
20 %,	au-dessus de	400
15 %,	au-dessus de	300

Au-dessous de 300 francs, il n'était fait aucune retenue pour l'amortissement.

Après amortissement complet, la chaloupe devenait la propriété des coopérateurs.

Malgré sa simplicité, cette ingénieuse conception n'a pas obtenu auprès des pêcheurs le succès qu'elle méritait et qu'on était en droit d'attendre. Soit routine, soit ignorance ou incurie, ils ont refusé les présents d'Artaxerxès. Les marins du Tréport, notamment, n'ont pu comprendre comment ils pouvaient être locataires et en même temps avoir une part de propriété d'un bateau dont l'armateur était le seul propriétaire. Le projet de M. Naeyer n'a pas été réalisé.

Il ressort cependant de l'échec de cette tentative une leçon générale. Dans les classes ouvrières les progrès sociaux ne peuvent s'accomplir qu'à la condition d'élever par l'instruction le niveau intellectuel du travailleur. Si on ne le tire pas de sa torpeur, de son apathie et de cette insouciance pernicieuse qui est le fruit de la routine, des préjugés et parfois de l'usage immodéré de l'alcool ; si on ne cherche pas à éveiller en lui le sentiment presqu'éteint de la dignité humaine et de la haute mission qui incombe à des hommes libres et à des pères de famille, les plus généreuses entreprises viennent se briser contre la pire des indifférences ; heureux encore leurs promoteurs quand ils ne sont pas en butte à de malveillants soupçons, à la raillerie et aux sarcasmes. La diffusion de la lumière intellectuelle est la condition indispensable et l'instrument nécessaire de toute amélioration dans le sort des travailleurs.

Comme nous venons de l'exposer, la participation maritime crée en général pour le pêcheur des ressources qui le mettent lui et sa famille à l'abri de la misère et lui permettent avec une sage économie et de l'ordre dans le ménage, de constituer un capital d'épargne ou d'acheter un champ ou une maison. Malgré cela le collectivisme estime que le capital dépouille le pêcheur en recevant une part dans le produit de la pêche. Pour mettre fin à ce qu'il taxe d'injustice et de vol, il a imaginé un moyen qui lui semble le plus simple et le plus naturel du monde. L'article 14 du programme maritime discuté au Congrès international de Londres en 1896, est ainsi conçu : « *Reprise par la nation des bateaux de pêche non montés par leurs propriétaires, et mise de ces bateaux nationaux à la disposition des pêcheurs associés, moyennant un tant pour cent prélevé sur leur pêche pour l'entretien et le renouvellement du matériel.* »

Il est possible que les espérances chimériques que peut enfanter, malgré son caractère irréalisable, la confiscation de la propriété individuelle, aient parfois le pouvoir d'attirer à cette doctrine subversive des salariés aigris par la dureté de leur triste condition : mais dans le cas de la pêche maritime, elle perd tout l'appât de ses fallacieuses promesses. Comme, dans ce genre d'entreprise, chaque agent producteur prend dans la production totale une part proportionnelle à son concours, au nom de quel principe les collectivistes appuieront-ils leurs théories aussi funestes que malsaines, auprès des pêcheurs de nos côtes? est-ce que le partage, tels qu'il le pratiquent, n'est pas conforme à la justice, la règle souveraine de la répartition des richesses?

En Allemagne, la pêche en participation est le régime de la première société allemande de pêche dans la mer du Nord, à Brême. Chaque marin a un salaire fixe d'environ 60 thalers par mois et participe à la répartition d'un quart du produit net de la pêche. A Hambourg, il n'y a que le capitaine, le premier et le deuxième matelot qui, outre leur salaire mensuel, reçoivent l'un 6 0/0, le second 5 0/0 et le troisième 4 0/0 de la recette. On donne des primes aux huit meilleurs pêcheurs.

A Flensbourg, dans le Schleswig-Holstein, pendant de

longues années, le capital reçut les 4/8 de la pêche et l'autre moitié était répartie entre les pêcheurs qui, étant d'ordinaire groupés par quatre pour un canot, avaient ainsi 1/8 chacun. Les pêcheurs ayant protesté contre cette répartition, la part du capital fut réduite aux 3/7 et celle de chaque pêcheur élevée à 1/7. Dans la pêche aux anguilles, qui n'emploie que deux hommes par canot, le produit est divisé en trois parts égales, l'une pour le capital, les deux autres pour les pêcheurs.

A la Société de Pêche de Basum, sur la mer du Nord, les 13/20 du gain provenant de la vente du poisson frais, appartiennent au capital, 3/20 au conducteur du bateau, 2/20 1/2 au premier aide, 1/20 1/2 au second aide. Les bénéfices provenant de la vente du poisson salé, sont répartis à parts égales entre la Société et le personnel, 50 0/0 chacun.

En Ecosse, à Peterhead, dans la pêche au hareng, après le prélèvement du salaire du mousse et des frais de salaison qui sont payés à un entrepreneur spécial, les bénéfices sont répartis entre les pêcheurs et le propriétaire du bateau : toutes les parts sont égales. S'il y a cinq pêcheurs, chacun d'eux reçoit un sixième, ainsi que le propriétaire (1).

A Hull, dont la moyenne des bateaux de pêche est d'environ 500, le capitaine et le second partagent seuls le produit brut avec le propriétaire du bateau. On en fait huit parts : 5 parts 1/2 sont données au capital, 1 part 3/8 au capitaine, 1 part 1/8 au second. Le propriétaire a la charge de nourrir, de loger et d'habiller trois aides qui ne sont que

____

(1) A Peterhead, outre la pêche au hareng qui a lieu de la fin de juillet au milieu de septembre, on arme aussi pour la pêche de la baleine et du phoque. Il y avait, en 1877, 617 bateaux de pêche, jaugeant 6,196 tonnes, employant 5,213 marins. — Dans la pêche au hareng, les navires allemands viennent prendre à Peterhead des cargaisons de harengs.

de simples salariés. Le produit brut de chaque bateau pour une quinzaine est en moyenne de 65 liv. st. (1,625 fr.)

A Yarmouth, situé à l'embouchure de la Yare, où plus de 550 bateaux, montés les uns par 6 hommes, les autres par 11 marins, et d'une contenance de 50 tonnes, font la pêche au hareng, les pêcheurs ont un salaire fixe et participent au produit de la pêche. Il en est de même dans les ports du Devon, pour les canots de 20 à 30 tonnes montés par 3 ou 4 hommes.

En Danemark, les marins de la *Société de pêche danoise* ont, comme ceux de Yarmouth et du Devon, un salaire déterminé et reçoivent une part du produit de la pêche.

La participation dans la pêche maritime n'est pas moins usitée aux États-Unis qu'en Europe, comme l'atteste un rapport du bureau de statistique industrielle de Boston. On l'y applique à la pêche de la morue, à celle du maquereau et à celle de la baleine. Les grands bâtiments pour ces deux premières pêches emploient environ 18 matelots ; l'équipage des bâtiments d'un moindre tonnage est de 14 pêcheurs. Le personnel des baleiniers est encore moins important : les frais de leur équipement s'élèvent à une moyenne de 6,500 dollars et sont supportés en partie par l'équipage, quand il participe aux bénéfices.

Après déduction des frais, les bénéfices nets sont ainsi répartis. On donne au propriétaire 1/8 pour ses dépenses de salaison. Aux 7/8 on ajoute la valeur de l'huile conservée ; le propriétaire reçoit un quart de cette somme et le reste est partagé entre les matelots, après le prélèvement des provisions emportées et des salaires payés. Les parts sont égales dans les pêches de la morue et du maquereau : le seul avantage du capitaine est une rémunération supplémentaire variant entre 100 et 300 dollars. Dans la pêche de la baleine, les parts sont subordonnées au rang des pêcheurs : celle du capitaine est 20 fois plus grande que celle d'un simple marin.

Durant les cinq mois de la saison de pêche, les pêcheurs de morues et de maquereaux réalisent un gain minimum de 300 dollars : il peut s'élever jusqu'à 1,500 et 2,000 dollars. La moyenne est de 400 dollars.

Voici, d'après le rapporteur officiel, les résultats de cette organisation. « L'équipage entier, dit-il, est économe de ses provisions et de son temps : il se préoccupe constamment de l'intérêt commun. Comme le chiffre du salaire se règle sur l'importance du profit, chacun s'efforce de rendre ce profit aussi avantageux que possible. Le sentiment de l'intérêt commun fait naître un véritable enthousiasme, lorsque se présente l'occasion de prendre une grande quantité de poisson. Ce précieux esprit de solidarité se manifeste également après la pêche, dans la manipulation du poisson et pendant toute l'opération, celle-ci exigeant constamment du zèle et de la bonne volonté. Chacun des coopérateurs se sent sous le contrôle de ses associés, et l'influence de cette surveillance est bien supérieure à celle qu'exerce sur les troupes en campagne l'autorité vigilante des chefs. Mais aucun pêcheur ne s'en plaint. »

L'ensemble de ces conditions qui concourent à diminuer les frais de revient et à augmenter la production, le régime du salaire est incapable de les réunir. Elles sont la conséquence de la solidarité des intérêts du capital et du travail. Les faits, du reste, en ont fait une éclatante démonstration. Dans quelques ports américains, les propriétaires de bateaux, séduits par l'appât du bénéfice total, substituèrent les conditions du pur salariat à celles de la participation. Cette modification eut une influence désastreuse sur leur entreprise : la production diminua dans des proportions considérables et les frais augmentèrent. Dans les ports au contraire où on a maintenu la participation, la prospérité n'a pas décliné.

Les effets sociaux de la pêche participationniste ne sont pas moins remarquables que ses résultats économiques. Dans les trois ports de Provincetown, de Truro et de Weelfleet, des pêcheurs qui avaient commencé par d'humbles fonctions, sont arrivés au commandement de gros navires et un grand nombre de simples matelots sont devenus des capitaines de cabotage. A Weelfleet notamment, bien que les pêches n'y aient pas été plus heureuses que partout ailleurs, d'après le témoignage d'un ecclésiastique depuis longtemps domicilié dans cette ville, « on constate une égale réparti-« tion de bien-être et l'absence de la véritable pauvreté. « Sous ce dernier rapport, sa situation est infiniment supé-« rieure à celle des autres localités de l'État. Et ce ne sont « pas les seuls avantages de la participation. Les maisons « y sont plus confortables et plus saines ; l'intelligence, « l'esprit d'entreprise et l'éducation plus développées que « dans les autres villes. »

CHAPITRE VIII

Résultats économiques et moraux de la Participation industrielle.

Les sociologues ont employé deux méthodes pour la solution des problèmes sociaux. L'une, purement rationnelle, se meut uniquement dans la sphère de l'abstraction et de l'idéalité. Partant d'un principe qui souvent n'a qu'une valeur subjective, elle en déduit toutes les conséquences avec une logique passionnée; elle ne tient aucun compte du passé des peuples, de leurs traditions, du caractère ethnique et national, de leurs aspirations, et parfois même des besoins vitaux de la nature humaine : elle renverse avec un souverain dédain l'œuvre des siècles et de l'expérience et bâtit une société nouvelle au gré d'une imagination aussi féconde que chimérique. Depuis Platon, le créateur du genre, cette méthode a produit à diverses époques des ouvrages d'un grand mérite littéraire; mais, sauf le Contrat social de Jean-Jacques Rousseau, aucun d'eux n'a opéré une transformation bienfaisante dans les sociétés. L'autre méthode, plus modeste et plus lente, donne la première place aux faits et demande à l'expérience la consécration de ses théories. Entre la routine et le préjugé ligués contre toute innovation, quelque salutaire qu'elle soit, et les audacieuses utopies des idéologues, elle suit sans bruit et sans fracas une route d'autant plus sûre qu'elle a pour guide l'observation pratique et la statistique des expérimentations. Sans doute l'idée est le mobile de ses recherches; mais elle ne l'élève à la hauteur d'un principe et ne lui reconnaît une valeur objective qu'après sa confirmation par les faits.

C'est cette seconde méthode qui va être le juge du système participationniste. Quels résultats a-t-il produits? Telle est la question capitale que nous allons étudier dans ce chapitre avec la conviction profonde que la véritable pierre de touche d'une doctrine, c'est l'expérience.

Pour traiter cette question dans toute son étendue, il faudrait passer en revue tous les bilans des établissements où fonctionne la participation, depuis l'époque où ils l'ont adoptée jusqu'au dernier exercice. Malgré les efforts et l'autorité de la *Société de Participation* qui correspond avec les plus éminents participationnistes de France et de l'étranger, cette immense enquête, plusieurs fois tentée, n'a pas réuni tous les documents qu'il faudrait pour avoir un tableau complet des effets de la Participation : mais joints aux informations particulières des auteurs qui ont écrit des ouvrages sur ce sujet, ils sont assez abondants et assez précis pour convaincre les plus sceptiques et établir d'une manière irréfutable la bienfaisante efficacité de ce système.

On ne sera pas étonné de nous voir prodiguer les citations et les témoignages. C'est en cela que consiste toute la force de notre démonstration. S'il est agréable à un écrivain d'être original, il est des cas, comme celui-ci, où le plaisir littéraire doit céder le pas à la fidélité et à l'exactitude. Agir autrement, ce serait trahir les intérêts de la doctrine que nous exposons.

L'idéal de la Participation, c'est de transférer graduellement et sans agitation ni spoliation, par le seul effet de l'organisation participationniste, les instruments de production entre les mains des travailleurs et de transformer des maisons patronales en sociétés coopératives de production. Cet idéal, Leclaire, Godin et Laroche-Joubert, l'ont réalisé : considérant la participation comme le stage de la coopération, ils ont admis leur personnel à la copropriété de leur entreprise et telle a été la puissance de leur organisation qu'aujourd'hui la maison Leclaire et le Familistère de Guise sont la propriété du personnel et qu'à la Papeterie d'Angoulême les travailleurs sont propriétaires du tiers de l'actif social.

Ancienne maison Leclaire. — Malgré les nombreux obstacles qu'il rencontra auprès du gouvernement et auprès de ses ouvriers, Leclaire partagea ses bénéfices avec son personnel en 1842. En 1843, la moyenne des parts individuelles fut de 450 francs.

Les bénéfices sont ainsi répartis depuis l'acte notarié du 6 juin 1869 :

Un prélèvement de 10 0/0 est fait, avant toute répartition, pour la formation d'un fonds de réserve de 200,000 francs. Dès que ce chiffre a été atteint, ce dixième a eu la même destination que les autres bénéfices.

75 0/0 sont attribués au personnel : 50 0/0 en parts individuelles payées en espèces et 25 0/0 en versements à une Société de prévoyance et de secours mutuels. Le reliquat, 25 0/0, est alloué aux gérants : moitié au premier gérant et un quart à chacun des deux autres.

Les trois quarts des bénéfices correspondent exactement à l'estimation du concours apporté par le travail dans la production : car la main-d'œuvre représente 75 0/0 dans la valeur produite.

Les salaires, toujours égaux, quelquefois supérieurs au tarif ordinaire, ne sont l'objet d'aucune retenue. C'est sans la moindre contribution de leur part que les ouvriers sont devenus propriétaires (1) de la maison, qu'ils ont reçu chaque année des parts bénéficiaires variant entre 16 et 21 0/0 de leur salaire et qu'une pension de 1,200 francs leur est assurée pour leurs vieux jours.

C'est depuis la constitution de la Société en commandite, par acte du 6 juin 1869, sous la raison sociale Leclaire, A. Defournaux et Compagnie, que le personnel représenté par la Société de Prévoyance, est commanditaire de l'entreprise. Cette commandite est actuellement de 400,000 fr.

Au 1er juillet 1895, l'avoir de la Société de Prévoyance constitué par les 25 0/0 des bénéfices annuels, s'élevait à 3,018,781 francs. En 1894, elle a employé 129,919 francs au paiement de 95 pensions dont 29 à des veuves.

Quant aux sommes réparties au personnel après chaque exercice et payées en espèces à chaque participant, les tableaux suivants en donneront une idée exacte, depuis 1842 jusqu'en 1882.

---

(1) L'ancienne maison Leclaire, aujourd'hui Redouly et Compagnie, est une société en commandite, association coopérative, avec trois gérants élus, associés en nom collectif, et un commanditaire unique, qui est la Société de Prévoyance et de secours mutuels des ouvriers et employés de la maison Leclaire.

Années	Participation dans les bénéfices		Total	Proportion entre les bénéfices et le montant des salaires
	Sommes versées à la société de prévoyance	Sommes payées au personnel		
1842-1864	»	»	460.000	»
1865	25.233	24.855	50.088	»
1866	48.470	31.530	80.000	»
1867	38.832	26 035	64.867	»
1868	73.975	26.025	100.000	»
1869	45.000	90.000	135.000	16,13 %
1870	30.812	61.625	92.437	14,33 %
1871	33.750	67.500	101.250	12,12 %
1872	44.125	88 250	132.375	12,31 %
1873	32.250	64.500	96.750	12,69 %
1874	39.500	79.000	118.500	13,14 %
1875	50.000	100.000	150.500	14,35 %
1876	56.250	112 500	168.750	16,31 %
1877	57.500	115.000	172.500	17,81 %
1878	65.500	130.000	195.000	18,21 %
1879	80.000	160.000	240.000	18,43 %
1880	95.000	190.000	285.000	19,53 %
1881 (1)	100.500	215.000	522.500	20,11 %
Total général des bénéfices attribuées au personnel. . .			2.965.017 fr.	

L'inventaire annuel de 1889, arrêté le 15 février 1890, a donné un bénéfice net de 456,000 francs, qui ont été ainsi répartis :

50 0/0 en espèces aux ouvriers et employés. .   228.000 fr.

25 0/0 à la Société de prévoyance et de secours mutels. . . . .   114.000 fr.

2/3 de 25 0/0 au premier gérant . . . . .   76.000 fr.

1/3 de 25 0/0 au second gérant . . . . .   38.000 fr.

Le montant des salaires ou appointements ayant été de

(1) Cet inventaire a été arrêté le 15 février 1882.

1,085,230 francs, le taux de la participation payée en espèces représente 21 0/0 des salaires ou appointements de chaque participant.

Le tableau suivant, que M. Charles Robert a inséré dans son rapport sur la Participation à l'Exposition universelle de 1889, présentera quelques exemples des parts individuelles reçues après l'exercice 1889. C'est un extrait du bordereau des 959 participants.

Inventaire du 16 février 1889 au 16 février 1890.

Noms des ouvriers	Nombre d'heures dans l'année	Prix de l'heure	Produit des heures	Parts de bénéfices (21 % du salaire)
		fr. c.	fr. c.	fr. c.
1. Anselin Charles. . .	726	0.725	526 35	110 55
2. Arblot D. (apprenti).	2121	0.075	159 10	33 40
3. Adam Edouard. . .	2667 ½	0.80	2298 70	482 70
4. Albertini Alexandre.	1622 ½	0.75	1216 90	255 55
5. Alexis Joseph. . . .	2590 ½	0.80	2072 40	435 20
6. Alibert Jacques. . .	2215	0.80	1772 »	372 10
7. Amann Joseph . . .	2000 ½	0.80	1600 40	336 10
8. Amering Jules . . .	2176 ½	0.80	1741 20	365 65
9. Amiot Odilon. . . .	2591	0.80	2071 80	435 30
10. Andréoli Antoine. .	2226	0.85	1892 10	397 35
11. Andréoli Clément. .	2546	0.85	2164 10	454 45
12. Andréoli Emmanuel	2242	0.85	1905 70	400 20
13. Anselin Auguste . .	2400	0.80	1920 »	403 20
14. Anselin Jules. . . .	979	0.80	783 20	164 45
15. Arlicot Victor. . . .	1454	0.80	1163 20	244 25

Si le personnel a tout lieu d'être satisfait d'un système qui lui offre de si nombreux et de si importants avantages, Leclaire non seulement n'a jamais regretté d'avoir admis ses ouvriers à partager ses bénéfices, mais jusqu'à sa mort survenue en 1872, il n'a cessé de s'applaudir de son institution. Candidat à l'Assemblée Constituante de 1848, après avoir énuméré dans sa profession de foi les sommes qu'il avait distribuées à ses ouvriers depuis 1842, il ajoutait : « *Voilà ce que l'on peut faire sans toucher à la propriété de qui que ce soit; voilà ce que je pratique depuis six ans. J'y ai trouvé mon compte et les autres aussi.* »

M. Audiganne, le célèbre économiste, ayant un jour défendu avec une chaleureuse éloquence la participation contre les injustes attaques de certains de ses adversaires, Leclaire lui écrivit, le 20 mars 1872, une lettre de remerciements qui contient le passage suivant :

« Après les dangers auxquels la société française vient d'échapper, en présence de ce qui se passe en Allemagne et que met à jour le procès fait en ce moment à Leipsick contre les démocrates-socialistes, et en examinant ce qui a lieu en Angleterre et ailleurs, on se demande comment on ne comprend pas l'urgence d'étudier consciencieusement, sans préventions, sans parti pris, toutes les questions qui s'agitent, afin de dégager l'utopie de ce qui est praticable et proclamer bien haut ce qui serait conforme à la vérité, à la justice. Qu'on s'en pénètre bien : ce n'est point en ergotant ni en critiquant toutes les tentatives honnêtes qu'on parviendra à empêcher l'effondrement des sociétés modernes. »

Dans le compte-rendu de 1865, Leclaire constate la stabilité de son personnel. La plus grande partie de ses ouvriers sont si attachés à la maison qu'ils font apprendre leur métier à leurs enfants : « Ils en vivent honorablement, dit-il, ils ne cherchent pas à leur en donner un autre. Aussi voit-on déjà jusqu'à trois générations de peintres se succéder chez nous : chaque père de famille veut avoir son fils avec lui pour lui apprendre plus vite sa profession. »

Sur le terrain économique, la brillante prospérité de la maison Leclaire est une des plus grandes gloires de la

Participation. Le bilan de chaque exercice présente une progression continue. En 1848, le personnel comprenait quatre-vingt-dix-huit personnes, tant ouvriers qu'employés et les bénéfices partagés entre eux étaient de 20,754 fr. 25. En 1890, l'entreprise occupe 959 travailleurs et les 75 0/0 des bénéfices qui leur sont alloués par les statuts, s'élèvent à la somme de 342,000 francs. D'après le témoignage de M. Beudin, directeur des concours des apprentis de la maison Leclaire, cette marche ascendante est l'effet de la participation. « La maison Leclaire, dit-il dans son rapport du concours de 1884, ne doit sa grandeur, sa force morale et matérielle, qui lui valent la sympathie de ses clients, le respect de ses confrères et l'estime de tous, qu'à sa façon de procéder qui n'a pas changé depuis plus de quarante ans... Le travail bien fait, les contrats loyalement exécutés, l'urbanité et les sympathiques relations n'ont été obtenus et ne se sont maintenus que grâce à la vertu de l'organisation qui a pour pivot la participation aux bénéfices. »

Familistère de Guise. — Le nom de Godin est inséparable de celui de Leclaire. Comme le berger bourguignon, l'artisan picard a consacré toute son ardeur et tous ses soins à l'amélioration du sort de ses ouvriers. Cette pensée l'obsède dès l'âge de 17 ans : « Tous les jours, dit-il en parlant de son tour de France, se renouvelait pour moi le labeur d'un travail qui me tenait à l'atelier de cinq heures du matin jusqu'à huit heures du soir. Je voyais à nu les misères de l'ouvrier et ses besoins, et c'est au milieu de l'accablement que j'en éprouvais, que, malgré mon peu de confiance en ma propre capacité, je me disais encore : Si un jour je m'élève au-dessus de la condition de l'ouvrier, je chercherai les moyens de lui rendre la vie plus supportable et plus douce et de relever le travail de son abaissement. »

En 1880, Godin accomplit le vœu de sa jeunesse en constituant la société en commandite du Familistère de Guise.

Il faisait ainsi de son usine *une association coopérative de production* dont la raison sociale d'abord, *Godin et Cie* est aujourd'hui *Dequenne et Cie*. Son but, en opérant cette transformation, c'était l'association intégrale du capital et du travail : il l'a atteint à l'aide de la Participation. Ce n'est pas seulement par philanthropie ou pour des raisons économiques qu'il a cherché à unir et à solidariser les intérêts du capital et du travail, c'est au nom des idées les plus élevées : c'est, dit-il, dans la déclaration de principes qui sert de préface à ses statuts, « pour rendre « hommage à Dieu, être suprême, source et principe uni- « versel de la vie, pour glorifier la vie elle-même et pour « servir à l'avènement de la justice parmi les hommes. »

Son principe dans la distribution de la richesse publique entre le travail et le capital, c'est, comme nous l'avons déjà exposé plus haut, la répartition des fruits de la production proportionnellement aux services rendus par chacun des agents producteurs. « Ces services *étant évalués* par les sa-laires ou appointements des travailleurs et par les intérêts payés aux capitalistes, c'est *sur ces bases* que les bénéfices doivent être partagés entre le travail et le capital, est-il dit dans les statuts. »

L'application de ce principe se fait à Guise avec une précision mathématique. On prélève d'abord sur la valeur de la production 5 0/0 de la valeur des immeubles et 10 0/0 de la valeur du matériel pour amortissement; les frais d'éducation et d'instruction, les intérêts du capital et des épargnes ouvrières et les subventions à l'assurance des pensions et du nécessaire à la subsistance et à l'assurance mutuelle contre la maladie. Ces charges sociales sont supportées par les Frais généraux.

La somme qui reste, après ces déductions, constitue les bénéfices nets. 25 0/0 en sont employés pour la formation d'un fonds de réserve destiné à couvrir les pertes éventuelles. Comme cette réserve a atteint, en 1882, le dixième du capital social, fixé par les statuts, ces 25 0/0 sont depuis lors joints à la répartition. 50 0/0 sont partagés au marc le franc entre le capital et le travail et 25 0/0 sont accordés au travail intellectuel personnifié dans l'Administrateur-gérant, le Conseil de gérance et le Conseil de surveillance. La valeur représentative du capital, ce sont les intérêts à 5 0/0 des apports et des épargnes, intérêts qui ne sont pas autre chose que le salaire même du capital; celle du travail est constituée par le montant des salaires et des appointements payés pendant l'exercice. Ainsi en 1890-1891, le salaire du capital social qui est de 4,600,000, s'éleva, à raison de 5 0/0, à 230,000 francs : le chiffre des salaires fut de 2,055,551 fr. 22. Les bénéfices à répartir entre le capital et le travail étaient de 94,960 fr. Cette somme a été répartie à chacun d'eux au marc le franc, en sorte qu'un franc du salaire du travail a touché autant qu'un franc du salaire du capital (1).

Le capital a eu pour sa part :

$$\frac{94.960 + 230.000}{2.285,551}$$

c'est-à-dire 9,552 fr.

Le travail a reçu :

$$\frac{94.690 + 2.055.551}{2.690,551}$$

est-à-dire 85,408 fr.

Ainsi, dans la valeur de la production, le capital a eu :

Intérêts........   238,000 fr. ⎫
Participation...   9,552 fr. ⎬ Total : 239,552 fr.

et les travailleurs ont touché :

Salaires......   2,055,551 fr. ⎫
Participation.   85,408 fr. ⎬ Total : 2,140,959 fr.

(1) Statuts de la Société du Familistère de Guise : Déclaration de principes, art. XIX. —

Quant à la répartition individuelle, elle est faite au prorata des salaires : mais pour récompenser les travailleurs suivant leur mérite et leur dévouement, le personnel est divisé en quatre groupes : 1° les associés, qui ont chacun deux parts ; 2° les sociétaires, qui reçoivent 1 part 1/2 ; 3° les simples participants, qui touchent une part ; 4° les auxiliaires, dont la part collective est versée au compte des assurances et leur donne droit à tous les avantages de la mutualité en cas de maladie, de vieillesse ou de besoins pour la subsistance.

C'est cette organisation qui a rendu le personnel propriétaire de l'usine. Le mécanisme qui a opéré cette transformation est fort simple. Les parts individuelles ont été converties en titres d'épargne ou parts de capital, au profit de chaque ayant droit, en sorte qu'après chaque exercice les travailleurs se substituaient aux capitalistes propriétaires de l'apport social pour une somme égale au montant des bénéfices répartis.

Le rachat du capital social s'est, grâce à ce système, opéré avec une rapidité surprenante. Le tableau suivant en marque les étapes (1).

(1) C'est en 1876 que Godin admit son personnel au partage de ses bénéfices. La part individuelle fût payée par un titre provisoire de copropriété qui en 1880 fut remplacé par un titre d'épargne ou une part.

Exercices	Salaires du personnel	Salaire du capital (Intérêts à 5 %)	Bénéfices du personnel	Bénéfices du capital
	fr. c.	fr.	fr c.	fr. c.
1876 à 1879			172.266,00	
1879-1880	1.463.814,01	230.000	219.297,00	34.730,00
1880-1881	1.806 749,94	230.000	449.152,56	42.780,00
1881-1882	1.945.209,20	230.000	329.323,44	34.500,00
1882-1883	1.814.047,06	230 000	349.465,00	36.685,00
1883-1884	1.731.752,77	230.000	166.767,00	16.261,00
1884-1885	1.728.209,72	230.000	200.980,00	18.891,00
1885-1886	1.682.578,22	230.000	81.830,00	8.280,00
1886-1887	1.681.754,25	230.000	177.724,00	17.618,00
1887-1888	1.839.748,22	230.000	337.350,00	31.694,00
1° Totaux...	15.663.873,39	2.070.000	2.484.153,00	241.439,00
2° Moyennes	1.740.430,37	230.000	248.415,50	26.826,55

Ainsi, après neuf ans de participation, le personnel avait en mains pour 2,484,155 fr. de parts dans le capital social. Cette somme provenait entièrement des répartitions annuelles : aucune retenue n'avait été faite sur le salaire que Godin considérait comme un *minimum* irréductible. Le 30 juin 1887, Godin léguait dans son testament la moitié de ses biens à la Société du Familistère de Guise, en ces termes : « Ma fortune comprend une part importante qui aurait appartenu au concours du travail, si les circonstances m'avaient permis d'appliquer plus tôt la règle de répartition qui régit la Société du Familistère. Si j'ai accompli en vue de l'avenir ce que me commandent la reconnaissance et la justice envers mes collaborateurs, il me reste à faire pour le passé ce qu'elles me commandent non impérieusement.

« Je ne puis remplir ce devoir au profit de chacun de mes anciens collaborateurs. Beaucoup ont disparu depuis que j'ai commencé mon œuvre. Je n'ai d'autre moyen d'y satisfaire que de recourir à des dispositions testamentaires, en léguant à la Société du Familistère la part de mes biens dont je peux disposer. »

Sur ce legs de 3,500,000 fr., la société reçut 1,032,721 fr. de titres d'apports, à la mort du testateur, en 1888. Dès lors il ne restait plus à rembourser que la somme de 404,500 fr. pour que le capital de fondation fût entre les mains des travailleurs. Le fonctionnement des statuts participationnistes a durant ces dernières années couronné les projets de Godin. « Au 30 juin 1894, dit M. Charles Robert (1), les ouvriers de Guise étaient propriétaires de la totalité d'un capital qui s'élève à 11 millions 225,000 fr. : c'est la valeur actuelle de l'actif social qui, d'après l'acte constitutif, est de 4,600,000 fr. mais qui en fait s'élève aujourd'hui à 11,225,000 fr. » Ce capital est possédé par 1426 titulaires, dont 1,041 travailleurs et 385 non ouvriers, porteurs de parts à titre temporaire.

La conception participationniste de Godin ne se borne pas à substituer le travailleur au capitaliste dans la propriété des fonds sociaux. Il a voulu que ce capital fût constamment possédé par le personnel actif. Sans cette mesure complémentaire, les titres d'apports seraient restés ou auraient pu rester indéfiniment entre les mains des premiers acquéreurs ; les moyens de production n'eussent pas été en la possession du travail et le mécanisme des statuts eût été arrêté dans son fonctionnement. Il a exposé ce plan de la transmission permanente du fonds social aux travailleurs dans la Mutualité sociale : « Il ne faut pas, y dit-il, que les bénéfices revenant aux travailleurs soient distraits de l'industrie ; il faut qu'ils servent à accroître les moyens d'action de la Société. Le

(1) Bulletin de la Participation aux bénéfices. (1896, 3ᵉ livraison, page 140).

travailleur a droit à un dividende proportionnel à son concours ; mais ce dividende doit être converti en part d'intérêt dans le capital social..... Mais, dira-t-on, une entreprise
industrielle, fût-elle basée sur l'association, ne peut indéfiniment augmenter son capital. Un moment arrive où
elle possède tout ce qui lui est nécessaire pour exploiter
son industrie : alors il faudra bien partager les bénéfices
disponibles. Non, répondrai-je, ce partage ne devra pas avoir
lieu. Les bénéfices disponibles continueront à être convertis
en titres de parts dans l'association au profit des ayants-
droits, mais leur valeur servira à rembourser intégralement
les titres de fondation, puis les titres des plus anciens, par
ordre de priorité. Par ce remboursement successif et la délivrance d'actions nouvelles aux travailleurs, le fonds social
rentrera insensiblement aux mains des membres actifs de
la Société ». Dans sa déposition à la Commission extra-
parlementaire des associations ouvrières en 1883, Godin
met en plein relief cette disposition : « Les statuts sont tels,
dit-il, que le remboursement se continuera indéfiniment et
portera sur les plus anciens titres, de sorte que l'établissement sera toujours aux mains des travailleurs en exercice (1). »

La transformation de la Maison Godin en association coopérative de production a transformé en même temps la
condition des travailleurs. Avant l'organisation participa-

---

(1) L'article 44 des Statuts est ainsi conçu : « Afin d'assurer la transmission successive du fonds social aux mains des coopérateurs, et de
perpétuer les forces de l'œuvre commune au service de ceux qui la
soutiennent et la font vivre, le remboursement des parts ou titres d'apport se fait en commençant par ceux dont le fondateur ou ses héritiers
sont possesseurs : il se continue par ceux des possesseurs substitués à
ceux-ci dans le cas prévu art. 52, c'est-à-dire dans l'ordre d'inscription
des sommes acquises, suivant les dates portées aux livres de la comptabilité sociale. Le remboursement des certificats d'inscriptions d'épargne a lieu ensuite par ordre d'ancienneté des titres originaires,

tionniste, l'ouvrier n'avait d'autre rémunération qu'un salaire d'une moyenne de 4 fr. 33. Depuis lors les ouvriers ont, outre leur salaire normal et irréductible, un patrimoine constitué par leurs titres d'épargne dont la plus value et l'accumulation sont progressives, et reçoivent tous les ans l'intérêt de ces titres. En ajoutant au salaire les avantages pécuniaires que les travailleurs retirent de cette double source, voici la valeur de la moyenne d'une journée de travail à Guise, pour les trois catégories qui participent individuellement aux répartitions annuelles, depuis 1880 jusqu'à 1890.

Année de 300 jours de travail effectif.

Exercices	Moyenne du salaire brut d'une journée de travail	Moyenne de la valeur d'une journée de travail pour un associé	Moyenne de la valeur d'une journée de travail pour un sociétaire	Moyenne de la valeur d'une journée de travail pour un participant
1879-1880	4,33	5,64	5,31	4,98
1880-1881	4,39	7,41	6,66	5,90
1881-1882	4,50	8,96	7,85	6,73
1882-1883	4,59	10,53	9,05	7,56
1883-1884	4,74	11,29	9,66	8,02
1884-1885	4,79	12,25	10,39	8,52
1885-1886	4,91	12,75	10,79	8,83
1886-1887	5,22	13,89	11,73	9,56
1887-1888	5,32	15,54	12,99	10,43
1888-1889	5,37	17,10	14,16	11,23
1889-1890	5,29	17,94	14,77	11,62
1890-1891	5,43	18,38	15,14	11,91

Quelle éloquence dans ces chiffres! De 4 fr. 33, la rémunération d'une journée de travail, grâce au mécanisme de Godin, s'est élevée pour un associé à 18,38; pour un sociétaire à 15,14 et pour un participant à 11,91 : ce qui constitue pour le premier un traitement annuel de 5,514 francs, pour le second, de 4,542 francs, et pour le troisième, de 3,573 francs.

Les Assurances mutuelles, alimentées par une subvention égale à 2 0/0 des salaires et des appointements et portée aux frais généraux, et par le dividende collectif des auxiliaires, (1) offrent aux travailleurs du Familistère un nouvel ordre d'avantages. L'ouvrier dont les ressources sont insuffisantes pour l'entretien de sa famille, à quelque catégorie qu'il appartienne dans l'Association, reçoit le nécessaire à sa subsistance et à celle des siens, non à titre d'aumône, mais en vertu des clauses du contrat de travail. De plus une pension est servie à tout associé, sociétaire ou participant, qui se trouve dans un cas d'incapacité notoire de travail, ainsi qu'aux auxiliaires après quinze ans de services.

Voici la statistique de la situation pécuniaire des travailleurs retraités dans les quatre catégories, d'après la base du salaire moyen de chaque groupe, 5 fr. 50, en prenant la moyenne des exercices de 1880 jusqu'à 1892. Ce tableau suppose que le sociétaire est devenu associé à l'épargne normale fixée par les statuts, que le participant est devenu sociétaire, puis associé après le stage obligatoire.

(1) Statuts : Titre deuxième; section 1re, art. 3. —

Catégories	Années de survie	Intérêts, dividendes du titre acquis	Pensions de retraites	Rentes totales	Équivalence en capital au taux de la rente 3 % à, 98
Associé. . .	15	203,39	912	1.203,39	39.391,83
	20	391,10	912	1.303,10	42.584,96
	25	488,82	912	1,400,82	45.778,43
	30	586,54	912	1.498,54	49.298,70
Sociétaire. .	15	260,55	730	990,55	32.371,24
	20	358,27	730	1.088,27	35.891,17
	25	455,99	730	1.185,99	38.757,84
	30	553,71	912	1.465,71	42.899,02
Participant.	15	229,40	365	594,48	19.424,83
	20	327,12	547,50	874,62	28.582,35
	25	424,83	730	1.154,83	37.739,54
	30	522,55	912	1.434,55	46.880,71
Auxiliaires .	15	»	365	365	11.928,10
	20	»	547,50	547,50	17.892,15
	25	»	730	730	23.856,20
	30	»	912	912	29.803,92
	35	»	912	912	29.803,92

Du 31 juillet 1879 au 1er juillet 1892, les recettes de l'Assurance des pensions et du nécessaire à la subsistance se sont élevées à 1,778,283 fr. 68 : les dépenses pour pensions et pour le nécessaire à la subsistance familiale ont atteint le chiffre de 681,218 fr. 09.

Quant aux résultats économiques de l'organisation du Familistère, Godin les résumait ainsi devant l'Enquête extra-parlementaire de 1883 sur les associations ouvrières : « Au point de vue industriel, des faits vous en diront plus que tous les éloges possibles. Depuis que l'association est établie, les ouvriers s'intéressent à l'amélioration de la production ; ils sont attentifs à signaler les pertes, les causes de malfaçon ; bien plus, ils s'ingénient à trouver des choses nouvelles, et à chaque instant nous sommes obligés de prendre des brevets d'invention (1).

Pour mesurer l'influence exercée sur le personnel par la pratique de la participation, il suffit de comparer l'état psychologique des ouvriers en 1880 à l'état actuel. En 1880, les idées de Godin; non seulement ne furent pas comprises, mais on manifesta contre elles une vive hostilité « Une population illettrée, habitant la campagne, accoutumée à son travail de tous les jours, n'était évidemment pas préparée à des idées d'association aussi largement conçues. On venait dire à ces gens-là que je voulais abuser d'eux, les condamner à l'esclavage, que mes promesses n'étaient que mensonge ; et vous savez ce qu'est l'esprit humain. L'incertitude et l'aveuglement s'étaient si bien emparés des esprits que, lors de la première répartition, avant la constitution de la Société, quand j'offris plus de 100,000 francs en participation aux travailleurs, à l'un 200 francs, à l'autre 300 francs, la plupart d'entr'eux refusèrent. Comme on savait le jour où la répartition devait se faire, on leur avait monté la tête, et ils venaient dire : « Nous ne savons pas pourquoi on nous donne cela. » Je remis les titres en caisse, et plus tard les ouvriers vinrent tour à tour les demander. L'idée était comprise et l'association se fit ensuite touteseule. »

Le 18 janvier 1891, les retraités de l'association étant allés porter une couronne sur la tombe de Godin, l'un d'entr'eux, maire de Flavigny, prononça ces quelques paroles, dictées encore plus par les faits et les heureuses conséquences du principe participationniste que par la voix de la reconnaissance : « Citoyens, nous qui sommes vieux et qui avons vu les usines à l'état d'embryon; nous sommes étonnés du chemin que cet homme a parcouru. Il est entré de

(1) Enquête extraparlementaire des associations ouvrières, tome II, p. 271.

plain-pied dans l'avenir. Il nous a frayé le chemin. Il a fait plus, il nous a donné une mission à remplir. Et vous voilà sur la brèche, vous les travailleurs, donnant l'exemple de ce que peut faire une association ouvrière, vous fortifiant de toutes parts, fermement convaincus que l'œuvre du Familistère doit toujours vivre, grandir et s'élever. » Ces paroles étaient l'expression des 1,351 travailleurs du Familistère de Guise.

Papeterie coopérative d'Angoulême. — Comme Godin, Laroche-Joubert a accompli, à la Papeterie coopérative d'Angoulême, pacifiquement, sans la moindre atteinte au droit de la propriété individuelle, l'évolution sociale qui met entre les mains de l'ouvrier les outils de la production. Comme Godin, en mettant chacun de ses collaborateurs en état d'amasser, grâce à la coopération et à la participation, un capital pour assurer l'indépendance et la sécurité de leur vieillesse, il a « obéi au sentiment de Fraternité que Dieu met au cœur des hommes de bien » et considéré cette mesure comme un acte de justice (1). La seule différence caractéristique de ces deux belles expériences, c'est qu'à Guise la coopération est obligatoire et qu'à Angoulême, elle est facultative. « Respectueux de la *liberté* de chacun de ses collaborateurs, Laroche-Joubert n'a pas voulu leur imposer la prévoyance, écartant des règlements qu'il a rédigés, toute mesure enlevant aux ayants-droit la libre disposition de leur part dans ses bénéfices; il a eu confiance dans leur sagesse. »,

Laroche-Joubert fut le premier imitateur de Leclaire : il institua la Participation dans sa fabrique en 1845 et en même temps ouvrit à ses collaborateurs l'accès au capital de son entreprise. Malgré les changements apportés à la forme sociale de l'établissement (2), ces deux principes en sont

____

(1) Règlement de coopération : préambule.
(2) C'est le 20 mai 1868 qu'à été formée par acte notarié sous la

restés les colonnes fondamentales. L'article 28 des statuts règle ainsi la répartition des bénéfices :

« Si l'actif dépasse le passif, la différence, *qui constitue le bénéfice*, sera distribuée de la manière suivante entre les trois éléments qui concourent à sa production :

Premièrement : 25 0/0 au capital, dont 5 0/0 seront portés au crédit du fonds de réserve ordinaire ou statutaire: 20 0/0 seront attribués au *capital social* et à celui *des déposants coopérateurs*, pour être répartis en entier entre les ayants droits : au marc le franc pour *le capital social*, au demi-marc le franc pour *le capital des déposants coopérateurs*.

Deuxièmement : 75 0/0 au travail et à l'intelligence, dont :

6 0/0 seront portés au crédit du compte de M. Edgard Laroche-Joubert, dont 1 0/0 comme Président du conseil;

5 0/0 seront portés au crédit du compte de M. Ludovic Laroche ;

6 0/0 seront partagés entre les trois membres du conseil de gérance et par égale portion entre eux;

58 0/0 seront attribués aux *coopérateurs* des différentes exploitations et entreprises de la maison, dans la proportion indiquée par l'inventaire particulier de chacune d'elles, ainsi qu'il est dit aux articles 23 et 24 précédents, et distribués entre les dits coopérateurs dans les conditions fixées par le règlement de coopération.

Sur ces 58 0/0 sera également prélevé le crédit des « *Clients coopérateurs* », tant que le conseil de gérance croira devoir

---

raison sociale Laroche-Joubert, Lacroix et C^{le}, la société de la Papeterie coopérative d'Angoulême, au capital de 3,000,000 de francs, en nom collectif quant aux gérants, et en commandite quant aux bailleurs de fonds et participants. Depuis le 1er juillet 1890, la raison sociale est Laroche-Joubert et C^{le}, et la dénomination Papeterie coopérative d'Angoulême : Maison Laroche-Joubert. Le capital social avait été fixé à 4,320,000 francs . — Il a été porté à 4.580,000 francs.

continuer à faire jouir la clientèle de cette faveur; sinon la totalité de ces 58 0/0 sera attribuée aux coopérateurs de production. »

Voici comment sont distribués ces 58 0/0 des bénéfices généraux.

On prélève d'abord pour les clients coopérateurs une somme qui leur fournisse un dividende égal à celui du capital social.

Après ce prélèvement, il est donné sur ce qui reste *25 0/0 au salaire;* mais cette première attribution est indépendante de la part qu'il touche dans les bénéfices particuliers des diverses catégories d'exploitations. 35 0/0 sont attribués aux services commerciaux et 40 0/0 aux exploitations et entreprises. Ces trois parts sont appelées : coopérations des salaires, coopération des services commerciaux, coopération des exploitations et coopération des entreprises. Ainsi chaque travailleur participe à une double répartition, à celle des salaires et à celle de la catégorie particulière à laquelle il appartient par son genre de travail. Les parts individuelles sont proportionnelles au salaire et aux aptitudes des participants dont le nombre est de *959.*

Sauf les mineurs et les ouvriers majeurs qui n'ont pas cinq ans de services, tous les participants ont la faculté de recevoir en espèces cette double allocation ou de la déposer entre les mains du gérant en chef jusqu'à concurrence de 5,000 francs. Les ouvriers ou employés qui adoptent ce second mode deviennent des *Déposants coopérateurs.* Tous les dépôts reçoivent un intérêt de 5 0/0, qu'il y ait des bénéfices ou qu'il n'y en ait pas, et de plus prennent part à la répartition au demi marc le franc du 20 0/0 de bénéfices généraux, comme il a été dit plus haut. Malgré cette participation, il est stipulé que les déposants ne sont pas assujettis aux pertes, s'il en survenait, et que l'intégralité de leur capital et de son intérêt de 5 0/0 leur est toujours assurée, quoi qu'il advienne.

Lorsque les dépôts atteignent la somme de Mille francs, le déposant peut être admis à devenir *participant au capital*. Dès lors il est copropriétaire de l'entreprise, comme commanditaire, et il en partage la bonne ou la mauvaise fortune pour sa part de capital.

Le tableau suivant que nous empruntons à M. Charles Robert, peut donner une idée des résultats pécuniaires de cette organisation pendant une période de 12 ans.

Exercices	Bénéfices à la coopération des Services et Exploitations	Bénéfices alloués à la coopération des salaires	Participation allouée aux déposants; dividendes aux commanditaires et participants au capital	Dividendes aux clients coopérateurs	Totaux annuels
	fr. c.	fr. c.	fr. c.	fr. c.	fr. c.
1879	61.463,02	18.857,97	10.363,50	19.872,99	110.557,48
1880	68.078,74	22.351,70	12.742,77	21.112,80	124.287.01
1881	71.053,68	28.626,93	14.410,79	28 840,92	142.932,32
1882	109.368,96	37.448,40	16.366,36	38,522,72	195.706,44
1883	89 653,53	36.172,65	8.986,90	18.409,10	149.222,18
1884	87.121,14	47.908,28	10.239,27	21.477,28	166.745,97
1885	58.870,34	30.670,78	4.100,78	6.818,18	100.460,08
1886	48.424,04	27.636,12	3.911,25	6.930.30	86 921,51
1887	67.078,66	38.255,19	11.638,03	8.323,62	125.275,80
1888	61.415,26	34.720,24	12.659,00	9.318,08	118.112,58
1889	51.938,58	32.571,02	»	»	84.509,60
1890	47.737,15	34.444,65	3.189,30	4.580,60	90.011,70
12 ans	823.265,40	385.663,93	108.608,95	178.206,39	1.494.744,67

Pendant cette période de 12 ans, la moyenne des bénéfices distribués a été de 124,562 fr. Le minimum des parts de la coopération ouvrière a été de 10 0/0 des salaires; en 1882, il s'est élevé jusqu'à 20 0/0 : les salaires représentés par la somme de 700,000 francs ont reçu une allocation de 147,000 francs.

Dans l'acte constitutif de 1889, il y a 113 commandites d'ouvriers et d'employés. Des employés supérieurs y figurent pour des parts de 70,000 francs, de 50,000 et de 25,000 : il y a 7 parts de 6,000 francs ; 9 de 5,000 ; 8 de 4,000 ; 8 de 3,000 ; 16 de 2,000 et 19 de 1,000 francs. Ces sommes proviennent de l'accumulation des répartition annuelles et représentent 31 0/0 du capital social : $\frac{1.377.000}{4.339.000}$.

Au point de vue industriel et moral, les résultats obtenus à la Papeterie coopérative d'Angoulême ont été exposés, en 1883, devant la commission de l'Enquête extra-parlementaire des associations ouvrières, par un rapport de M. Edgard Laroche-Joubert et par la déposition de M. Edmond Laroche-Joubert, le fondateur de l'association coopérative.

« Les bénéfices, est-il dit dans le rapport, se sont accrus dans de fortes proportions dans les temps prospères, ou bien se sont maintenus depuis la crise si grave que traverse notre industrie, tandis que tant de nos confrères perdent de l'argent, et que même quelques-uns, trop nombreux, hélas ! sont obligés de s'arrêter ou de liquider.

« Ce résultat provient de ce que, grâce au stimulant de la coopération, jamais nous n'avons eu de mouvement de grève parmi notre personnel, jamais de dissentiments d'intérêt entre nous ; de ce que, grâce à la participation, la production de nos usines a augmenté ; la perfection de nos produits est plus grande ; nos prix de revient ont diminué ; nos déchets sont moins considérables ; enfin notre personnel est bien plus fixe, à tel point qu'il compte un grand nombre, de plus en plus grand, de familles dont tous les membres font partie de la maison, les enfants comme les parents, comme les petits-enfants.

« Enfin, sans la participation le zèle de notre personnel n'aurait pas été assez grand pour que nous tentions l'entreprise qui a si bien réussi, d'ajouter à notre industrie primitive, la fabrication du papier proprement dite, les industries complémentaires et si importantes des façonnages. »

Dans son intéressante déposition, M. Edmond Laroche-Joubert développa des idées analogues. En imposant la coopération, dit-il, on rend les plus grands services à ceux qui la donnent et à ceux qui la reçoivent.

« Aurais-je pu consentir à être nommé député, si je
« n'avais pas établi la coopération au profit de notre four-
« milière d'ouvriers? Et si mon fils n'avait pas eu, grâce à
« la coopération, autant d'auxiliaires que de travailleurs
« employés, comment pourrait-il supporter le fardeau si
« lourd que je lui ai laissé?

« Avec la coopération il n'y a plus moyen pour les
« ouvriers de faire du gaspillage sans en être victimes eux-
« mêmes : les ouvriers voisins qui en seraient victimes
« comme eux, diraient : Halte-là!

« Si je suis tranquille à la Chambre des députés, si je
« peux y rester sans préoccupation, c'est grâce à la coopé-
« ration, c'est parce que je sais que nos affaires sont irré-
« prochablement surveillées... La solidarité que crée la
« participation fait que tous mes ouvriers se surveillent
« mutuellement et que cette surveillance est plus sérieuse
« que ne saurait l'être celle d'employés chèrement salariés
« pour les surveiller sans y être intéressés. »

Un peu plus loin, M. Laroche-Joubert met en relief le côté économique de la participation en ces termes : « Il ne faut pas croire que le patron a donné une part de ses bénéfices en faisant de la coopération : pas du tout, il a fait une bonne opération, et c'est là ce dont il faut chercher à convaincre ceux qui n'en sont pas partisans. »

« M. Leclaire, entrepreneur de peinture, a déclaré qu'il
« ne savait pas faire de la philanthropie en établissant la

« coopération dans sa maison. J'avoue, pour ma part, que
« si je suis philanthrope, je le suis aussi sans le savoir. »

Compagnie du Chemin de fer d'Orléans. — En 1844, sur
la motion de M. Bartholony, président du Conseil d'administration, la Compagnie du Chemin de fer d'Orléans adopta
la participation des employés aux bénéfices quelle réalisait.
La commission chargée du soin d'étudier l'utilité de cette
institution reconnut à l'unanimité « qu'intéresser au succès
de la Compagnie tous ceux qui, attachés à son service à un
titre quelconque, travaillent pour elle et peuvent contribuer
à sa prospérité et à sa bonne renommée, c'était tout à la
fois stimuler le zèle, récompenser les efforts, élever les
employés à leurs yeux et aux yeux du public, attirer et
retenir les capacités, créer des garanties à la Compagnie,
tendre constamment à augmenter les produits et à diminuer les dépenses, toutes choses excellentes et dont la Compagnie recueillera elle-même directement et indirectement
les fruits. »

Le 30 mars 1844 fut ajouté aux statuts l'article suivant :
« Après l'acquittement des charges et l'affectation de 8 0/0
« aux actionnaires, il sera fait, s'il y a lieu, distraction de
« 15 0/0 sur le surplus des produits annuels, pour le mon-
« tant de ce prélèvement être réparti par le Conseil d'admi-
« nistration entre les employés de la Compagnie, d'après
« les bases à établir par un règlement qui sera soumis à
« l'approbation de la prochaine assemblée générale ».

Le règlement voté en 1845 fut modifié en 1847 et en
1850 dans un sens plus égalitaire. Les catégories établies
en 1845 furent supprimées et la répartition fut faite entre
tous les employés indistinctement, au *prorata* des traitements. En 1854, l'article statutaire sur la Participation subit
aussi une modification : car l'allocation du 15 0/0 avait
donné à chaque employé une part qui dépassait de beaucoup
les calculs des fondateurs de 1844 : 341 fr. 12 pour 1,000 fr.

de traitement en 1852 et 409 fr. 60 en 1853. L'article 52, qui régit l'organisation participationniste de la Compagnie jusqu'en 1863, établit trois prélèvements dont le taux varie suivant le chiffre des dividendes du capital. En voici le texte :

« Lorsqu'il a été attribué à chaque action une somme totale de 40 francs, il est, sur le surplus des produits, fait distraction de 15 0/0 qui sont répartis par le Conseil d'administration entre les employés de la Compagnie, en proportion des traitements ou en raison des services, d'après les bases arrêtées par l'assemblée générale.

« Lorsque, par application des dispositions qui précédent, il a été attribué à chaque action une somme totale de 79 francs, le prélèvement à effectuer sur les produits nets excédants est réduit à 10 0/0.

« Lorsque, par application des dispositions qui précèdent, il a été attribué à chaque action une somme totale de 80 francs, le prélèvement à effectuer sur les produits nets excédants est de 5 0/0.

L'article 52 donna lieu au règlement de 1854. Ce règlement contient deux dispositions importantes. Il crée un fonds de secours et d'encouragement. Avant toute répartition, il est opéré chaque année à cet effet un prélèvement qui ne doit en aucun cas excéder le dixième des bénéfices à répartir, ni dépasser la somme nécessaire pour compléter, avec le solde de l'exercice précédent, un maximum de 250.000 fr. Cette caisse est destinée à venir en aide aux employés en cas d'accidents ou d'infirmités, à fournir des secours aux veuves et à accorder des gratifications pour des services exceptionnels. Par le règlement de 1863, le prélèvement au profit de ce fonds peut s'élever jusqu'à 15 0/0.

D'après le règlement de 1854, un tiers de la somme attribuée à chaque employé lui était payée en argent; un tiers était versé à son compte à la Caisse d'épargne de Paris; le dernier tiers était versé à son compte à la Caisse de retraites pour la vieillesse, afin de lui constituer une pension viagère à l'âge de 50 ans, soit à fonds perdu, soit à capital aliéné, au gré de l'ayant droit. Ce mode d'emploi a été changé en 1863. A partir de cette date, d'après l'article du nouveau règlement « le montant de la somme attribuée à chaque employé est versé à son compte à la Caisse de retraites pour la vieillesse jusqu'à concurrence de 10 0/0 de son traitement ; le surplus du montant de l'attribution est remis à l'employé en espèces jusqu'à concurrence de 7 0/0 de son traitement ; enfin, après ces deux prélèvements le reliquat, s'il en existe, est versé au compte de l'employé à [la Caisse d'épargne de Paris. » Le but de cette modification était d'assurer aux employés une retraite supérieure à celles que donnent les autres Compagnies, les moyens employés jusqu'alors ayant été jugés insuffisants.

Enfin, une dernière modification fut apportée à l'article 52 des statuts que nous venons de citer, en 1863, et appliquée à partir du 1er janvier 1865. On lui substitua l'article 54 ainsi conçu :

« Lorsqu'il a été attribué à l'ensemble des actions, à titre d'intérêt et de dividende, une somme de 20 millions, il est, sur le surplus des produits, fait distraction de 15 0/0 qui sont répartis par le Conseil d'administration entre les employés de la Compagnie, en proportion des traitements ou en raison des services, d'après les bases arrêtées par l'Assemblée générale.

« Lorsque, par application des dispositions qui précèdent, il a été attribué à l'ensemble des actions une somme totale de 29 millions, le prélèvement à effectuer sur les produits nets excédents est réduits à 10 0/0.

« Lorsque, par application des dispositions qui précèdent, il a été attribué à l'ensemble des actions une somme totale de 32 millions, le prélèvement à effectuer sur les produits nets excédents est réduit à 5 0/0. »

Ainsi, d'après cet article, dès que les actionnaires ont reçu, à titre d'intérêts et de dividende 26,000,000, soit 48 fr. 33 par action, les employés pour leur 15 0/0 ont 1.588.235 fr. 29 ; le 10 0/0 du § 2, leur attribue 333.333 fr. 33 et le 5 0/0 du § 3, une somme de 84,210 fr. 53 ; ce qui élève l'allocation totale des employés à 2,005,779 fr. 19 (1).

Le tableau suivant indique les sommes allouées par la Compagnie depuis 1844 jusqu'à 1871 (2)

(1) Ce décompte figuré dans les annexes du rapport présenté par le Conseil d'administration à l'Assemblée générale des actionnaires, le 23 mars 1869.

(2) Ce tableau a été dressé par M. de Vaugrigneuse, chef de la comptabilité générale et des finances de la Compagnie d'Orléans,

Effectif du personnel participant	Exercices	Sommes versées à la caisse des retraites	Sommes versées à la caisse d'épargne, remises en argent ou distributions en secours	Total
719	1844	»	60.468	60.468
816	1845	»	173.411	173.411
957	1846	»	314.766	314.966
1.269	1847	»	353.311	353.311
1.305	1848	»	33.016	33.016
1.065	1849	»	274.458	274.458
1.025	1850	51.030	196.271	247.701
1.004	1851	84.800	297.863	382.663
2.800	1852	195.160	703.024	898.184
3.365	1853	464.100	1.502.330	1.966.430
4.397	1854	356.947	1.175.412	1.532 359
4.837	1855	413.850	1.446.806	1.860.656
5.187	1856	411.948	1.347.441	1.759.389
5.765	1857	492.461	1.516.271	2.008 732
5.940	1858	483.526	1.500.696	1.984.232
6.009	1859	507.047	1.602.897	2.109.944
6.991	1860	525.582	1.649.986	2.175.568
6.052	1861	527.896	1.627.881	2.455 777
6.194	1862	520.352	1.596.801	2.116.153
6.742	1863	921.952	1.197.839	2.119.791
6.997	1864	936.671	1.491.176	2.127.847*
9.712	1865	1.154.084	364.451	2.018.535
10.181	1866	1.243.920	809.334	2.053.263
10.472	1867	1.335.523	761.118	2 097.641
11.376	1868	1.422.712	645.329	2.068.041
12.220	1869	1.548.644	486.187	2.034.751
12.484	1870	1.567.162	124.857	1.692.019
12.890	1871	1.616.603	461.927	2.078.530
		16.782.989	23.914.847	40.697.835

Comme on le voit dans ce tableau, depuis 1865 la partie de l'allocation versée au nom de chaque participant à la caisse des retraites, absorbe la majeure partie des fonds attribués au personnel : il ne reste plus qu'une somme fort minime à répartir en espèces ou à verser à là Caisse d'é-

pargne. Mais le versement, équivalent au 10 0/0 du traitement par application du règlement de 1863, assure à tout
employé, après 25 et 30 années de service, une pension qui
dépasse la moitié du traitement, lorsque le capital est aliéné.

Depuis l'exercice 1876 (1), les charges financières de la
Compagnie ayant augmenté, en même temps que l'effectif
de son personnel, la participation n'a pas produit une somme
égale au dixième des traitements : mais la Compagnie a chaque année complété le versement au moyen d'une allocation spéciale. En 1893, il a été versé à la Caisse nationale
2,950,247 fr. Sur cette somme 2,084,726 fr. 52 provenaient
de la participation : 866,120 fr. 48 représentaient le complément accordé spontanément par la Compagnie. De plus,
depuis 1870, il a été attribué un vingt-quatrième du traitement, c'est-à-dire un demi-mois, à la fin de chaque exercice, aux employés dont les appointement sont inférieurs à
3,000 francs : ce qui nécessite annuellement une somme de
600,000 francs.

A la Commission extra-parlementaire des Associations ouvrières en 1883, M. Sévène, directeur de la Compagnie, résumait ainsi les effets de la participation : « Depuis qu'elle
applique ce principe de la participation, la Compagnie a
versé plus de 70 millions. C'est une somme considérable
mais je crois aussi que c'est une somme bien placée. Elle a
amélioré, dans une proportion notable, le sort de ses employés ; elle a sauvé de la misère un nombre énorme de familles par les mesures de prévoyance qu'elle a prises dans le
placement des fonds réservés aux employés (2) ; elle a donné
à son personnel, je ne dirai pas l'aisance, parce qu'il est
impossible de la procurer à tout le monde, mais la solidité

<hr>

(1) En 1875, la participation donna 10, 20 0/0 des traitements ; en
1876, elle tomba à 9,76 0/0 et n'a fait que décliner depuis lors : en
1887, elle était de 7,35 0/0.

(2) Actuellement le nombre des participants est de 15,000.

de la position et la tranquillité pour l'avenir. De leur côté, les employés font preuve de zèle et de dévouement envers la Compagnie. »

Aux 70 millions dont parlait M. Sévène en 1883, qu'on ajoute une moyenne de 2,000,000 par an, depuis cette époque, (1) on aura le total des sommes dont, depuis 1844, ont bénéficié les employés jusqu'à l'exercice 1895, grâce au système de la participation, c'est-à-dire environ 96,000,000.

Le quantum de la participation a suivi les vicissitudes de la Compagnie, mais, depuis 1844 jusqu'à 1868, il a laissé à chaque employé une fort belle part, comme on peut le voir par la statistique suivante :

Exercices	Quantum par 1000 francs	Exercices	Quantum par 1000 francs
	fr. c.		fr. c.
1844	68,05	1857	253 »
1845	166,40	1858	231 »
1846	250,47	1859	237,50
1847	220,28	1860	241 »
1848	17,14	1861	235 »
1849	177,31	1862	227 »
1850	142,84	1863	216,50
1851	223,27	1864	207,70
1852	341,12	1865	144 »
1853	409 »	1866	138,80
1854	250 »	1867	132,30
1855	270,70	1868	121,50
1856	240 »		

Ainsi, durant cette période de 25 ans, la moyenne du quantum par mille francs de traitement étant de 206 fr. 48,

(1) Les sommes versées pour les pensions de retraite et pour les allocations de réforme étaient, en 1880, de 2,732,558 francs : en 1894, elles se sont élevées à 5,763,900 francs.

les employés rétribués 1,500 francs par an ont reçu annuellement une moyenne de 308 fr. 72 et ceux dont les appointements étaient de 2,000 francs, une moyenne de 312 fr. 96. — Ce n'est pas une part insignifiante.

Le système participationniste a été adopté et pratiqué avec un admirable ensemble par toutes nos grandes Compagnies d'assurances et y a produit de beaux fruits. Le caractère spécifique de l'organisation de ce système dans ces Compagnies, c'est la prévoyance : elles affectent les produits annuels de la participation à la formation d'un patrimoine dont le titulaire touche la rente, à partir de l'âge fixé par les statuts, et dont le capital n'est remis qu'à ses héritiers. Cette disposition patriacale et tutélaire assure ainsi contre les atteintes de la mauvaise fortune l'employé et toute sa famille.

*C*ⁱᵉ *d'Assurances générales.* — Depuis la date de sa fondation, 1818, jusqu'à 1850, la Compagnie d'Assurances générales distribua à ses employé des gratifications à l'aide de prélèvements faits sur les bénéfices. En 1850, deux ans après sa prorogation, elle fonda une *Caisse des pensions* pour constituer des rentes viagères aux employés à la fin de leur carrière. En 1866, à l'instigation de M. Alfred de Courcy, les statuts de cette Caisse furent remaniés : la Caisse des pensions devint la *Caisse de prévoyance.* A la rente viagère qui était éteinte par la mort de l'ayant droit et dont l'extinction pouvait laisser dans la gêne et même dans la misère la famille du retraité, on substitua l'idée si féconde du patrimoine. Les participants entrent en jouissance du revenu de ce capital formé par l'accumulation de leurs parts annuelles et de leurs intérêts après 25 ans de services ou à 65 ans : à leur décès, le montant du livret est payé à leurs héritiers.

Cette Caisse constituée à l'origine par une subvention de 150,000 francs votée par l'assemblée générale, dont les fonds furent répartis entre tous les employés et portés à chacun sur son compte individuel, est alimentée par une allocation annuelle de 5 0/0 des bénéfices de la Compagnie et par les intérêts à 4 0/0 des sommes inscrites au compte de chaque participant.

Depuis la fondation de la Caisse de prévoyance jusqu'en 1889, il a été versé par la Compagnie 6,621,646 francs : les intérêts se sont élevés à 2,409,468. A cette date le total des sommes provenant de la participation était donc de 9,031,114 francs. Pendant cette période les employés retraités ou les familles des décédés ayant reçu la somme de 4,893,342 francs, il restait en caisse en 1889, *4,132,772* fr.

En 1885, en 1886 et 1887, les parts distribuées à chaque employé représentaient 32 fr. 79 pour 100 francs de traitement.

A l'Exposition de 1889, la Compagnie produisit trois livrets : celui d'un chef de service dont le traitement était de 9,000 francs, s'élevait à 74,743 fr. 41 ; celui d'un employé, retraité sur des appointements de 4,000 francs, après 29 ans de service était de 32,271 fr. 30, et celui d'un garçon de bureau qui gagnait 2,500 francs par an, retraité après 22 ans de services, s'élevait à 17,472 fr. 41. »

Les bienfaits moraux de cette institution ne tardèrent pas à se manifester. Dès 1883, M. Alfred de Courcy les signalait en ces termes à la Commission extra-parlementaire des associations ouvrières : « Les résultats ont été magnifiques, d'abord pour nos employés, et ils ont été excellents aussi pour la Compagnie elle-même, à tel point que je suis convaincu qu'elle a fait *là un bon marché*. Certainement l'inspiration premièrere a pris sa source dans un sentiment généreux ; mais aujourd'hui il n'y a plus de mérite pour la Compagnie à appliquer ce système, parce qu'elle en retire réellement des avantages. Les employés sont plus fidèles, plus zélés, plus attachés à Compagnie : ils travaillent mieux...... Nous n'avons jamais eu qu'à nous louer de notre

Caisse de prévoyance. Elle fonctionne admirablement et je la considère à la fois comme un honneur et comme un avantage pour notre Compagnie. »

Cie d'Assurances l'Union. — A la Compagnie d'Assurances « l'Union », autorisée par ordonnance royale de 1828, l'amélioration du salariat a passé par divers phases. Depuis la fondation jusqu'à 1838, le directeur, le sous-directeur et un chef de service furent les seuls admis à participer dans des proportions diverses aux bénéfices du capital. En 1838, une somme de 4,000 francs fut mise par le Conseil d'administration à la disposition du directeur pour être répartie aux employés à titre de *gratification*. L'allocation fut continuée et augmentée avec l'extension des affaires jusqu'en 1854. A cette date, le quantum du personnel dans les bénéfices fut fixé le 29 mars 1854 à 10 0/0 : —, 7 1/4 0/0 à repartir entre le directeur, le sous-directeur et trois chefs de services, 2 3/4 0/0 pour le personnel. Le 11 avril suivant, sur l'allocation du 10 0/0, 4 1/2 0/0 furent attribués aux employés, déduction faite du directeur, du sous-directeur. En même temps on affectait 1 0/0 des bénéfices à la formation d'un fonds de secours en cas de maladie ou de vieillesse. En mars 1887, un prélèvement de 100,000 francs fut fait sur les bénéfices « pour constituer, dans un but de prévoyance, une réserve « destinée à récompenser d'anciens services ou à pourvoir à « des situations dignes d'intérêt », c'est-à-dire un fonds de retraite pour les employés. Sous la dénomination générale d'employés furent dès lors compris les chefs, sous-chefs, employés, garçons de recette et garçons de bureau, ainsi que les inspecteurs.

Les parts du personnel étaient payées comptant après chaque exercice. Dans sa séance du 15 juin 1887, le Conseil d'administration créa une Caisse de prévoyance avec livrets individuels. Les principales ressources de cette caisse consistèrent dans une retenue mensuelle de 5 0/0 sur le traitement fixe et dans le montant du produit de la participation aux bénéfices. Du même coup cessa toute répartition pour les employés nommés depuis le 30 juin 1886 : leur quote-part dans la répartition des bénéfices fut portée à leur compte individuel.

Jusqu'au 15 juin 1887, les retraites avaient été organisées sous forme de pension viagère. A partir de cette délibération, le système de la pension fut remplacé par la constitution d'un patrimoine dont la liquidation a lieu à 55 ans d'âge, quelle que soit la durée des services.

Les sommes du livret individuel portent intérêt au taux de 4 0/0 et sont capitalisées tous les ans.

Les déchéances stipulées dans les articles de la délibération de 1887, ont été supprimées le 4 mars 1891.

De 1837 à 1890 le produit, de la participation a été de 3,238,417 fr. 19, y compris quatre subventions extraordinaires d'un total de 175,000 francs, versés à la Caisse de prévoyance sur les bénéfices de 1886, 1887, 1888 et 1889. En outre, la Compagnie a payé en demi-primes d'assurances, sur frais généraux, 172,837 francs et à titre d'arrérages de pensions de retraite, depuis l'origine de la Compagnie, à 39 anciens employés ou veuves, une somme de 329,607, 29 : ce qui donne un total de 3,740,861 fr. 40.

Actuellement la moyenne des parts individuelles des employés est de 11,50 0/0 de leurs appointements ; celle des sous-chefs de 16,25 0/0, et celle des chefs, de 23 0/0. Le nombre des participants est de 231.

Par application du règlement du 15 juin 1887, voici quel est le capital problable des diverses catégories d'employés au moment de la retraite, capital provenant, comme il est dit un peu plus haut, de la capitalisation des parts de la participation, d'une retenue de 5 0/0 sur le traitement et d'une assurance mixte dont les primes sont payées par la Compagnie jusqu'à concurrence de 50 0/0.

Chef de bureau au maximum de   7,000 fr.   66,655 fr.
Sous-chef de bureau au maximum de 5,000 fr.   41,970 »
Employé au maximum de . . .   4,000 fr.   32,758 »
Garçon de bureau au maximum de. 2,200 fr.   23,390 »

La répartition a lieu proportionnellement aux traitements fixes : mais pour les chefs de bureau, le traitement est compté au double et pour les sous-chefs il est majoré de 50 0|0. Voici les résultats de 1887, 1888 et 1894.

	1887	1888	1894
Chefs de bureau. . .	20,31 %	22,02 %	44,44 %
Sous-chefs de bureau..	15,23 %	16,51 %	34,08 %
Employés.	10,14 %	11,01 %	15,15 %
	du traitement	du traitement	du traitement

Quelle influence a eu sur le personnel et sur la prospérité de la Compagnie le système participationniste ? M. Charles Robert qui en est le directeur, en proclamait ainsi, dès 1883, les heureux effets : « On peut dire que par cet encourage-
« ment, par cet intérêt donné dans les bénéfices, par les
« garanties d'avenir qu'offrent les assurances et les pen-
« sions de retraite, la Compagnie obtient, en général, de
« ses employés un travail plus consciencieux et plus de
« stabilité. Les démissions sont rares. On sent très bien
« que le personnel, pris dans son ensemble, est sincèrement
« dévoué à l'intérêt de la Compagnie.... De cette situation
« résulte également pour la direction l'avantage d'avoir à
« choisir entre de très nombreuses demandes chaque fois
« qu'une vacance se produit. »

C⁰ d'Assurances la Nationale. — La Nationale, une de nos plus anciennes Compagnies, a compris dès sa fondation, qui remonte à 1820, l'importance de la Participation. Depuis lors elle distribue à ses employés, après chaque exercice, une somme représentant 5 0/0 du montant des dividendes du capital. Cette allocation répartie au prorata des appointements, de l'ancienneté et de l'importance des fonctions, est payée à chaque participant en espèces.

De plus, il a été constitué, en 1853, un *fonds de Réserve* par un prélèvement annuel sur les bénéfices d'une somme égale au dixième des traitements. Les parts sont portées à un compte individuel : le montant en est donné aux titulaires à leur sortie de la Compagnie, après décision du Conseil d'Administration. Elle rapportent 4 0/0 l'an.

Enfin la Compagnie, depuis 1850, alloue des pensions de retraite.

Voici la statistique des sommes attribuées au personnel dans la branche Incendie, depuis 1820 jusqu'à 1889.

I. Participation payée en espèces . . . .   3.582.500 fr.
II. Fonds de réserve :
     Sommes payées de 1853 à 1889. . .   719.800
     Solde en caisse au 31 décembre 1886.   568.600
III. Allocations pour retraites 400.785
         Total . . . .   5.267.685 fr.

A la branche Vie, depuis 1830, date de la fondation, jusqu'en 1889, il a été distribué au personnel :

I. Participation en espèces . . . .   2.957.000 fr.
II. Fonds de réserve :
     Sommes payées de 1853 à 1889. . .   352.500
     Solde en caisse au 31 décembre 1888.   343.500
III. Allocations pour retraites. 172.000
         Total . . . .   3.825.000 fr.

Ainsi le personnel de la Nationale a bénéficié, par le seul jeu du mécanisme participationniste et sans la moindre retenue sur son salaire, d'une somme de *neuf millions quatre-vingt-douze mille six cent quatre-vingt-cinq francs.*

C^io *le Soleil.* — A la Compagnie le Soleil, de 1871 à 1889, la participation statutaire versée à une Caisse de prévoyance en comptes individuels, y compris les intérêts, a produit 1,151,134 fr. 33 à 195 participants.

C^io *l'Urbaine.* — De 1874 à 1899, la Caisse de prévoyance de l'Urbaine a reçu de la Compagnie au profit des 206 employés et réparti en comptes individuels la somme de 818,177 fr. 03 (1).

Imprimerie Chaix. — En 1889, le jury international des récompenses décerna à M. Frédéric Dubois, sous-directeur de l'Imprimerie Chaix, une médaille d'or. C'était à sa collaboration éclairée que revient en grande partie l'honneur de l'organisation des institutions ouvrières dans cet établissement. Mais quelque florissantes et nombreuses qu'y soient les œuvres d'un caractère purement patronal, elles ne sont que les satellites de la Participation.

C'est en 1872 que M. Chaix inaugura dans sa maison le système participationniste, par la distribution d'une somme de 52,000 fr. prélevée sur les bénéfices de plusieurs exercices. La répartition en eut lieu au prorata des traitements et de l'ancienneté et fut inscrite au profit de chaque participant sur un livret individuel. Depuis lors le taux est de 15 0/0 des bénéfices nets.

Jusqu'en 1895, un tiers de sa quote-part était payé en espèces au participant; un tiers lui était remis à sa sortie de la maison, à quelque époque que ce fût, sous forme de titres nominatifs, inaliénables et transmissibles à ses héri-

(1) Ces résultats sont empruntés au savant rapport de M. Charles Robert, que nous avons déjà cité plusieurs fois dans les chapitres précédents.

tiers ; un tiers était acquis seulement après 20 ans de service ou à l'âge de 60 ans. Les deux tiers affectés à la constitution d'un capital d'épargne, étaient inscrits sur un livret individuel et recevaient un intérêt annuel de 4 0/0.

Depuis 1895, la quote-part tout entière est versée à la Caisse nationale des retraites pour former à chaque titulaire une pension viagère à 55 ans. Les versements y sont faits à capital réservé : mais le titulaire a la faculté de l'aliéner, si bon lui semble, pour augmenter sa pension.

Les sommes payées en espèces ou inscrites sur livret, forment, de 1872 à 1894, un total de 1,294,266 fr. L'effectif du personnel participant est d'environ 871 membres.

En 1889, voici quelle était la statistique des 871 livrets :

1 livret de	27.400 fr.	
1 —	22.500 fr.	
1 —	17.600 fr.	
5 —	10.000 à 15.000 fr.	
37 —	5.000 à 10.000 fr.	
20 —	4.000 à 5.000 fr.	
7 —	3.500 à 4.000 fr.	
9 —	3.000 à 3.500 fr.	
14 —	2.500 à 3.000 fr.	
20 —	2.000 à 2.500 fr.	
30 —	1.500 à 2.000 fr.	
42 —	1.000 à 1.500 fr.	
89 —	500 à 1.000 fr.	
595 —	500 fr. et au-dessous.	

Le taux moyen des quote-parts représente 6 0/0 des salaires ou des traitements. M. Chaix témoigne ainsi des effets de son système : « Quant aux résultats obtenus par la maison, dit-il devant la commission de l'enquête des associations ouvrières, ils sont satisfaisants : ils ne peuvent « toutefois être constatés par des chiffres. Mais l'administration de l'établissement trouve une satisfaction *de sen-*

« *timent et d'intérêt* à la fois, dans la pensée qu'après de
« longs services, elle ne se trouve pas dans l'alternative
« d'avoir à servir des pensions à l'aide d'un capital que l'on
« n'aurait pas préparé, ou de voir des travailleurs termi-
« ner leur carrière dans la misère ».

Magasins du Bon-Marché. — Aux magasins du Bon-Marché, M. Boucicaut institua la participation, en 1876 par la
fondation d'une Caisse de prévoyance à qui les employés
par reconnaissance ont donné le nom de Prévoyance Boucicaut. A cette époque, le Bon-Marché était une maison patronale : ce n'est qu'en 1880 que Mme Veuve Boucicaut, en
admettant 96 employés à la copropriété de l'entreprise, l'a
transformée en association coopérative. La raison sociale
est actuellement Plassard, Morin, Fillot et Compagnie.

M. Boucicaut exposa ainsi à ses employés le but qu'il
poursuivait : « En instituant la présente Caisse de Prévoyance, nous avons voulu assurer à chacun de nos employés la sécurité d'un petit capital qu'il puisse retrouver
au jour de la vieillesse, ou qui, en cas de décès, puisse profiter aux siens.

« Nous avons voulu en même temps leur montrer d'une
« manière effective quelle est l'étroite solidarité qui doit
« les unir à la maison. Ils comprendront mieux que l'acti-
« vité de leur travail, le soin des intérêts de la maison,
« l'économie du matériel mis à leur disposition sont autant
« de devoirs qui tournent au profit de chacun ».

Le bénéfices de cette participation ne s'étendent pas à tout
le personnel. En sont exclus les employés intéressés sur
l'ensemble des affaires de la maison ou sur la vente de leur
rayon, dont le nombre était de 639, en 1890. Les seuls participants sont ceux qui n'ont aucun intérêt dans les affaires
ou qui ne sont intéressés qu'à leur vente personnelle, ainsi
que les garçons de magasin et les cochers; l'effectif en 1890
s'élevait à 2.946 membres.

La Caisse de Prévoyance (art. 3) est alimentée au moyen d'une somme prélevée sur les bénéfices de la maison et dont le chiffre est fixé, au 31 Juillet de chaque année, par MM. Boucicaut et fils, d'après les résultats de l'inventaire.

L'année de la création de cette caisse, il fut alloué une dotation de 61.500 francs, qui fut répartie au prorata des traitements et de l'ancienneté.

Les quote-parts sont versées à un compte individuel dont copie est délivrée sur un livret à chaque ayant-droit. Sauf la distribution de la dotation de fondation, les répartitions annuelles ont lieu sur la base des traitements : la part *minimum* est calculée sur des appointements de 3.000 francs ; la part maximum, sur 4,500 francs, alors même que le traitement réel est plus élevé. Les comptes individuels rapportent un intérêt de 4 0/0.

Le droit à la totalité du capital d'épargne n'existe pour les dames qu'après quinze ans de services non interrompus et pour les hommes qu'après vingt ans, ou à l'âge de 45 ans pour les dames et à 50 ans pour les hommes.

Dans les cas de déchéance, stipulés par les statuts, les sommes qui en sont frappées, sont réparties tous les ans entre tous les membres participants.

On ne peut être admis à la participation qu'après cinq ans de services.

Voici quelle a été la marche progressive de la Prévoyance Boucicaut durant les dix premières années, non compris l'année de la dotation.

Années.	Capital de la Caisse.	Nombre des Participants.
1876	61.500 fr.	128
1877	120.083	199
1878	200.641	275
1879	288.924	351
1880	377.223	443

Années.	Capital de la Caisse.	Nombre des Participants.
1881	465.573	515
1882	567.834	592
1883	661.338	699
1884	763.831	738
1885	885.948	851
1886	1.009.130	995

Le versement de 1888 a été de 145.000 francs ;
   Celui de 1889   —   150.000   —
   Celui de 1890   —   160.000   —

Le 31 juillet 1890, le capital atteignait le chiffre de 1.348.369 francs ; l'effectif des participants était de 1.538 membres. On avait distribué la somme de 396,723 francs.

Voici le jugement que portait M. Fillot, l'un des directeurs, sur les résultats de ce mode de Participation (1) : « Notre caisse de prévoyance est une institution dont nous n'avons qu'à nous louer. Elle assure aux moins favorisés, parmi nos employés, une certaine tranquillité pour l'avenir, et elle les attache à la maison. Tout le monde est intéressé au bon fonctionnement de la maison et c'est la raison pour laquelle nous avons obtenu des résultats très satisfaisants... »

« En 1869, nous avons eu une grève : c'était avant la
« fondation de la caisse de prévoyance. Cette grève avait
« un caractère particulier qui ne se reproduira plus. Les
« grèves sont impossibles dans notre maison, parce que
« les chefs de comptoir et de service sont intéressés dans
« les bénéfices réalisés. En outre, les employés qui font
« partie de la caisse de prévoyance, ont, pour la plupart,
« un capital trop important dans cette caisse pour faire

____

(1) *Enquête extra-parlementaire des Associations ouvrières*, t. II, p. 127.

« quoi que ce soit qui le leur ferait perdre, et de plus le
« chiffre des appointements qui leur sont alloués, retient
« encore les employés dans la maison. »

Maison Besselièvre fils. — M. Besselièvre fils a institué
la Participation dans sa fabrique d'indiennes, à Maromme
(Seine-Inférieure), en 1877. Il n'y a pas de taux déterminé
à l'avance : chaque année, après la clôture de l'inventaire,
le patron fixe l'allocation du personnel. On n'est admis à la
participation qu'après un séjour de cinq ans dans la Fabrique ;
sur les 250 employés et ouvriers occupés par la maison, la
moitié environ remplit cette condition.

La somme attribuée à chaque participant est divisée en
deux parts : l'une est payée immédiatement en argent ;
l'autre est inscrite sur un livret de prévoyance et produit
un intérêt annuel de 4 0/0. Quel que soit le motif pour
lequel un participant quitte la maison, il reçoit intégralement le capital inscrit à son livret ; il n'y a de déchéance
en aucun cas.

La répartition se fait sur la base des salaires.

Voici les résultats des dix premières années.

Années.	Sommes allouées aux participants.	Nombre des participants.	Proportion de la partic. avec les salaires.	
1878	10,000	96	11,67	%
1879	15,000	96	17,36	%
1880	15,000	99	16,71	%
1881	15.000	128	11,29	%
1882	15,000	118	11,77	%
1883	10,000	116	8,17	%
1884	20,000	116	16,35	%
1885	10,000	120	8,07	%
1886	10,000	126	7,63	%
1887	10,000	132	7,26	%

En 1878, la part la plus élevée a été de 116 fr. 65 et la

plus faible, de 130 fr. 50 ; en 1883, les deux extrêmes ont été de 490 fr. 50 et de 88 fr. 30.

Voici comment M. Besselièvre exposait l'influence de la participation sur son personnel au Congrès de l'Association française pour l'avancement des sciences, tenu à Rouen en 1883 :

« Les ouvriers ont parfaitement compris, à tous les points
« de vue, les avantages du système. Sous le rapport maté-
« riel, ils ont apprécié l'augmentation du salaire que la
« participation leur assure et qui a pu atteindre jusqu'à
« 16 et 17 0/0 dans les meilleures années. Une vieille
« ouvrière de la fabrique résumait cet avantage en disant
« qu'avec sa part et celle de son mari, également occupé
« dans l'établissement, elle avait pu dans l'année payer
« le loyer de sa maison et les impôts.

« L'inscription au livre de prévoyance d'une portion de
« la somme attribuée aux participants, a donné à tous l'ha-
« bitude de l'économie ; si bien que la plupart portent
« spontanément chaque année à la Caisse d'épargne insti-
« tuée dans l'établissement, la part que la participation
« leur donne en sus du salaire.

« A un point de vue plus élevé, les ouvriers, déjà atta-
« chés à la maison par des liens solides, ont senti que ces
« liens devaient se resserrer encore, par la solidarité qu'é-
« tablit entr'eux et le patron, la participation à une œuvre
« commune. Par leur vigilance et leurs soins assidus, ils
« ont su faire de véritables économies dont la maison a
« profité...

« Il y a là pour tous un gain précieux, et l'expérience
« de six années nous permet d'ajouter *que le patron lui-*
« *même a intérêt à associer ses ouvriers à ses bénéfices,*
« surtout dans la grande industrie où la surveillance est
« moins directe et le *coulage,* comme on dit, plus facile.
« Avec la participation organisée, les ouvriers eux-mêmes

« exercent cette surveillance, et l'on peut citer l'exemple
« de cet ouvrier participant, chargé dans une fabrique de
« graisser les machines, et qui a su économiser dans l'année
« une somme d'huile supérieure à la somme qu'il devait
« toucher comme participant. Nous serions bien tentés
« d'ajouter que, depuis six ans, la participation ne nous
« a rien coûté, et que les 80,000 francs distribués à nos
« collaborateurs, la maison les a gagnés en sus du bénéfice
« normal de notre industrie. »

Les fils de Peugeot frères..— En 1872, une fabrique de
quincaillerie encore plus importante que le Familistère
de Guise, organisait la participation : c'est la maison des
fils de Peugeot frères dont l'origine date de 1819.

Cette maison a trois usines : l'une à Valentigney (Doubs),
où elle occupe 800 ouvriers et employés à la fabrication
d'outils et d'aciers laminés ; l'autre à Beaulieu, non loin
de la précédente, où 130 ouvriers travaillent au tréfilage
des fers et aciers et où 420 fabriquent des vélocipèdes
et des voitures automobiles ; la troisième à Terre-Blanche
où 900 ouvriers et employés produisent annuellement
350,000 moulins à café, 800,000 fourches et un grand
nombre d'autres outils dans les mêmes proportions. Le
personnel de ces trois maisons atteint le chiffre de 2,320
ouvriers et employés.

Les conditions du travail font à l'ouvrier une situation
assez douce. Il travaille dix heures par jour et se repose
le dimanche. Le salaire moyen est de 4 fr. 50 par jour. Des
primes sont accordées aux employés de fabrication, aux contre-maîtres et au personnel chargé des expéditions. Les
employés supérieurs sont intéressés aux bénéfices de la
maison.

Depuis 1872, la Participation a été accordée à tout le personnel. Après chaque exercice un prélèvement est fait sur
les bénéfices et versé à la Caisse de retraites pour la vieil-

lesse. Le montant de l'allocation est fixé après l'inventaire annuel par les patrons : il est calculé de manière à former pour les ouvriers âgés de 60 ans et ayant 35 ans de services une pension viagère de 500 francs. Ces pensions sont constituées à capital réservé et peuvent être touchées par les ayants-droit, même quand ils continuent à travailler.

Voici la balance des opérations de cette caisse depuis 1876 jusqu'en 1893 :

Années	Recettes	Dépenses	Soldo en caisse	Adhérents
1876	141.500	85.200	56.300	895
1877	45.200	77.600	24.000	903
1878	62.700	35.400	51.380	924
1879	33.700	33.700	51.300	986
1880	24.300	41.700	33.800	1.054
1881	71.200	46.400	58.608	1.165
1882	62.800	52.100	69.300	1.216
1883	100.900	56.600	113.600	1.336
1884	100.600	58.500	155.900	1.348
1885	105.300	47.900	213.300	1.346
1886	62.800	54.600	221.600	1.395
1887	107.500	58.500	270.200	1.515
1888	109.400	61.300	318.100	1.568
1889	119.500	62.800	374.900	1.700
1890	124.400	69.400	429.900	1.790
1891	248.100	108.500	569.600	1.910
1892	99.300	110.400	558.400	1.980
1893	161.000	93.800	625.700	2.091
Total...	1.780.400			

Indépendamment des pensions viagères, un secours annuel dont le maximum représente la moitié de la pension,

est alloué aux veuves des retraités et aux orphelins de père
et de mère au-dessous de 14 ans.

Il y a, en même temps que la Participation, aux usines
de MM. Peugeot fils, une pépinière d'institutions patronales : sociétés de secours mutuels, sociétés d'appui mutuel
en cas de décès, caisse d'assurance contre les accidents,
habitations ouvrières, associations coopératives de consommation, caisse d'épargne, institutions scolaires, restaurant
populaire, cercles d'ouvriers, sociétés de musique et de
gymnastique, hôpital. Toutes ces institutions reçoivent
de MM. Peugeot des subventions annuelles qui s'élèvent
à environ 50,000 francs. L'hôpital seul dont la construction et l'aménagement ont coûté 125,000 francs, a reçu
depuis 1873 jusqu'à 1893 une somme de 147,535 francs.

Il n'est pas étonnant qu'un tel ensemble d'avantages
attache par des liens étroits les ouvriers à la fabrique des
fils Peugeot. Aucune grève ne s'y est produite : une parfaite entente a toujours régné entre les patrons et leurs
collaborateurs. Un grand nombre de familles travaillent
dans les usines depuis trois générations. On y compte
actuellement 492 travailleurs qui ont de cinq à dix ans
de services ; 682, de 10 à 20 ans ; 233, de 20 à 30 ans
et 135 de 30 à 40.

Compagnie de Fives-Lille. — La Compagnie de Fives-
Lille qui occupe un personnel de 2,5000 à 3,5000 ouvriers
dans ses ateliers de constructions métalliques de Fives-
Lille (Nord) et de Givors (Rhône), a organisé la participation aux bénéfices en 1883. Dans une note qui figurait à la
2e section de l'Économie sociale à l'Exposition universelle
de 1889, elle exposait ainsi les motifs de cette création :
« L'ouvrier assujetti à un labeur pénible et souvent fasti-
« dieux, auquel il doit son existence de chaque jour et celle
« de sa famille, est certainement digne de la sollicitude

« de ceux qui s'intéressent au progrès de la civilisation, et
« lorsque dans la plénitude de sa force, il lutte vaillam-
« ment contre les dures nécessités de la vie, il mérite d'être
« encouragé dans ses efforts par tous les moyens qui ne
« sont pas en contradiction avec les lois de l'économie
« politique. Mais s'il est un sort qui doive exciter la pitié,
« c'est celui de l'ouvrier devenu vieux et dont l'âge a para-
« lysé les forces ; c'est aussi celui de sa famille, lorsqu'elle
« vient à perdre son soutien. Se préoccupant surtout de
« ces misères, la Compagnie de Fives-Lille s'est décidée,
« en 1883, à intéresser ses ouvriers de Fives et de Gisors
« dans les bénéfices réalisés chaque année par chacun de
« ces ateliers. »

Deux caisses de prévoyance ont été organisées, l'une
à Fives, l'autre à Givors. Elles sont alimentées par un prélèvement de 8 0/0 sur les bénéfices et par les disponibilités
d'une allocation de 2 0/0 accordée antérieurement pour
le service médical et autres dépenses analogues : ce qui
élève la participation à 10 0/0 du bénéfice net. Aucune
retenue n'est faite sur le salaire : *la Compagnie déclare que
le salaire, surtout dans les moments de crise, si fréquents
dans ce genre d'industrie, est un minimum à peine suffisant
pour assurer la subsistance de l'ouvrier et qu'il ne peut supporter une retenue, si petite qu'on la suppose.*

L'allocation est répartie au prorata des salaires. Chaque
part est portée à un compte individuel qui ne devient la
propriété définitive du titulaire qu'après quinze ans de
travail. Tous les comptes individuels reçoivent un intérêt
de 4 0/0 qui s'ajoute au principal. On n'est admis à la Participation qu'après un séjour de trois ans dans l'atelier.

A la liquidation du compte individuel, le montant est
employé à la constitution d'une rente viagère à partir de
l'âge de 50 ans, sur la Caisse des retraites pour la vieillesse,
avec capital réservé ou aliéné, suivant la volonté de l'ayant-

droit. « L'ouvrier marié, dit le second paragraphe de l'article 6 du règlement, a la faculté de demander que partie de la somme disponible, jusqu'à concurrence de moitié, soit versée sur la tête de sa femme. »

Malgré une crise très intense, qui a sévi pendant trois ans sur l'industrie des constructions métalliques, à cause de la concurrence anglaise, américaine, belge et allemande, favorisée par le bas-prix de la main-d'œuvre et des divers matériaux, la Compagnie des Fives-Lille a distribué à son personnel, de 1883 à 1889, des sommes fort importantes :

```
Pour l'atelier de Fives . . . . . . .    390.810 fr. 00
Pour l'atelier de Givors. . . . . .     117.261    02
                                        ─────────────
        Total. . . . . . . .            508.071 fr. 02
```

Durant cette période le montant des salaires des participants s'étant élevé :

```
Pour Fives à . . . . . . . . . . .     5.211.024 fr. 75
Pour Givors à . . . . . . . . . .      1.182.603    35  .
```

L'allocation représente à Fives 7,50 0/0 environ de la totalité des salaires et à Givors, 10 0/0 environ. Il a été dépensé, en outre, pour le service médical et autres œuvres de bienfaisance le 2 0/0 des bénéfices alloué à cette destination.

Maison Piat. — A la Fonderie de fer de M. Piat dont l'effectif ouvrier est de 400 travailleurs, la sollicitude patronale a créé successivement la Société de Secours Mutuels qui est contemporaine de la fondation même de la maison, en 1851, la Caisse de retraites en 1876 et, la Participation aux bénéfices en 1881.

Le *quantum* de la Participation est déterminé par M. Piat à la clôture de son inventaire annuel. La répartition se fait sur la double base du salaire et de l'importance des fonctions. On n'est admis à cette répartition qu'après cinq années de travail consécutif.

Une partie de la somme distribuée aux participants leur est payée immédiatement en espèces; l'autre partie est versée à la Caisse de retraites pour la vieillesse, à capital réservé ou à capital aliéné, suivant les désirs du titulaire.

En 1882, le nombre des participants était de 145; en 1883, de 146; en 1884, de 141. Les sommes qui leur ont été distribuées représentent, en 1882, 8 1/2 0/0 de leur salaire, 7 0/0 en 1883 et 6 0/0 en 1884.

En 1889, le montant des annuités réparties au personnel était de 146,67 francs; en 1894, il s'élevait à la somme de 298,716 fr. 15 centimes.

« Les résultats de cette institution, dit M. Piat, sont, je
« ne crains pas de le dire, excellents, et cela, malgré les
« mauvaises années que l'industrie en général a traversée.
« La stabilité de mon personnel ne cesse de s'accroître, et
« il m'est agréable de constater que c'est à lui que revient
« une grande partie des honneurs de plus en plus grands
« qui sont faits à la maison, à l'occasion des différents
« concours où elle a figuré. »

Maison Thuillier frères. — A la maison Thuillier frères (Paris) où la participation a été adoptée en 1887 et où 10 0/0 des bénéfices nets sont attribués au personnel, les parts de l'exercice 1892 variaient entre un minimum de 232 fr. 10 et un maximum de 533 fr. 55.

Maison Bréguet. — A la maison Bréguet, de 1890, date de la fondation de la Participation, jusqu'en 1894, les sommes accordées au personnel ont dépassé 100,000 francs. La quote-part étant payée intégralement en espèces, une grande partie des ouvriers ont touché une somme équivalant à 7 et à 8 0/0 de leur salaire.

Compagnie d'Assurances « la Providence ». — A partir du

1er janvier 1890, la Compagnie d'Assurances « la Providence » a accordé à ses employés 4 0/0 des bénéfices nets pour une Caisse de prévoyance et 1 0/0 pour une Caisse commune de secours et de pensions.

La répartition se fait sur la base des appointements. Mais les traitements des chefs de bureau entrent dans cette répartition avec une majoration de 150 0/0 et ceux des sous-chefs avec une majoration de 50 0/0.

Les parts bénéficiaires sont capitalisées sur livret individuel et rapportent un intérêt annuel de 4 0/0. La liquidation du livret a lieu après 25 ans de services ou à l'âge de 65 ans. Le titulaire a le choix entre une pension viagère (avec ou sans réversibilité) et des titres inaliénables.

Le 31 décembre 1894, les comptes individuels de la Caisse de prévoyance formaient un total de 79,434 fr. 99. Voici un exemple de l'épargne accumulée des cinq premiers exercices par des employés de diverses catégories :

1 Garçon de bureau.	690 fr.	72 c.
1 Employé.	1,120	79
1 Inspecteur	2,590	28
1 Sous-chef de bureau.	2,675	54
1 Chef de bureau	4,447	23

Quant à la Caisse de secours et de pensions, fondée par une allocation de 20,000 francs et alimentée par 1 0/0 des bénéfices nets, elle contenait, le 31 décembre 1891, 45,513 fr. 21. Les pensions servies en 1896 s'élèvent à 8,900 francs.

Alsace. — *Steinheil, Diéterlen et C*ie. — MM. Steinheil, Diéterlen et Cie ont organisé la participation dans leur filature de Rothau (Alsace), en 1847, date de la fondation de la Société. Après plusieurs variations dans le mode d'application, le système actuel est, depuis 1872, la participation collective. L'article des statuts qui la concerne

est ainsi conçu : « 10 0/0 des bénéfices nets sont mis à la
« disposition des gérants pour être affectés en partie et avec
« un maximun de 4 0/0, à leurs employés, conformément
« aux dispotions de l'article 23 des statuts, et en partie au
« compte d'ouvriers, pour subventionner la *Caisse de se-*
« *cours mutuels et de retraites* et la *Caisse des veuves*, comme
« aussi pour faire face aux secours à accorder à ouvriers des
« nécessiteux et enfin pour subvenir aux frais des cours
« d'adultes et de la bibliothèque. »

De 1847 à 1855, le 10 0/0 accordé au personnel a produit la somme de de 401,082 fr. 70, soit une moyenne annuelle de 8,912 francs.

En 1889, MM. Steinheil Diéterlen et C^{io} disaient dans une
notice intitulée : *Quarante deux années de participation
des ouvriers aux résultats d'une manufacture de coton :*
« Ce que nous avons réalisé est sans doute bien inférieur
aux brillants résultats obtenus par d'autres chefs d'industrie en matière de participation... Mais nous sommes convaincus, par l'expérience de 42 années, que la participation collective est à la fois d'une réalisation simple et
facile et d'une incontestable utilité..... Entre le salariat,
régime du passé et du présent, et la participation individuelle, telle que la réalisera plus ou moins largement un
avenir plus ou moins éloigné, la participation collective a
sa fonction bienfaisante, soit comme institution définitive,
soit comme acheminement vers quelque chose de plus
complet. »

Ancienne maison Dolfus-Mieg et C^{io}. — Le mode participationniste en vigueur à la Société anonyme d'industrie
textile (ancienne maison Dolfus-Mieg et C^{io}), à Mulhouse,
Dornach et Belfort, est, comme chez M. Steinheil, le régime
collectif. On a vu dans le chapitre précédent que dans cette
manufacture fonctionne un ensemble d'institutions aussi
salutaires que nombreuses. Le sort de l'apprenti, celui de

l'ouvrier malade ou invalide, des vieillards, des veuves et des orphelins, ont été assurés. On y a organisé pour le personnel actif un système de pensions et d'assurances, une Caisse d'épargne, les logements à bon marché, un réfectoire, une salle d'asile et une caisse de secours. M. Engel-Dolfus considère toutes ces fondations comme indispensables à l'existence d'une manufacture et aussi nécessaire à l'industrie que l'assurance maritime au grand commerce extérieur.

Toutes ces institutions puisent leurs recettes à deux sources, aux intérêts à raison de 4 0/0 d'un fonds spécial, appelé sur les livres « Réverve ouvrière » et dont l'actif s'élevait en 1889 à 786,000 francs, et à un prélèvement fixe sur les bénéfices.

Chaque année la Société affecte à l'entretien de ces diverses organisations ouvrières plus de 140,000 francs. Le total des salaires des 2,600 travailleurs de ces trois usines étant de 2,000,000 francs, les dépenses de la participation collective correspondent à 8 0/0 des salaires : ils représentent 11 0/0 des bénéfices nets.

Comme complément des institutions ouvrières, en 1883, il a été fondé pour *les employés*, conformément aux dernières volontés de Engel-Dolfus une Caisse de prévoyance et de retraite. Grâce à une dotation de 400,000 francs, cette caisse possédait au 31 décembre 1884 la somme 650,519 fr. 05.

Scheurer-Lauth et Cie. — A la maison d'impression sur étoffes, de MM. Scheurer, Lauth et Cie, à Thann (Alsace), 10 0/0 des bénéfices alloués collectivement au personnel depuis 1874, sont versés à une Caisse de secours et de retraites.

Dotée à l'origine d'une somme de 50,000 francs, cette caisse avait, le 30 juin 1895, un capital de 777,000 francs.

Chaque année les dépenses s'élèvant à environ 40,000 fr., il a été dépensé, depuis 1874, 550,000 francs.

Le 19 octobre 1896, M. Scheurer exprimait ainsi les résultats de son organisation, dans une lettre adressée à la Société de Participation : « Le fonctionnement de nos ins« titutions ouvrières nous donne toute satisfaction. Il a « certainement contribué à maintenir les rapports, de tout « temps excellents, qui existent dans notre établissement, « entre les chefs et les ouvriers et à développer chez ces « derniers l'esprit d'économie et de prévoyance. »

Compagnie d'Assurances Rhin et Moselle. — A Strasbourg, la Compagnie d'assurances « Rhin et Moselle » a adopté dès sa fondation le système participationniste. Il est l'objet d'une des disposition des statuts et sa réglementation date du 16 avril 1885.

Le taux de la participation est fixé par les statuts à 6 0/0 du bénéfice net de chaque exercice, après déduction des prélèvements statutaires pour la formation des réserves et pour les intérêts du capital.

Tout d'abord la quote-part des participants leur était payée en argent, suivant une clause des statuts. Mais la direction, convaincue que l'affectation du montant de la participation à la constitution d'un capital d'épargne serait plus conforme aux vrais intérêts du personnel, proposa une modification aux statuts sur ce point en 1885. Depuis lors les parts individuelles sont versées à la Caisse de prévoyance.

Voici l'énumération des allocations annuelles depuis 1885 jusqu'au dernier exercice :

Années	Marks	Participants
1885	3.611,12	31
1886	9.132,05	35
1887	10.313,66	37
1888	11.278,48	36
1889	13.742,42	35

Années	Marks	Participants
1890	13.012,17	37
1891	13.217,35	36
1892	7.012,45	38
1893	16.243,38	37
1894	7.784,93	46
1895	13.378,74	45
1896	9.495,17	42

La répartition de ces douze allocations a produit les livrets suivants :

	Marks	Marks
12 répartitions : Chef de comptabilité au traitement de..........	5680	12.414,46
12 répartitions : Sous-chef des réassurances au traitement de.....	2640	5.357,46
12 répartitions : Employé au secrétariat au traitement de.......	1920	4.153,80
11 répartitions : Employé à la comptabilité au traitement de.....	1760	3.484,70
5 répartitions : Employé aux réassurances au traitement de.....	1120	775,22
12 répartitions : Garçon de bureau au traitement de.............	1260	2.722,52

Quant aux résultats de ces distributions annuelles, M. le Directeur a eu l'obligeance de nous les communiquer par une lettre du 20 août dernier : « La création de la Caisse de Prévoyance par la Participation aux bénéfices, a eu une heureuse influence sur la stabilité du personnel : car les démissions volontaires sont devenues rares... L'expérience que nous avons faite jusqu'à présent, n'indique pas que cette institution ait eu pour effet de développer les habitudes d'ordre et d'économie du personnel. D'ailleurs l'un des buts que nous avons en vue, en était précisément de suppléer, autant que possible, au manque de prévoyance que l'on constate généralement chez les employés, surtout chez ceux d'un ordre inférieur.

« Nous ajouterons que ce défaut fait que les avantages des Caisses de prévoyance ne sont pas de prime abord appréciés comme ils devraient l'être. Les éléments jeunes du personnel, principalement, peu soucieux de l'avenir, ne se montraient pas favorables à une institution qui met en réserve à leur profit des sommes dont ils auraient préféré avoir la disposition immédiate. Mais nous remarquons que le temps a modifié peu à peu ces sentiments. L'âge, le mariage, l'exemple de quelques collègues arrivés au terme de leur carrière sans avoir fait d'économies, ou de familles privées de leur soutien, mais ayant trouvé une ressource précieuse dans le capital qui leur revenait, ont amené et amènent chaque jour davantage nos employés à se rendre mieux compte des services que doit leur rendre l'institution d'une Caisse de prévoyance, alimentée au moyen de la Participation aux bénéfices et sans retenue sur les salaires. »

Société du chemin de fer Louis de Hesse à Mayence. — La Société du Chemin de fer Louis de Hesse, dont le siège social est à Mayence, accorde depuis 1866 1 1/2 de ses bénéfices nets à son personnel.

Sur cette allocation 42 1/2 0/0 sont attribués à la direction et aux fonctionnaires supérieurs; 55 1/2 0/0 aux autres employés; le reliquat, 2 0/0, est donné à titre de gratification aux agents subalternes.

La répartition est proportionnelle aux traitements. Mais le traitement des employés à qui incombe une lourde responsabilité est majoré d'un quart.

Durant ces six dernières années, l'allocation a suivi une progression ascendante. En 1885 elle n'était que de 75,348 marks; en 1896, elle a été de 104,810 marks.

Brasserie Schulteis (Berlin). — La Caisse d'épargne de la brasserie Schulteis, à Berlin, repose sur le système de la Participation.

Cette caisse accepte le versement à partir d'un mark (1 fr. 25). Le maximum annuel des versements est 1,000 marks ; le maximum total est 5,000 marks.

Outre l'intérêt annuel de 4 0/0, ces fonds reçoivent sur les bénéfices, après un prélèvement de 4 0/0 pour les intérêts du capital, une allocution égale au dividende des actionnaires. Mais il est stipulé que les dépôts doivent provenir des salaires et des traitements.

En 1893-94, les dépôts s'élevaient à 181,446 marks : ils étaient en augmentation de 32,297 marks sur l'exercice précédent. Les déposants comprenaient 343 ouvriers ou employés.

Fabrique de machines et fonderie de fer à Halle (Prusse). — Ce n'est qu'en 1890 que la participation a été instituée à la fabrique de machines de Halle qui occupe 700 ouvriers.

Le montant du tantième est basé sur le dividende payé aux actionnaires et sur la durée des services non interrompus de l'ouvrier. Le participant qui est depuis trois ans dans l'usine, reçoit 3 marks pour chaque mark de dividende des actionnaires ; pour deux années de services consécutifs la part est de 2 marks par mark de dividende ; un an de présence donne droit à un mark, moin d'un an, à 1/2 mark. En 1890, les actionnaires ayant reçu 32 0/0 de dividende, l'ouvrier de trois ans reçut 96 marks ; celui de deux ans, 64 ; celui d'un an, 32 et au-dessus d'un an, 16 marks. Les parts sont payées comptant après chaque exercice.

De 1890 à 1894 inclusivement, le total des allocations s'est élevé au chiffre de 200,000 marks (250,000 fr.).

Le 18 juin 1895, M. Riedel, directeur de l'usine, écrivait à la Société de Participation : « Cette institution a été maintes fois attaquée, aussi bien par les socialistes que par les patrons. Ces derniers, tout en reconnaissant que l'idée est belle, ne comptent pas sur un résultat pratique, tout au moins en ce qui concerne l'intérêt qu'on veut éveiller chez l'ouvrier pour le succès de l'entreprise en le stimulant à produire bien et économiquement. Nous croyons cependant pouvoir affirmer, après notre expérience de cinq années, que cet intérêt s'est fortifié dans notre maison, surtout permi le personnel ancien et éprouvé. Il est possible qu'une minorité, travaillée d'ailleurs par les menées socialistes, ne soit pas convaincue de l'importance du régime : mais elle est composée généralement d'ouvriers sans stabilité. »

MM. Clarke, Nickolls and Coombs limited (Londres). — A la fabrique de confiserie et de pâtisseries de MM. Clarke, Nickholls et Coombs, le régime de la participation en vigueur depuis 1890, s'étendait en 1894 à 926 membres sur un effectif total de 1529 ouvriers. Le quantum est de 50 0/0 des bénéfices nets, après prélèvement des salaires, frais généraux, réserves, amortissement et intérêt de 6 0/0 pour les actionnaires. Pour prendre part à la répartition, il faut avoir un an de services.

Une partie de l'allocation est payée en espèce aux participants ; le reste forme un fonds de prévoyance pour secours aux malades, aux veuves, aux ouvriers et ouvrières ayant 25 ans de services ou incapables de travailler.

En 1894, il a été distribué en argent 1,310 liv. st. (32,750 fr.) et 389 liv. st. (9,725 fr.) ont été versés au fonds de prévoyance. Le capital de ce fonds est de 1,683 liv. st. (42,075 fr.) : il rapporte un intérêt annuel de 6 0/0.

Les quote-parts représentent 4 0/0 des salaires.

D'après le témoignagne des chefs de cette maison (1), les

(1) Lettre adressée à la Société de Participation, le 27 septembre 1895.

effets de la participation ont été excellents. Le personnel est plus stable, il porte un vif intérêt à la prospérité des affaires. La tâche de la Direction est devenue très facile. Enfin ce système a réalisé les espérances des fondateurs.

W. D. et H. O. Wills (limited), Bristol et Londres. Manufacture de tabacs. — **A** la manufacture de tabacs de MM. Wills, un quantum déterminé, prélevé sur les bénéfices nets, est réparti depuis 1890 entre les travailleurs au prorata de leur salaire. L'exactitude des prélèvements statutaires est certifiée par un arbitre-expert.

La première répartition a donné aux ouvriers 11 1/4 0/0 de leurs salaires ; la dernière, 21 1/4 0/0.

« La Société, dit la Direction, dans une lettre du 3 novembre 1895, n'a aucun motif de regretter la création de ce système : elle est au contraire très satisfaite de son fonctionnement. »

Blundel, Spence and Cᶦᵒ, limited. Fabrique de couleurs et de vernis, à Hull. — Depuis 1890, la maison Blundel, Spence et Cᶦᵒ distribue à ses ouvriers 1/8 des bénéfices nets. Un sixième est attribué à la direction et cinq sixièmes au personnel. Les ouvriers sont divisés en quatre catégories sur la base de l'ancienneté. Ceux de la première classe reçoivent trois parts; ceux de la deuxième, 2 parts 1/2 ; ceux de la troisième, 1 part 1/2 et ceux de la quatrième où on ne figure qu'après 18 mois de services, 1 part.

Les parts sont payées en espèces : le nombre des participants est de 380 et celui du personnel est de 479.

Les sommes distribuées en 1891, 1892 et 1893 varient entre 770 et 1,284 liv. sterling.

D'après une lettre adressée, le 3 octobre 1895, à la Société de Participation, ce système a donné toute satisfaction aux chefs de l'établissement. Il a produit la régularité du travail, l'assiduité et le soin dans l'usage du matériel et des marchandises. Les relations entre les patrons et les ouvriers sont très cordiales et la durée moyenne des services dans la maison est longue. »

Fabrique de papiers de Schlœglmühl (Autriche). — La fabrique de papiers de Schlœglmühl qui occupe environ 800 ouvriers et qui a obtenu des récompenses aux expositions de Paris, de Londres, de Vienne et d'Anvers, distribue depuis 1869 à son personnel un tantième sur les bénéfices nets, après des prélèvements pour un intérêt de 5 0/0 au capital, pour la constitution d'une réserve et pour les services de l'amortissement.

Les parts sont réparties sur la triple base des salaires, de la durée des réserves et des fonctions.

La somme attribuée chaque année aux travailleurs a varié de 15,000 à 20,000 florins (37,500 à 50,000 francs.)

De plus, la Société accorde aux contre-maîtres et aux bons ouvriers qui ont de longs états de services, le logement gratuit dans ses maisons ouvrières et la jouissance d'un jardin.

En outre, une subvention annuelle est donnée à la Caisse des malades et les 9/00 des dépenses pour l'entretien d'une école populaire sont supportés par la Société ainsi que les frais de l'église et des cultes annexés à cette école.

Cette organisation a exercé une heureuse influence sur l'activité et le zèle du personnel. Le travail est fait avec soin, et les ouvriers ont un grand attachement pour leur fabrique. Beaucoup d'entre eux y travaillent depuis la fondation : il y a des familles qui ont, dans le personnel, le grand-père, le fils et le petit-fils.

« *Le Lloyd belge* », Cie *d'Assurances maritimes contre l'incendie, la foudre, l'explosion du gaz et des générateurs à vapeur (Anvers).* — Depuis 1871, le Lloyd belge distribue à ses employés 5 0/0 de ses bénéfices nets. La répartition est proportionnelle aux appointements. Les quote-parts sont affectées à la formation d'un capital d'épargne sur livret.

Après 20 ans de services, ou à l'âge de 65 ans, le titulaire du livret a droit à une pension viagère (avec ou sans réversibilité), ou à des titres inaliénables représentant le montant de son épargne.

Au 31 décembre 1894, le total des comptes individuels de la Caisse de Prévoyance s'élevait à 96,757 fr. 71 : les comptes liquidés représentaient une somme de 45,701 fr. 43. La moyenne des allocations annuelles a été de 11,871 fr.

Dans une lettre du 24 septembre 1895, la Compagnie disait que la Participation avait été un puissant stimulant pour le zèle des employés, et qu'elle avait eu de très bons effets sur la stabilité du personnel.

Société de Naeyer et Cie, à Willebroeck. — En ouvrant ses usines de Willebroeck, de Grainhem (Belgique), et de Lille (Nord), M. de Naeyer y a, en même temps, installé des institutions patronales pour l'amélioration matérielle, intellectuelle et morale de ses ouvriers : toutes les dépenses en sont supportées par la Société ; mais il n'a considéré ces institutions que comme un prélude de la participation.

Dans un mémoire adressé à la Commission du travail instituée en Belgique en 1886, après avoir exposé l'ensemble des créations qu'un industriel doit faire pour ses ouvriers, il terminait ainsi : « Toutes ces institutions bien comprises font que l'usine cesse d'être un champ de bataille où le capital et le travail se trouvent en présence ; elles éclairent tout le monde sur la véritable nature d'une industrie où chefs et travailleurs ont le même intérêt, et ceci nous conduit naturellement à parler de ce gros problème économique, si souvent posé, dont la solution est désirée par tous, sans qu'elle ait pu trouver sa formule pratique ; nous voulons parler de la participation des ouvriers dans les bénéfices. »

Ce gros problème, M. de Naeyer en avait trouvé la solution quelques années après. Dans son rapport sur l'exercice 1891-92, il attribuait à son personnel de Willebroeck 25 J/0 sur les bénéfices nets, déduction faite d'un intérêt de 5 0/0 pour le capital, des allocations statutaires pour la réserve, la direction et l'administration.

Pour être admis à la répartition de ce tantième, il faut avoir cinq ans de présence à l'usine.

La distribution se fait sur les bases suivantes :

2 parts 1/2 aux ouvriers dont le salaire quotidien
    est de. . . . . 5 fr.
2 parts. . . . : 4
1 part 1/2. . . . . : . 3
1 part à ceux dont le salaire quotidien est inférieur
    à 3

Les parts individuelles sont inscrites sur un registre spécial et portées sur un carnet remis à chaque participant : l'intérêt annuel de ces parts est de 4 0/0.

Ce capital d'épargne est remis au bout de dix ans aux ayants-droit, en actions de la Société ou en espèces. A l'expiration de cette période, les parts seront payées au comptant.

En 1891-92, l'allocation du personnel s'est élevée à 26,225 fr. 82. Le 30 avril 1896, les comptes individuels formaient un total de 156,000 francs, chiffre qui nous a été donné par une lettre que M. de Naeyer a eu l'obligeance de nous adresser; une somme fort importante avait, en outre, été payée aux héritiers des participants décédés depuis 1892. Il ajoutait dans cette lettre : « Jusqu'ici, nous avons lieu d'être satisfaits de la mesure que nous avons prise en 1892 » (1).

____

(1) La Société de Naeyer et Cⁱᵉ (pâtes à papiers, papiers, parchemin végétal; chaudières multitubulaires inexplosibles) a obtenu un

Fabrique néerlandaise de levure et d'alcool. — Fabrique néerlandaise d'huiles (Delft, Pays-Bas.). —- Base des salaires, primes, gratifications, participation aux bénéfices, institutions patronales, en un mot, tous les moyens propres à améliorer le sort de la classe ouvrière, ont été réunis par M. Van Marken dans la Fabrique néerlandaise de levure et d'alcool, et dans la Fabrique néerlandaise d'huiles dont il est directeur.

Le taux du salaire n'y est pas abandonné à la loi de l'offre et de la demande : il est déterminé par la dépense nécessaire à l'entretien d'une famille ouvrière. Le prix de la journée de l'ouvrier doit suffire à la satisfaction de ses besoins et à celle des besoins de sa femme et de ses enfants. Ainsi, tandis que les meilleurs ouvriers des autres branches d'industrie gagnent, à Delft, pour six journées de travail, formant un total de 60 heures par semaine, la somme de 10 florins 80, les ouvriers de M. Van Marken reçoivent 21 florins par semaine. Son principe, c'est qu'on ne peut avoir de bons travailleurs qu'avec de bons salaires.

Depuis 1874, des primes et des gratifications sont accordées pour économie de matières premières et pour augmentation de la production par un surcroît d'activité et par le bon emploi du temps. Elles sont distribuées d'après le mérite de chaque travailleur. Ces différences de mérite établies par les jugements des chefs, déterminent cinq classes dans le personnel. A chacune de ces classes correspond une prime déterminée sur la base du salaire : 2 0/0 du salaire pour la note *médiocre*, 5 0/0 pour la note *suffisant*, 10 0/0 pour la note *bien*, 15 0/0 pour le *très bien* et 20 0,0 pour la note *excellent*.

grand nombre de prix aux Expositions depuis 1878; elle a eu notamment deux grands prix à notre Exposition de 1889, et deux grands prix à Anvers en 1894.

Depuis 1874 jusqu'à 1884, le chiffre des primes s'est élevé à 132,400 francs. La moyenne fut, en 1881, de 28 0/0 des salaires; en 1882, année presque désastreuse, de 15 0/0 et en 1883 de 30 0/0 (1). Le nombre des ouvriers et employés était, en 1881, de 173; en 1882, de 165, et en 1883 de 169.

Une partie des primes est payée toutes les semaines en espèces; l'autre partie est versée à la Caisse d'épargne des primes. Ce versement obligatoire varie suivant l'âge de l'ouvrier et le nombre de ses enfants : le père de famille qui a quatre enfants reçoit toute la prime en argent. Les sommes de cette caisse rapportent un intérêt de 4 0/0.

De 1879 à 1886 inclusivement, la Caisse des primes a reçu 47,703 florins; les intérêts, au 1ᵉʳ janvier 1887, s'élevaient à 2,850 florins.

A l'institution des primes fut ajoutée, en 1879, la participation aux bénéfices. En la proposant aux actionnaires, M. Van Marken l'appuyait par les considérations suivantes : « Les chiffres montrent que, même avec le système des primes et des gratifications, la part du lion, dans les avantages qui résultent d'efforts plus grands de la part du travail, reste au capital. Et si, malgré la distribution des primes, les résultats de l'entreprise indiquent des bénéfices plus qu'ordinaires, ne peut-on pas admettre qu'une petite part de ces bénéfices (dans le cas présent 10 0/0 au maximum) ne puisse servir d'aiguillon, de récompense pour cet accomplissement solidaire et individuel du devoir, pour ce dévouement à tous égards qui ne peut, comme l'augmentation de la production ou la fixation des frais, se mesurer par la logique des chiffres, et qui, cependant, est d'une si grande importance? »

Jusqu'en 1895, le taux de la participation était de 10 0/0

____

(1) Lettre de M. Van Marken à M. Chaix, 17 mars 1884.

des bénéfices nets : depuis 1895, il a été porté à 15 0/0. La répartition se fait sur la double base du salaire et de l'importance des fonctions.

Jusqu'en 1886, le produit de la participation fut employé au paiement des primes d'assurances pour constituer à chaque participant une rente viagère à 60 ans. En versant annuellement à une Compagnie hollandaise d'Assurances sur la vie une somme correspondant au 7 0/0 des salaires, un ouvrier entré dans l'établissement à 21 ans, avait, à 60 ans, une pension à peu près égale à son salaire. Mais, depuis 1887, ces primes sont payées sur frais généraux, et le montant de la participation est payé comptant.

La participation donna à la Fabrique de levure et d'alcool, en 1892, la somme de 9,250 fr., en 1893, 37,900 francs : de 1880 à 1893, les allocations annuelles ont produit 208,900 francs.

A la fabrique d'huiles, on distribua, en 1891, la somme de 30,100 francs; en 1892, 10,100 francs : de 1880 à 1893, le produit de la participation est de 67,400 francs.

Les primes et la participation, ajoutées aux taux normal du salaire, constituent pour les ouvriers de M. Van Marken une rémunération qui dépasse de 50 0/0 la moyenne des salaires de la contrée.

En outre, M. Van Marken a ouvert à son personnel en 1881, lorsque le capital social fut porté de 200,000 francs à 400,000 francs, l'accès à la copropriété de la Fabrique de levure et d'alcool. Il divisa dix de ses propres actions, dont la valeur était de 1,000 florins chacune, en 1,000 certificats nominatifs de 10 florins. Chaque travailleur peut acheter un maximum de 10 certificats, et dès lors prendre part aux bénéfices du capital. Pour éviter tout aléa dangereux, M. Van Marken s'est engagé à racheter au prix d'achat ces titres, quand, pour un motif quelconque, le propriétaire voudra les vendre. En 1889, 64 ouvriers s'étaient rendus acquéreurs de 459 certificats (1).

Loin de nuire aux intérêts du capital, cette organisation n'a fait que le rendre plus fécond. « Ces institutions, dit M. Van Marken, ont contribué pour beaucoup à notre succès. Ces primes, ces parts de bénéfices cédées, tous ces frais d'administration, enfin toute cette peine d'organisation, ne forment nullement un fonds perdu pour le patron : c'est, au contraire, de l'argent placé à intérêt usuraire..... Essayez : je voudrais prêcher ce mot sur les toits, et être entendu par tous mes collègues, chefs d'industrie grande ou petite. Cherchons la prospérité en rendant les autres prospères : cherchons le bonheur en rendant les autres heureux. Travaillons dans notre propre intérêt et dans l'intérêt de l'humanité entière, en travaillant pour le bien-être de nos ouvriers. Sacrifions dans ce but un peu de nos loisirs ; hasardons un peu de notre argent ; et enfin, mettons-y un peu de dévouement : cela ne nuira ni à notre cœur, ni à notre bourse. »

Imprimerie Van Marken (Detft). — M. Van Marken a poussé la doctrine participationniste à son maximum d'intensité dans l'imprimerie qu'il a fondée à Delft, en 1891 et qui porte son nom. Non seulement le travail participe aux bénéfices de l'entreprise ; mais encore il les reçoit dans toute leur intégralité : le capital n'a d'autre rémunération qu'un intérêt de 6 0/0.

Dans l'acte de fondation passé par-devant notaire et approuvé par un arrêté royal, il est déclaré par les action-

(1) M. Van Marken a encore organisé tout un ensemble d'institutions patronales pour l'amélioration des intérêts matériels de ses ouvriers et de leur famille, pour leur développement intellectuel (écoles, bibliothèques, sociétés de musique et de chant, théâtres, salles de lecture, etc.) et pour leurs divertissements. Voir appendice II.

naires, par le directeur et par le personnel qu'ils considèrent tous le travail comme *co-entrepreneur* qui a droit de *co-discuter* et de *co-décider* des intérêts de la Société ; que l'influence du capital est limitée à son chiffre tandis que l'influence du travail intellectuel ou physique est illimitée comme la force de la volonté et le dévouement de l'homme ; que, dès lors, les droits du capital dans la répartition sont primés par ceux du travail ; qu'il est désirable de faire passer progressivement entre les mains des travailleurs la coproprité d'abord, puis *la totalité* des moyens de production, c'est-à-dire les actions de la Société Van Marken, par voie de remboursements, au moyen de la participation accordée au travail.

Ces principes ne sont pas demeurés à l'état de lettre morte : M. Van Marken les a appliqués dans ses Statuts.

Le capital de 25,000 florins (500,000 francs) est divisée en 240 actions de 100 florins et en 200 actions de 5 florins. Ces dernières ont été émises pour faciliter aux travailleurs la copropriété de l'entreprise.

L'article 1ᵉʳ des statuts fixe le salaire au minimum représentant les « besoins modestes, mais raisonnables, d'après « le milieu, d'une famille ouvrière normale. »

La seule rémunération du capital est un intérêt de 6 0/0 qui paie à la fois ses services et les risques courus : il n'a droit à aucun dividende. La totalité des bénéfices nets appartient au travail.

La répartition au personnel a lieu dans les proportions suivantes :

25 % aux directeurs pour leur gestion ;

50 % aux employés et ouvriers ;

3 % aux commissaires chargés du contrôle ;

12 % aux fondateurs, à titre viager : à leur décès, leur part s'ajoutera à celle des employés et ouvriers ;

La distribution est faite aux employés et aux ouvriers au prorata des appointements et des salaires. Une partie est payée en espèces : cette partie augmente en cas de mariage et proportionnellement aux charges de famille; le reste est versé à la *Caisse d'Epargne des Bénéfices de la Société*. Dès que le compte individuel d'un travailleur atteint le chiffre de 100 florins, on rembourse une action à l'un des actionnaires capitalistes et cette action devient la propriété du travailleur.

Pendant les trois premières années de la Société, 57 actions de 100 florins ont été achetées par le personnel. L'exercice 1895 l'a rendu propriétaire de 20 actions.

Le 14 novembre 1895, M. Van Marck écrivait : « La Société prospère : ses affaires augmentent de plus en plus... Les résultats moraux ne sont pas moins encourageants. Chaque augmentation du chiffre d'affaires, une commande considérable, les éloges de la clientèle sont accueillis avec une véritable joie. S'il faut exceptionnellement faire des heures supplémentaires, personne ne se plaint, bien que le salaire de la journée ne soit pas compté à l'heure ».

Stork frères et Cie, fabrique de machines à Hengelo (Hollande). — L'exemple de M. Van Marken a déterminé la maison Stork frères et Cie à instituer la Participation en 1880 dans sa fabrique de machines à Hengelo (Hollande). Le taux fixé à l'avance n'est connu que des employés supérieurs. La répartition est proportionnelle aux salaires.

La majeure partie de l'allocation est versée à une caisse de prévoyance pour la vieillesse au compte individuel de chaque participant : le reste est destiné à des instututions ouvrières, écoles, bibliothèques, etc.

De 1881 à 1892, une somme de 60,000 florins (120,000 fr.) a été versée à la caisse de prévoyance. Le 1er janvier 1895, il y avait 414 comptes individuels, 298 de 10 à 500 florins et 116 de 500 à 1,100 florins.

De plus, il y a chez MM. Stork frères une Caisse pour les invalides, les veuves et les orphelins : elle est alimentée par une retenue de 3 0/0 sur les salaires et par une subvention patronale, équivalente à la somme de cette retenue et portée sur frais généraux. Cette caisse reçoit du capital environ 16,000 florins (32,000 fr.) par an.

Le 23 octobre 1895, MM. Stork écrivaient à la Société de Participation qu'ils étaient satisfaits de leurs institutions et qu'elles avaient eu d'heureux effets sur le zèle et la stabilité de leur personnel, ainsi que sur le développement de l'esprit d'ordre et de prévoyance.

Manufactures de laine Rossi (Société anonyme) à Schio (Italie). — Le principe de M. le Sénateur Rossi sur l'organisation du travail, était formulée par cette maxime, inscrite sur le piédestal d'une statue exposée au centenaire de 1889 : « *Capital, travail d'hier : travail, capital de demain.* » M. Rossi a commencé l'application de ce principe par la pratique de la participation collective dans ses six manufactures dont l'effectif travailleur est de 6,000 ouvriers et où les salaires s'élèvent à 4,680,000 francs pour une production moyenne de 18,000,000 de francs.

La participation a pour fondement l'article 42 des Statuts approuvés par un décret royal. Sur les bénéfices nets, après le prélèvement des intérêts du capital et des charges statutaires, 5 0/0 sont affectés à des institutions ouvrières.

Ces institutions ont pour but la satisfaction des intérêts matériels du personnel et son développement intellectuel et moral. Dans l'ordre économique, il a été fondé des pensions pour les vieillards, les blessés et les veuves, des caisses de prêts d'honneur, de subventions et secours, un magasin coopératif et des habitations à bon marché (1).

____

(1) Le personnel, peut avec ses propres épargnes, devenir propriétaire, en dix ans, d'une maison dont le prix varie entre 2,000 et

Pour les progrès intellectuels et moraux on a créé une Bibliothèque, des Écoles élémentaires, un Asile pour l'enfance, une École de chant, une Société philarmonique, un Cercle ouvrier et un Théâtre.

Les diverses constructions nécessitées par ces institutions ont coûté 505,463 francs. De 1873 à 1889, les sommes suivantes ont été allouées à l'entretien de ces œuvres. Comme de 1877 à 1881, après le prélèvement de l'intérêt du capital, il ne restait aucun bénéfice, le président de la Société et les actionnaires ont accordé aux fondations ouvrières des subventions particulières.

Années	Sommes allouées	Années	Sommes allouées
1873	43.000,00	1881	42.245,69
1874	50.000,00	1882	62.016,80
1875	47.350,00	1883	58.708,10
1876	50.595,87	1884	58.911,20
1877	30.000,00	1885	72 719,50
1878	40.763,44	1886	76.920,49
1879	67.191,94	1887	75.662,31
1880	46.719,75	1888	83.074,29
Total des 16 exercices.			910.879 fr.

Pour transformer *le travail d'aujourd'hui en capital de demain*, on a créé des coupures d'actions de 200 lires (1). Le personnel en a acquis un certain nombre. Actuellement

8,000 francs. En 1890, 1,300 ouvriers etaient propriétaires de leur maison.

(1) Le capital social est de 24,000,000 de lires : les actions sont de 1,000 lires.

beaucoup d'ouvriers, d'employés et de contre-maîtres sont actionnaires de l'entreprise. Il leur a été facile de réaliser des économies, car les salaires des manufactures Rossi sont de 15 0/0 supérieurs à ceux des industries similaires de la contrée.

Fabrique d'allumettes de M. E. Schœtti à Fehraltorf (Suisse). — Dans les entreprises suisses, d'une surface moins vaste que les précédentes, mais d'une solidité inébranlable au point de vue commercial, où règne la Participation, les résultats ne le cèdent en rien à ceux des grands établissements.

M. Schœtti pratique depuis 1878 le régime participationniste dans sa fabrique d'allumettes de Fehraltorf. Les bénéfices sont partagés à parts égales entre le travail et le capital, après la déduction des frais généraux, des intérêts du capital, de l'amortissement et d'un prélèvement pour constituer un fonds de réserve.

La répartition a lieu d'après le mode suivant :

1/3 est versé à une Caisse de secours et de vieillesse;

2/3 sont répartis au prorata des salaires ; la moité en est payée en argent; l'autre moitié est capitalisée sur livret individuel avec un intérêt de 5 0/0, et liquidation après 25 ans de travail ou à l'âge de 65 ans.

Jusqu'au 1er janvier 1894, il a été alloué au personnel 42,315 fr. 06 : les allocations annuelles ont varié entre 1,300 francs et 5,700 francs. Le 25 septembre 1895, M. Schœtti écrivait : « L'influence que ce régime a exercée sur le personnel est assez encourageante et je sais que mes ouvriers en ont toujours été satisfaits. »

Mermod frères, fabrique d'horlogerie et de boîtes à musique, à Sainte-Croix (Suisse). — A la Fabrique d'horlogerie de MM. Mermod frères, depuis 1888, 50 0/0 des bénéfices sont accordés au personnel : mais on prélève sur le bénéfice brut la rémunération des chefs de la maison, formée par une allocation fixe et par un pourcentage déterminé à l'avance sur les résultats de l'exercice.

Les quote-parts, distribuées au prorata du salaire et de l'ancienneté, sont inscrites à un compte individuel de dépôt avec un intérêt de 4 1/2 0/0. Ces intérêts sont payés chaque année au participant ; le capital ne l'est qu'à la sortie de la maison.

Depuis 1888 jusqu'à 1894 inclusivement, MM. Mermod ont alloué à leur personnel 66,784 francs. Les parts individuelles ont varié entre 145 fr. et 533 fr. en 1888, et entre 72 fr. et 250 francs en 1894.

Société Génevoise ,pour la construction d'instruments de physique et de mécanique (Genève). — La Société Génevoise pour la Construction d'instruments de physique a adopté la participation en 1886. Le personnel participant, composé de tous les ouvriers qui ont travaillé un an dans la maison, s'élève à 50 membres.

Le taux de la participation est déterminé à la fin de chaque exercice. Il a été de 5 0/0 des bénéfices nets, sauf en 1888, où il fut porté à 6 0/0, et en 1893 et 1894, où il ne fut que de 4 0/0. Les parts sont payées comptant à chaque participant.

La Direction nous écrivait le 8 septembre 1896 : « Le résultat obtenu est satisfaisant. Ce système a beaucoup contribué à former dans nos ateliers un certain noyau d'ouvriers attachés à leur travail et à notre maison, et à améliorer les rapports entre la Direction et le personnel ».

Fabrique de télégraphes et appareils électriques Peyer, Favarger et Cie, à Neuchâtel (Suisse). — L'institution de la Participation chez MM. Peyer, Favarger et Cie est contemporaine de la fondation de la Société qui date de 1860. La qualité du participant ne s'acquiert qu'après deux ans de séjour dans la fabrique. La moyenne durant ces dernières années a été de 70 membres. Le taux de l'allocation annuelle est de 12 1/2 0/0 des bénéfices nets. La répartition est proportionnelle aux salaires et appointements et au nombre d'années de présence dans les ateliers et les bureaux. La moitié des parts est payée comptant aux intéressés ; l'autre moitié est inscrite sur un carnet d'épargne à leur crédit et reçoit un intérêt de 4 1/2 0/0. Ce capital ne leur est remis qu'après vingt ans de service ou à l'âge de 50 ans.

La Direction à qui nous avions demandé quelle avait été l'influence de cette organisation sur le personnel, a eu l'obligeance de nous adresser, le 16 septembre 1896, une lettre où on lit ce passage :

« Un grand nombre de nos ouvriers travaillent tantôt à la pièce tantôt à la journée. Quand ils travaillent à la pièce la plupart d'entr'eux arrivent à des sursalaires considérables qui n'entrent pas en ligne pour le calcul de la répartition, mais qui constituent à côté de la participation une réserve de premier ordre. Celle-ci est, il est vrai, entièrement et immédiatement à la disposition des ouvriers et court le risque d'être dépensée rapidement. Mais cet inconvénient est de peu d'importance dans un établissement où le niveau intellectuel et l'esprit de conduite des ouvriers sont supérieurs à ceux de la plupart des autres industries. En effet, le genre de travaux auxquels nous nous livrons exige de notre personnel des qualités d'intelligence et de caractère, un degré d'initiative personnelle qu'on chercherait vainement ailleurs, surtout dans les entreprises où la division du travail et le machinisme ont réduit à son minimum l'apport intellectuel de l'ouvrier.

« Quant aux résultats de la participation, il nous est vraiment difficile de dire jusqu'à quel point elle a amélioré l'activité et la stabilité de notre personnel. Ces constatations sont toujours délicates à faire. Cependant, vu les circonstances particulières de notre industrie nous ne sommes pas éloignés de croire, expérience faite, que le but que nous cherchions à obtenir par la participation aux bénéfices, pourra être mieux atteint en développant chez nos ouvriers l'esprit de *sous-entreprise*, c'est-à-dire en les engageant à conclure avec nous des contrats de livraison dont le prix et les conditions, débattus librement, assimilent les ouvriers à de véritables sous-entrepreneurs courant quelques risques, il est vrai, mais aussi ayant de nombreuses chances d'augmentation de gain ».

Société Coopérative Suisse de Consommation, à *Genève*. — Le 17 août 1876, l'Assemblée générale de la *Société Coopérative Suisse de Consommation*, à *Genève*, décidait, sur la proposition du Conseil, d'admettre les employés à la répartition des bénéfices, en leur allouant 10 0/0 du profit net de chaque exercice.

Les employés sont au nombre de 39, il y a en outre 6 surnuméraires. Les quote-parts sont distribuées au prorata du traitement. La moitié leur est payée comptant; l'autre moitié est portée au crédit de leur compte jusqu'à concurrence du cautionnement que chaque employé doit fournir à la Société et rapporte un intérêt de 4 1/2 0/0.

La somme totale distribuée depuis 1876 jusqu'en 1895, inclusivement, s'élève à 211,356 francs, à laquelle il faut ajouter 29,806 francs pour le service des intérêts des cautionnements.

Outre les avantages de la Participation, les employés de la Société jouissent des suivants.

Les primes d'une assurance contre les accidents sont payées sur frais généraux pour tous les garçons de magasin et hommes de peine. La moitié des cotisations de la Caisse de secours mutuels en cas de maladie, est supportée par la Société. Enfin une prime de retraite est donnée à tous les membres du personnel comptant dix ans de services et que l'âge, la maladie ou toute autre cause majeure contraint à abandonner ses fonctions. Au bout de 20 ans, cette prime est d'environ 1,300. En cas de mort, elle est payée aux enfants ou à la veuve.

Il n'est pas nécessaire, ce me semble, de tirer une conclusion de l'ensemble des faits que nous venons d'analyser aussi sommairement que possible et auxquels nous aurions pu en ajouter bien d'autres, si le cadre de notre étude nous l'eût permis. Cette conclusion se dégage d'elle-même : les chiffres que nous avons cités, les témoignages patronaux que nous avons enregistrés sans le moindre commentaire, la contiennent et la proclament avec une autorité indéniable. Avec la Participation, la production s'accroît, le travail se fait mieux et les frais d'exploitation diminuent ; le sort de l'ouvrier et de sa famille est amélioré pour le présent et garanti pour l'avenir ; l'harmonie s'établit entre le capital et le travail et il n'y a plus à craindre le fléau de la grève aussi désastreux pour les travailleurs et pour la prospérité de l'industrie nationale que pour les patrons ou les compagnies ; enfin de simple salarié, l'ouvrier dans la plupart des cas devient un associé du patron, et toujours un collaborateur bienveillant et vigilant.

Si l'unanimité de tous ces témoignages patronaux pouvait laisser encore quelque doute dans l'esprit sur les effets du Participationnisme, ne tomberait-il pas devant l'aveu suivant fait par un de ses adversaires : « Tout en apportant un léger soulagement à la misère des travailleurs la participation a été surtout profitable aux employeurs. En effet, l'ardeur au travail augmente toujours en raison du moindre surcroît de salaire qui en est la récompense ; la main-d'œuvre est plus parfaite ; enfin le travailleur apporte à la conservation de l'outillage et des marchandises un peu de la diligence qu'il apporte à la conservation de sa propre chose. Il va plus loin : il surveille ses camarades, comme le ferait le patron lui-même, pour empêcher toute perte de temps ou tout gaspillage. Les frais généraux et le compte profits et pertés diminuent d'autant pour le patron (1) ».

Ainsi, d'après les collectivistes, comme d'après les chefs d'industrie, la participation est une bonne affaire pour le capital. Et même la principale raison de l'opposition des Marxiste à ce système, c'est le profit qu'en retirent les employeurs. Quant à son efficacité pour le relèvement et l'émancipation économique de la classe ouvrière, l'écrivain socialiste, d'accord sur ce point avec certains économistes orthodoxes, la taxe d'insignifiante. La statistique que nous venons de dresser, suffit à établir sans conteste que la participation est aussi salutaire pour le travail que pour le capital.

(1) *Base du socialisme*, par Arcès-Sacré. rédacteur au journal le *Parti Ouvrier*, tome II, page 37.

CHAPITRE IX.

La justice et la paix du travail par la Participation.

C'est un précieux avantage pour la Participation d'avoir subi l'épreuve de l'expérience. Elle a ainsi répondu victorieusement aux griefs et aux critiques de ses adversaires; elle ne peut plus être confondue avec les systèmes chimériques et les rêveries malsaines des prétendus humanitaires, qui, sous prétexte de philanthropie, violent tous les droits au lieu de réformer les abus, et détruisent le corps social au lieu de le guérir de ses maux. Mais quelqu'importance qu'aient les considérations utilitaires en matière de sociologie, le Participationnisme reposerait sur un fondement peu solide, s'il ne s'appuyait pas sur l'un des principes qui président à toute société, le principe de la justice, non pas de la justice, telle qu'elle est écrite dans les codes de lois, mais de la justice rationnelle, telle qu'elle est gravée dans la conscience humaine. La maxime du *Cuique suum*, cette expression si laconique et si exacte de la justice naturelle, le Participationnisme a le privilège de la réaliser dans l'organisation du travail, sans léser aucun des droits de notre personnalité, en donnant à chaque fac-

teur de la production, la juste remunération de sa coopération à l'œuvre productrice. Le collectivisme et l'économie
orthodoxe émettent les mêmes prétentions, ils se donnent
l'un et l'autre comme les organes de l'équité dans la répartition de la richesse; mais leur doctrine est la négation
même de cette justice dont ils se croient les uniques défenseurs.

Comment le collectivisme comprend-il la répartition des
richesses? D'après lui, la production étant l'œuvre exclu-
sive du travail, le capital n'a aucun droit à revendiquer
une partie de la valeur produite : tout apartient aux travailleurs. Dans son opuscule intitulé : *La loi des salaires*,
M. Jules Guesde dit : « Comme c'est le travail seul qui crée
la richesse, qui lui donne naissance, c'est à l'ouvrier qu'appartient la valeur entière du produit » (1).

C'est la même doctrine que soutient le programme voté
au Congrès d'Erfurt, en 1891. M. Kautsky, qui en fut le
rédacteur, y condensa la théorie de Karl Marx sur la production de la richesse. D'après ce programme, ni le travail
intellectuel, ni le capital ne concourent à cette création :
son unique facteur, c'est le travail manuel. D'où il suit
logiquement que l'ouvrier a droit à la valeur intégrale du
produit. Karl Marx avait dit : « Le capital par lui-même ne
crée pas de valeur : la machine transmet seulement la
sienne aux objets qu'elle sert à fabriquer. La seule source
de toute valeur, c'est le travail ». Et ailleurs : « Par lui-
même, dit-il, le capital est inerte : c'est du travail mort
qui ne peut se revivifier qu'en suçant, comme le vampire,
du travail vivant, et qui vit et s'engraisse d'autant plus
vigoureusement qu'il en absorbe davantage ». Donc, conclut Marx, au travail appartient l'intégralité d'une valeur
qu'il a été seul à produire.

(1) *La loi des salaires,* par Jules Guesde, p. 20, 21.

Bien que cette analyse du phénomène productif, qui revendique le privilège de la science, *soit bâtie sur Ricardo*, suivant l'énergique expression d'un socialiste anglais (1), son fondement manque de solidité. Les faits qui, en sociologie, comme dans toute science expérimentale, ont une valeur plus probante que les formules abstraites produites par la fantaisie de l'imagination, contredisent et condamnent le système marxiste.

Sans doute, la force musculaire, la main-d'œuvre contribuent à la production de la richesse, mais l'intelligence et le capital y ont aussi leur part. N'est-ce pas à l'intelligence qu'on doit ces puissantes machines qui, en quelques heures, produisent une valeur égale à celle qui demandait jadis une année de travail? N'est-ce pas les recherches des savants qui ont doté l'humanité de ces inventions mécaniques et chimiques auxquelles notre siècle doit tant de richesses inconnues aux âges précédents? Est-ce que Jacquard, Fulton, Stephenson, Chappe, Philippe Lebon (2), Chevreul, Edison, Marinoni, n'ont pas contribué par leurs inventions et leurs découvertes au développe-pement de la production?

Le succès et la prospérité des entreprises ont le plus souvent pour principale cause, l'activité intelligente de la direction. L'histoire des associations coopératives en est une preuve irrécusable. La plupart de celles où, par une fausse conception de l'égalité démocratique, les associés se sont refusés à investir de l'autorité directoriale celui des leurs qui réunissait l'ensemble si rare des qualités nécessaires à une bonne administration, n'ont pas tardé à sombrer : dans les batailles industrielles, comme dans les autres, c'est le chef qui décide de la victoire. Les associations, au contraire, où les

(1) Gronlund, auteur de The Cooperative Commonweatlh.
(2) Inventeur du gaz d'éclairage.

coopérateurs ont délégué au poste de directeur un esprit supérieur et ont suivi son impulsion, ont vu s'accroître de plus en plus leurs affaires et leurs profits.

Quant au capital, il faut être aveuglé par l'esprit de système pour en méconnaître l'importance dans la création de la valeur. Il est le facteur principal, le point de départ de toutes les grandes entreprises. Est-ce que son concours n'est pas indispensable pour construire un chemin de fer, un cuirassé, une usine ou même une simple maison d'habitation? Est-ce qu'il ne faut pas des fonds pour payer immédiatement le salaire des ouvriers? Est-ce que les travailleurs devront attendre *pour manger et pour faire manger leur famille* que l'entreprise ait produit des fruits? Bien plus, sans le concours du capital, la production est dans la plupart des cas impossible : car il n'y a que fort peu d'entreprises qui donnent des résultats immédiats. Il est vrai, son concours est inerte en apparence ; il n'a pas l'activité vivante de la force musculaire : mais son action n'en est pas moins réelle et efficace. Il fournit au travailleur les moyens de se procurer des aliments et de subvenir à ses besoins journaliers ; il augmente dans des proportions considérables la productivité humaine, en mettant entre les mains des ouvriers un outillage et des machines qu'on ne peut avoir sans lui.

Si Marx, dont le savoir économique embrassait toutes les connaissances de notre époque, à nié l'action si évidente de l'intelligence et du capital dans le phénomène de la production, c'est par une notion inexacte de la valeur. A son avis, ce qui constitue la valeur, c'est le rapport d'un objet quelconque avec le numéraire contre lequel il peut être échangé Ainsi supposez qu'un tisserand produise dans son *at home* une pièce de toile, tandis qu'une machine en produit quatre dans un tissage mécanique, la valeur produite par cette machine ne sera pas supérieure à celle du travail manuel; car en vertu de l'offre et de la demande, les quatres pièces étant payées à un prix quatre fois moins élevé, ne vaudront pas plus que la pièce unique de l'ouvrier manuel. Le raisonnement est captieux, mais son point de départ est faux. Le numéraire qui est, comme tout autre objet, susceptible d'échange et, par conséquent, sujet à la loi de l'offre et de la demande, n'est pas le régulateur de la valeur. Supprimez tout numéraire, la valeur n'en existe pas moins : ses deux éléments constitutifs, c'est l'utilité d'un objet et sa rareté. Quatre pièces de toile étant à même de satisfaire quatre fois plus de besoins qu'une seule, la machine a créé une valeur quatre fois plus grande que le tisserand. C'est si manifeste que les disciples de Marx ont abandoné le *credo* du maître sur ce point. Ils voient si bien l'importance du capital dans l'œuvre productive qu'ils veulent le suprimer par n'importe quel moyen et que dans tous leurs programmes l'une de leurs plus urgentes revendications, c'est la socialisation de tous les instruments de production.

Dès lors que le concours de l'intelligence et du capital est indispensable à la création de la richesse, ce concours a droit à une rémunératton proportionnelle aux services qu'ils rendent. Si on le leur refuse, ils s'abstiendront de prendre part à l'entreprise et la production sera complétement paralysée : car il est invraisemblable et presqu'absurde de supposer que l'un s'expose à courir des risques et l'autre à donner son temps et sa peine à titre purement gratuit. Eriger en dogme obligatoire le prêt sans intérêt, tel que l'a conçu la subtilité de la scolastique, c'est condamner l'argent à demeurer enfermé dans une cassette ou un bas de laine et ruiner l'industrie. Reste, il est vrai, la solution collectiviste, celle de la socialisation de l'intelligence et du capital. Mais outre qu'aucun des apôtres de ce système n'est capable de nous en exposer les conséquences et de nous décrire avec des documents sérieux l'état de leur société future, cette solution ne pourrait aboutir qu'en supprimant la propriété et la liberté individuelles (1).

L'organisation du travail sur la base du salariat, tel que le conçoit l'économie dite orthodoxe, a le mérite, si tant est que c'en soit un, de maintenir les choses dans le *statu quo* et de ne pas troubler les habitudes sur lesquelles dort, comme sur un doux oreiller, la société actuelle. Mais si on le soumet à l'examen de la libre discussion, il n'a qu'une vaine apparence de justice : le « *tout au capital* » de M. Leroy-Beaulieu n'est pas plus équitable que le « *tout au travail* » des marxistes.

Les économistes orthodoxes considèrent le travail comme une marchandise soumise aux fluctuations de l'offre et de la demande. Cette assimilation est aussi fausse dans son principe qu'inadmissible dans ses conséquences. Qu'est-ce en effet que le travail? *L'extériorisation* des facultés physiques, intellectuelles et morales de l'homme; la concentration vers le but de la production de sa force musculaire, de son intelligence et de son énergie volontaire. Cette triple énergie essentielle à tout travail, comment pourrait-elle être susceptible d'être achetée ou vendue? C'est la liberté, c'est la personnalité humaine.

Le travailleur étant une entité libre et personnelle, l'employeur a des devoirs envers lui. Si une marchandise vient à se détériorer, il a le droit de la jeter à l'égoût : les viandes corrompues, il peut les enterrer ou les brûler : mais quand un ouvrier est à bout de forces soit par invali-

---

(1) Un des articles du programme adopté par le Congrès de Gotha en 1873, est ainsi conçue : « L'émancipation du travail exige que les instruments du travail deviennent la propriété collective de la société, *avec réglementation* par la société de tous les travaux, emploi pour l'utilité commune et juste répartition des produits du travail ». N'est-ce pas l'esclavage général?

dité soit par vieillesse, quand il est victime d'un accident qui le rend impropre au travail, qui oserait soutenir, comme le vertueux Caton le conseillait à son fils, qu'on doit le ranger avec la vieille ferraille? La législation du travail dans toutes les nations civilisées a renversé, au nom de la conscience humaine transfigurée par l'idée chrétienne, les prétentions soi-disant scientifiques du mercantilisme qui rabaisse l'homme au dessous de l'animal et le transforme en simple outil. L'intérêt n'est pas le tout de l'homme, pas plus en économie politique que dans les autres sciences morales : au-dessus de l'intérêt, il y a le devoir de l'homme envers son semblable. L'ouvrier n'est pas seulement une machine destinée à produire au meilleur marché possible, c'est un être moral qui a des droits et envers qui le patron a des devoirs, droits et devoirs qui ne sont pas autre chose que la justice dans le contrat de travail, c'est-à-dire la répartition de la richesse produite proportionnellement au concours de chaque agent producteur.

Ces droits et ces devoirs, le salariat orthodoxe les laisse en dehors de sa conception organisatrice du travail. Sous ce régime du laisser-faire, le seul principe du patron, c'est d'avoir la main-d'œuvre au plus bas prix possible afin de diminuer son prix de revient et d'augmenter ses bénéfices. Et comme dans le marché du travail, l'offre est presque toujours supérieure à la demande, le salaire dépend *en grande partie* de la volonté patronale. Il ne représente en général que ce qui est indispensable à la subsistance quotidienne du travailleur. L'ouvrier est assimilé à une machine : à celle-ci le chauffeur donne la quantité de charbon nécessaire à la force motrice; au travailleur on accorde les aliments indispensables à son organisme musculaire. Quant à la question de savoir si ce salaire est la rémunération exacte de la valeur produite par son ouvrier, le patron n'en a cure : en payant

le prix convenu il a satisfait à toutes les prescriptions de
la loi et de l'usage et avec la plus entière bonne foi il
traiterait de perturbateur et de révolutionnaire celui qui
contesterait son droit à la totalité des bénéfices de l'entreprise.

Quelque peu conforme à l'équité que soit la théorie de
l'économie classique, elle a cependant pour elle la sanction
de la loi. Le législateur a consacré la légitimité du salariat
au nom de la liberté des contrats : aussi le grand argument
des partisans de ce système consiste-t-il à dire que le
salaire est juste parce qu'il est consenti. Loin de nous la
pensée de contester cette liberté : c'est un des droits inhé-
rents à la nature humaine et qui est admis par tous les
peuples. Mais ce que les juristes appellent le contrat de
travail, est-ce réellement un contrat? Il faudrait pour cela
que l'acceptation des conditons fût libre de part et d'autre.
L'est-elle pour l'ouvrier? L'essence de la liberté consistant
dans le pouvoir de choisir entre deux partis opposés, faire
ou ne pas faire, il faudrait pour que l'ouvrier fût libre, qu'il
pût refuser les offres du patron. Or comment le peut-il,
quand le besoin le presse. Il subit plutôt qu'il les accepte,
les conditions qu'on lui impose. Sans doute il n'y est pas
forcé par la contrainte physique : mais sa liberté n'est-elle
pas entravée par la violence morale. Comme l'a dit un
sociologue suisse, M. de Curtius, l'ouvrier n'est pas plus
libre de discuter les conditions de son travail que le
voyageur n'est libre de discuter les conditions de son transport, quand il prend son billet au guichet d'une gare de
chemin de fer. »

Si de la théorie on passe à la pratique, le contraste entre
les parts du capital et du travail dans la répartition de la
richesse, sous le régime du salariat, choque la raison de tout
esprit impartial. A la Compagnie de Lens, fondée en 1855,
le capital d'émission qui était de 3,000,000 de francs, fut

partagé en 3,000 actions de 1,000 francs. On ne versa que 300 francs : car les bénéfices immédiats suffirent à tous les besoins de l'entreprise. La moyenne des dividendes annuels a été de 1,000 francs et chaque action, en 1893, était cotée 28,000 francs. Ainsi un actionnaire qui a versé 300 francs en 1855, a reçu pour cette légère collaboration à l'entreprise 1,000 francs par an pendant 37 ans comme dividende, et 27,000 francs de plus-value de son action, c'est-à-dire une moyenne de 750 francs par an. A Courrières, en 1853, l'action valait 350 francs : en 1893, 44,500 francs; à Bruay, l'action sur laquelle il n'a été versé, en 1852, que 400 francs, se vendait, en 1893, 14,000 francs; les actions de Nœux valent 18,420 francs, celles de Liévin, 11,900 francs, et chaque année les actionnaires ont perçu des dividendes cinq ou six fois supérieurs à leur capital. Quel est l'homme de bonne foi qui oserait soutenir que de si énormes bénéfices étaient produits par le capital qui se les attribuait? est-ce que le travail n'avait pas contribué à leur production ?

L'économie orthodoxe répond avec une gravité magistrale que le travail ne partageant pas les pertes, il ne peut partager les bénéfices. Sur quel fondement repose cette affirmation qu'on présente comme un dogme? Comment serait-il rationnel qu'un actionnaire qui a souscrit une action de 500 francs ou de 1,000 francs, accumule des richesses qu'il n'a pas produites, et que l'ouvrier qui les a produites, en soit frustré, sous le prétexte tout au moins singulier et qui est loin d'être prouvé, qu'il faut être en état de supporter des pertes pour avoir le droit d'être admis a la répartition des valeurs qu'on a produites. Si le capital peut dire au travail : Sans moi, vous ne pouvez rien ; est-ce que l'ouvrier n'est pas en droit de répondre : Et vous, que pouvez-vous produire sans mon travail? Quand donc le capital a reçu son intérêt qui est sa rétribution particulière, son salaire, et que le travailleur a reçu la sienne sous forme de salaire, est-ce que les bénéfices nets n'appartiennent pas à ces deux agents producteurs? D'ailleurs il n'est pas exact en fait, comme le prétendent les économistes orthodoxes, que le travavail ne participe pas aux pertes. Si le capitaliste est exposé à perdre son argent, est-ce que le travailleur ne voit pas ses forces décliner peu à peu? est-ce qu'il n'est pas exposé aux plus graves accidents? Et si l'usine où il travaille, vient à fermer ses portes, est-ce qu'il n'est pas condamné au chômage? Autant de risques qui ne sont pas moins graves que peut l'être pour le capitaliste le risque de perdre le montant de ses actions.

Ainsi l'école du laisser-faire dont on a si longtemps regardé la doctrine comme la moëlle substantifique de la science, est impuissante à résoudre le problème de la répartition des richesses suivant les règles de l'équité. Son seul principe inattaquable dans cette question, c'est que le capital a droit à une rémunération pour les services qu'il rend à la production. Ce n'est pas seulement le socialisme qui s'élève contre la théorie de l'offre et de la demande, dans tous les rangs de la société des esprits éclairés, ardents défenseurs d'une liberté bien ordonnée en même temps que de justes réformes, aussi réfractaires aux idées subversives que passionnés pour le progrès social, n'hésitent pas à répudier le matérialisme mercantile de cette école. En 1880, Godin, le fondateur du Familistère de Guise, disait : « L'homme qui, obéissant à la loi du travail, nourrit et entretient la société, doit, *selon la justice,* recueillir à mesure qu'il produit, une part proportionnée aux services qu'il a rendus » (1). Au Parlement français tous les partis sont d'accord sur ce point. Dans un rapport sur

(1) Statuts de la Société du Familistère de Guise. Titre Ier : Déclaration de principes.

les Sociétés coopératives, M. Doumer écrit en 1893. « Ce qui ne saurait subsister, c'est le traitement fait à l'ouvrier, dans les conditions nouvelles de la production... L'organisation despotique de l'industrie, où le patron commande en maître absolu, dont l'intérêt et le bon plaisir sont la loi, où l'ouvrier est considéré comme une machine qui doit effectuer le plus économiquement possible un travail donné, qu'on met au rancart si elle est fatiguée ou simplement si on le juge à propos, cette organisation a fait son temps ». M. de Mun, qui est loin de siéger à la Chambre des députés sur les mêmes bancs que M. Doumer, condamne avec la même énergie l'expérience du salaire orthodoxe : « L'excès de production a épuisé l'industrie : le vieux monde succombe sous l'invasion des mondes nouveaux. Ses brusques fluctuations du marché engendrent les chômages et la ruine : la richesse a enfanté la misère. Et la justice? La justice promise au peuple, où est-elle? Elle est foulée aux pieds » (1). Le 24 juin dernier, M. Deschanel disait à la tribune de la Chambre des députés : « Le contrat de travail n'est pas un contrat comme un autre, parce qu'ici la marchandise offerte ne fait qu'un avec la personnalité humaine elle-même. L'ancienne économie politique classique ne peut suffire pour résoudre les problèmes complexes qui se posent. A côté de la science des règles, il y a le droit, il y a le devoir, il y a la justice.... Ce qu'il faut, c'est arriver à une répartition de plus en plus juste des produits du travail. » Même avis dans le monde industriel. M. Renard, qui est à la tête d'une grande teinturerie de Lyon, estime que le salaire n'est pas la rémunération exacte du travail et c'est au nom de la justice qu'il a introduit dans son établissement la Participation : « Nous continuons ce régime, dit-il, parceque

(1) Discours prononcé au congrès des œuvres sociales, à Liège, 1896.

nous croyons qu'il *est juste* de faire bénéficier nos ouvriers dans une certaine mesure des résultats de leur travail » (1).

Cet équilibre rompu par le salariat de la science orthodoxe au profit exclusif du capital, le système de la participation le rétablit en tenant la balance égale des deux côtés. Son but n'est pas de détruire le salaire qui est une nécessité économique et repose sur la nature des choses ; mais de l'améliorer en le fondant sur un principe plus équitable. Ce principe, c'est celui-là même qui préside au monde moral : « A chacun selon ses œuvres ». Egalement hostile aux théories extrêmes du collectivisme et de l'économie classique, le Participationnisme prend pour point de départ l'analyse de la production des richesses, et proclame que toute valeur étant produite par deux agents, le capital et le travail, l'équité commande de répartir la valeur produite proportionnellement aux services de chacun des facteurs. Sans doute il y a de graves difficultés dans l'application de ce principe, quand il s'agit de déterminer le concours respectif du travail et du capital, concours qui, comme nous l'avons vu dans les chapitres précédents, varie suivant la nature de l'industrie et dépend d'un ensemble de circonstances très complexe et très délicat : mais le principe en lui-même n'est-il pas l'expression adéquate de la justice naturelle (2) ?

(1) Applications de la Participation aux bénéfices, par M. Trombert.

(2) M. Charles Robert exposait en ces termes cette question au Congrès de Bordeaux, tenu par l'Association protestante pour l'étude pratique des questions sociales : « S'il est facile d'affirmer, d'une manière générale, qu'il convient, conformément à un sentiment de justice naturelle, d'attribuer à chacun des facteurs de la production ce qui lui est dû proportionnellement à son concours et à son risque, il est difficile, tout le monde en conviendra, de fixer dans chaque affaire industrielle ou commerciale, les valeurs respectives des risques et des concours.

« Nous nous heurtons ici à la force des choses. Il en est ainsi dans

C'est dans ce principe que le Participationnisme puise toute sa force et toute son efficacité pratique : c'est ce principe qui le rendra maître de l'avenir. Toute doctrine qui ne tend qu'à établir ce règne de la justice entrevu par Platon et annoncé au monde par le Christianisme, a en elle quelque chose de ce feu divin qui, d'après le poète ancien, donnait la vie à la terre entière. C'est au nom de la justice que nos pères de 1789 firent la Révolution qui proclama les droits de l'homme : c'est en conservant nous-mêmes pour les transmettre à nos fils, cet immortel flambeau de la vie sociale, que nous pourrons faire pénétrer dans le monde du travail la plénitude de la vigueur et le bien-être général : car, comme l'a dit Proudhon, si le mouvement est l'état de la matière, la justice est l'état de l'humanité. »

Le système de la Participation opère une transformation complète dans les rapports entre les patrons et les travailleurs. Quel est en général l'état d'âme de l'ouvrier salarié? Leclaire l'a dépeint avec une saisissante netteté dans un discours qu'il prononça le 16 mai 1869, à la Sorbonne, dans l'assemblée générale de la Société de Secours mutuels de ses collaborateurs.

« Il se trouve des ouvriers, dit-il, dont l'indifférence est telle qu'ils ne produisent pas les deux tiers du travail qu'ils pourraient faire; même ceux qui seraient disposés à faire

la plupart des matières qui constituent les sciences sociales. Dans beaucoup de questions, il faut absolument renoncer à la certitude absolue, à cette possession sereine de la vérité incontestée dont jouissent les mathématiciens. N'arrive-t-il pas tous les jours, dans les affaires comme dans les circonstances les plus graves de la vie, qu'il faut se contenter d'approximations? L'acceptation sérieuse et sincère, sauf examen ultérieur des questions de détail, au nom de la justice naturelle et en dehors des fluctuations de l'offre et de la demande, du principe d'une rémunération du travail et du capital proportionnelle, autant que possible, aux concours apportés et aux risques subis, serait déjà un grand pas de fait dans la voie des améliorations pratiques.

leur devoir consciencieusement, ne le peuvent pas. Dans tous les chantiers, il se trouve certains garnements dont les bras sont aussi courts que leur langue est longue, et qui ne cessent, par des quolibets et des charges de mauvais goût, de ridiculiser l'ouvrier laborieux. Personnellement dans ma jeunesse, étant apprenti et même devenu ouvrier, j'ai été l'objet de sarcasmes et de plaisanteries décourageantes, telles que celles-ci : « Tu veux faire porter des bas de soie à ton patron ; tu veux l'enrichir : crois-moi, il ne t'en saura pas gré... Tu ne vois donc pas que c'est ta sueur qui lui fait rouler voiture. Ah ! voilà, il a une fille ; tu veux qu'il te la donne en mariage. C'est possible : on a vu des rois épouser des bergères. Eh bien ! mon cher, mets-toi dans le toupet que ce n'est pas pour ton nez, et tu as beau faire, à la première occasion, tu seras remercié comme un autre, et alors quand tu n'auras plus d'ouvrage, les camarades ne t'embaucheront pas, ils te laisseront de côté comme un pied plat ». Tels sont les entretiens qui ont lieu dans les ateliers où les ouvriers travaillent à la journée et l'éducation que les apprentis y reçoivent : chaque génération se les transmet. »

Ce tableau pris sur le vif vers 1836, n'est-il pas le portrait exact de l'atelier ou du chantier actuel ? est-ce avec de plus riantes couleurs qu'il faut peindre nos usines, nos fabriques et nos mines ? Au lieu de diminuer, le mal n'a même fait qu'empirer, surtout depuis que, suivant la poétique expression de M. Jaurès, on a interrompu « *la vieille chanson de nos pères qui berçait la misère humaine* » et que dans la presse et dans les réunions publiques et privées, des écrivains et des orateurs farcis d'utopies prêchent aux travailleurs crédules les théories subversives du collectivisme. La discorde entre patrons et ouvriers est devenue plus générale et plus aiguë et a même revêtu des apparences scientifiques dont le danger est d'autant plus redoutable que l'appel aux appétits et à la violence est déguisé sous le masque de doctrines soi-disant rationnelles. Les progrès du socialisme dans tous les pays industriels et jusque dans les populations rurales, le développement des associations de lutte, telles que le Parti Ouvrier, l'Agglomération parisienne, la Fédération du Centre en France, les Trade-Unions en Angleterre, les excitations incessantes à la grève générale et à la solution révolutionnaire, la fréquence et la gravité des grèves particulières, tout cela n'est-il pas une manifestation caractéristique de la tension des rapports qui existent sous le régime du salariat entre le travail et le capital? Les mots eux-mêmes dont se sert l'ouvrier pour désigner le patron sont une révélation de ses sentiments. L'ouvrier anglais l'appelle « sweater », c'est-à-dire un homme qui fait suer les autres; pour les ouvriers français, c'est un « exploiteur et un parasite. »

Sous le régime de la Participation, cette lutte entre les deux facteurs de la production n'a plus aucune raison d'être. Les intérêts de l'un et de l'autre sont solidaires. La mollesse dans le travail, le gaspillage des matières premières sont aussi nuisibles aux ouvriers qu'au patron : en augmentant le prix de revient, elles diminuent les bénéfices qui doivent être répartis entre les travailleurs à la fin de l'exercice. Dès lors il se passe à l'atelier, au chantier des faits analogues à celui qui se produisit à la lithographie de M. Gasté. Avant l'application de la Participation, on cassait beaucoup de pierres lithographiques dans cette imprimerie : c'était chaque fois une perte de 24 francs. Dès que fonctionna la Participation, on n'en cassa presque plus. Un jour qu'un ouvrier avait par mégarde commis ce léger méfait, un de ses camarades d'ateliers lui dit : Ah! ça, ne casse plus de pierres : c'est huit francs que cela nous coûte ». Quelle raison pourrait d'ailleurs pousser les ouvriers à la grève? Toute augmentation de salaire, toute réduction des heures de travail ne pourrait que causer un préjudice à la prospérité de l'entreprise et par conséquent à leurs propres intérêts. Aussi tous les patrons qui ont établi chez eux le régime participationniste, hormis l'expérimentation malheureuse de MM. Briggs, en Angleterre, sont-ils unanimes à attester que la plus complète harmonie règne dans leur établissement entre le capital et le travail, et M. Charles Robert était-il un esprit clairvoyant quand, dans une conférence à la Sorbonne, il annonçait la suppression des grèves par la Participation. Si un si glorieux résultat est de nature à déranger les systèmes des faiseurs d'utopies ou à causer quelque surprise aux économistes orthodoxes, il ne saurait étonner le véritable philosophe qui voit dans la question sociale une question morale : car il sait que la paix est la compagne fidèle de la justice.

CHAPITRE X.

De la Propagation du Participationnisme : intervention de l'État ; moyens individuels.

En présence des résultats de la Participation et de ses avantages sociaux, l'État et tous ceux qui ont la mission, soit au nom de la science, soit en vertu d'un mandat électoral, d'être les promoteurs du progrès et les champions de la justice et de la paix sociale, peuvent-ils se désintéresser de l'avenir de ce système et n'ont-ils pas au contraire le devoir de contribuer dans la mesure de leur influence et de leur autorité à son rapide développement? Telle est la question qui ressort des considérations de nos derniers chapitres.

Le rôle de l'État en matière de participation fit l'objet de la quinzième question du programme discuté au Congrès international de la Participation aux bénéfices, tenu au Trocadéro en juillet 1889. Elle était ainsi conçue : « La participation aux bénéfices peut-elle être imposée par l'État? Ne doit-elle pas résulter uniquement, suivant les circonstances, de l'initiative du patron ou d'un vœu des ouvriers librement accepté par lui, au même titre que toute autre convention relative au travail? » En d'autres termes : Le participationnisme doit-il être obligatoire ou libre? La discussion de cette thèse remplit presque toute la dernière séance du Congrès. Trois opinions y furent soutenues. M. Bernardot, délégué du Familistère, de Guise, défendit dans une chaleureuse allocution l'intervention de l'État. Appuyé sur ce principe que l'absorption par le capital de toutes les plus-values de la production est « *une flagrante injustice* » et que le devoir de l'État est d'établir la justice partout où elle n'est pas, il en déduisit « pour l'État l'obligation d'établir, *après études*, la participation d'une manière progressive, mais rigoureuse ». Sa conclusion fut une sanglante critique de l'organisation actuelle du travail. « Lors-« que nous demandons que l'État intervienne pour établir « des lois nouvelles qui donnent au travail les garanties « qui lui manquent, on nous dit : Prenez garde, vous « allez toucher à la liberté, vous allez faire du socialisme « d'État.

« Messieurs, il ne faut pas se laisser prendre aux mots : « il faut examiner les faits. D'où vient notre législation « actuelle? Qui l'a établie, sinon le capital? Et naturelle-« ment le capital a fait cette législation presque entière-« ment pour lui. — Il a fait du socialisme d'État aussi, ce « capital, mais il l'a fait à son profit.

« Ce n'est pas ce que nous voulons. Nous voulons que « le capital et le travail deviennent solidaires et que, pas « plus l'un que l'autre, ils n'aient de privilèges : mais la loi « doit les protéger également. »

La conclusion de cette péroraison, sincère mais d'une vivacité extrême, eût été la contrainte légale avec toute la rigueur de la sanction pénale ou civile. M. Bernardot n'alla pas jusqu'au bout de son argumentation : il se borna à demander « que l'*État étudie les moyens* de faciliter le développement de la participation dans l'industrie, et encourage l'initiative des patrons dans cette application ; que, pour donner l'exemple, l'État étudie le procédé le plus convenable pour établir la participation aux bénéfices dans les arsenaux qui sont immédiatement sous sa direction. »

La proposition de M. Buisson, directeur de l'Association coopérative *le Travail*, fut encore plus modeste que celle de M. Bernardot. Hostile à toute intervention légale, il sollicita seulement « le bienveillant appui moral » de l'État pour aider à la diffusion du système participationniste.

Ces deux opinions furent vivement combattues. Parmi leurs adversaires les uns combattirent le principe même de l'intervention. D'après eux, l'État n'a pas le droit d'intervenir dans les questions de travail : sa seule attribution c'est d'assurer la sécurité publique et de la rétablir, quand elle est troublée. Il peut encourager la participation, mais dans aucun cas il ne peut l'imposer (1). D'autres, sans dénier à l'État le droit d'intervention dans l'organisation des conditions du travail, prétendirent que *dans l'espèce* toute contrainte légale serait contraire à la nature même du Contrat de participation, qui a le caractère d'une pure générosité du patron à l'égard des ouvriers.

C'est ce dernier avis qui prévalut. Conformément aux conclusions du rapporteur, le Congrès adopta la résolution suivante : « La participation aux bénéfices ne peut être « imposée par l'État. Elle doit résulter uniquement, sui- « vant les circonstances, de l'initiative du patron ou d'un « vœu des ouvriers librement accepté par lui, au même « titre que toute autre convention relative au travail. »

On rejeta même l'amendement de M. Buisson qui se contentait d'un encouragement, d'un appui moral de l'État.

Cette résolution a été dictée à la majorité du Congrès par le respect de la liberté du travail sur laquelle repose notre

____

(1) *Congrès international de la Participation aux bénéfices,* p. 257-259.

organisation sociale, telle que l'a constituée la Révolution de 89 : mais ce sentiment ne l'a-t-il pas entraînée trop loin? Si l'intervention de l'État dans les industries privées, sauf pour le cas où il s'agit de protection publique, comme dans le travail des femmes et des enfants, et des conditions de salubrité, rentre dans la doctrine socialiste, il n'en est pas de même dès qu'il s'agit des travaux qui dépendent directement de l'État,

Dans cette sphère, l'État a tout pouvoir : il est maître chez lui. Il peut, comme on l'a fait en Angleterre, en Belgique et en Suisse, réglementer la durée du travail et fixer un salaire *minimum*. De quel droit lui interdirait-on de donner l'exemple de la plus utile et de la plus urgente des réformes, celle de la Participation aux bénéfices, dans les travaux qu'il exécute lui-même ou qu'il fait exécuter par des adjudicataires? Il n'en a pas seulement le droit; il en a le devoir. En présence de cet antagonisme tantôt sourd et latent, tantôt ardent et violent, mais toujours nuisible à la production et à la richesse publiques, qui existe entre le capital et le travail, alors que l'État a entre les mains le moyen de réconcilier ces deux frères ennemis, s'il assistait en spectateur indifférent à leurs luttes incessantes sans leur tendre le rameau de la paix, est-ce que ce ne serait pas forfaire à l'intérêt national? Sans doute, il a la persuasion, « cet encouragement, cet appui moral » que demandait M. Buisson, au Congrès international de 1889; mais la voix de l'exemple a plus d'autorité. De quel crédit, de quel prestige jouirait la Participation auprès du public français, toujours prêt à admirer les institutions d'État, lorsqu'elle serait pratiquée dans tous les travaux de l'État, dans ses usines et dans ses manufactures? N'est-ce pas, du reste, la conséquence de la loi sur le Contrat de Participation? Est-ce qu'en la votant le Parlement n'en a pas du même coup proclamé l'utilité générale?

C'est une opinion analogue que M. Charles Robert exposa dans sa déposition devant la Commission d'enquête extra-parlementaire sur les associations ouvrières, en 1883 : « L'Etat, disait-il, peut poser des conditions dans le cahier des charges. En droit, la loi pourrait décider, comme l'ont demandé à la Chambre M. Laroche-Joubert et plusieurs de ses collègues, que la participation fût imposée dans toute la France, pour tout travail public, à quiconque voudrait devenir adjudicataire ». Mais, dans la pratique, il préférerait à ce système radical et absolu l'idée d'accorder « une prime, un privilège, une récompense à celui des entrepreneurs soumissionnaires qui promettrait d'accorder et accorderait, en effet, à la fin de l'entreprise une participation à ses ouvriers... On pourrait leur rembourser, après la bonne exécution des travaux, une partie du rabais qu'ils auraient consenti. »

Cette proposition donna lieu à un incident fort intéressant. Un des membres de la commission ayant dit à M. Charles Robert : « Selon moi, la subvention de l'État en pareille matière consacrerait une injustice »; le Secrétaire de cette commission, M. Barberet (1), lui répondit : « *Il s'agit de savoir si ce qui à l'heure actuelle à l'air d'une injustice, ne serait pas une grande justice pour l'avenir*. On subventionne l'Opéra : pourquoi n'aiderait-on pas, sous une forme moins déterminée, des institutions au moins aussi utiles que les théâtres. »

M. Laroche-Joubert fut plus catégorique devant cette commission : « Je soutiens que l'État, les départements ou les communes ont le droit d'imposer la participation aux entrepreneurs qui soumissionnent leurs travaux.... En imposant la participation, on rend les plus grands services à tous, à ceux qui la donnent et à ceux qui la reçoivent. »

Le principe interventionniste va bientôt être discuté à la

____

(1) M. Barberet est actuellement Directeur des Institutions de Prévoyance, au Ministère de l'Intérieur.

Chambre des députés. M. Guillemet, partageant l'opinion que nous venons d'exposer et de soutenir, a déposé le 4 novembre 1895 sur le bureau de la Chambre une proposition de loi ainsi conçue :

Art. 1er. — A partir du 1er janvier de l'année qui suivra la promulgation de la présente loi, l'État organisera la Participation aux bénéfices dans toutes usines et manufactures qu'il gère lui-même et dont il met en vente les produits, ainsi que dans les chemins de fer qu'il exploite lui-même.

Art. 2. — Dans les usines, manufactures, qui fabriquent des produits d'un impôt dont le montant est incorporé dans le prix de vente, telles que les manufactures de tabac, allumettes, etc., pour déterminer le prix réel de vente, on déduira l'impôt dont la quotité sera fixée par un règlement d'administration publique.

Art. 3. — Dans les usines, manufactures, que l'État gère lui-même sans en mettre en vente les produits, telles que les manufactures de Sèvres, Beauvais, Gobelins, les employés et ouvriers seront intéressés à la production. L'estimation des objets fabriqués sera faite par un délégué de l'administration et un ouvrier ou employé désignés par leurs collègues, et en cas de désaccord par un arbitre désigné par les parties.

Art. 4. — Tout ouvrier ou employé ayant plus de trois années de présence sera de droit membre participant.

Art. 5. — Un règlement déterminera d'ailleurs, pour chaque établissement, les conditions et l'emploi de la participation, en tenant compte, pour en imputer la dépense jusqu'à due concurrence sur le produit de cette participation, des institutions de retraite ou autres qui auraient déjà été créées en frais généraux au profit du personnel.

Quel accueil fera la Chambre des députés au projet de M. Guillemet? A en juger par les applaudissements qu'elle prodigua à M. Goblet et à M. l'abbé Lemire, à la séance du 21 novembre 1894, lorsque ces deux orateurs opposèrent aux utopies de M. Guesde, l'intervention de l'État dans les questions de travail par la mise en pratique de la participation dans tous les travaux publics, cette proposition, au moins dans son principe, est appelée à réunir une grande majorité.

Dès que l'État aura donné l'exemple de la Participation, il n'est pas téméraire de conjecturer qu'il entraînera à sa suite dans la même voie les départements, les villes et les communes. Les conseils généraux, les conseils municipaux pourraient-ils hésiter à adopter après lui cette rémunération plus équitable du travail ! Ne saisiront-ils pas au contraire avec un généreux empressement cette occasion de faire passer une part de ces bénéfices considérables que donnent aux entrepreneurs et aux adjudicataires les travaux publics, entre les mains des travailleurs qui ont contribué à les produire et de porter dans leur si humble logis un peu de bien-être, une lueur de joie et l'espoir d'un avenir moins dur. Ainsi serait réalisé, par la force même, des choses et sans contrainte légale, dans nos départements et communes, le projet que M. Laroche-Joubert déposa à la Chambre des députés en 1879. Les partisans les plus fervents de la liberté du travail et qui taxent d'odieuse et d'intolérable l'ingérence de l'État dans les bilans de l'industrie privée, ne peuvent repousser cette réglementation par les cahiers des charges : dans le ressort de leurs travaux, l'État, les départements et les communes ne sont pas de pire condition et ont les mêmes droits que les simples particuliers ; ils ont la faculté dans un contrat de stipuler toutes les clauses qui leur paraissent avantageuses et utiles à leur intérêt.

L'orthodoxie économique objectera peut-être que cette clause restreindra le nombre des soumissionnaires et rendra les adjudications plus onéreuses pour l'État. Ce serait ne pas tenir compte de la concurrence. Tant qu'un marché offre l'appât ou l'espoir d'un bénéfice, les preneurs abondent. Or comme l'État est un bon prince et qu'en général, pour ne pas dire toujours, en travaillant pour lui on réalise de beaux profits, il n'y a pas à redouter que l'obligation de la Participation élève le prix des soumissions.

Il nous semble que l'État aurait encore le droit, sans violer la liberté du travail, de rendre la Participation obligatoire dans toutes les Sociétés anonymes. Ces sortes de sociétés sont dans une situation toute particulière. L'ÉTAT LEUR A ACCORDÉ DEUX PRIVILÈGES : il n'y a pas de responsabilité personnelle, et, en cas de faillite, les actionnaires ne sont responsables que jusqu'à concurrence du prix de leurs actions. Pourquoi en échange de cette faveur l'État ne leur imposerait-il pas l'obligation de payer tous les ans à leur personnel un tantième minimum sur leurs bénéfices? Comme d'ailleurs elles doivent publier leur bilan après chaque exercice, elles ne pourraient, comme les patrons privés, se plaindre qu'on porte ainsi atteinte à leur crédit.

À ceux qui contesteraient le droit d'intervention de l'État, nous répondrons avec M. Ollé-Laprune qu'on ne saurait suspecter d'être étatiste : « Si vous laissez tout faire à l'État, alors c'en est fait de la liberté, c'en est fait de l'initiative, c'en est fait de la vie. Mais, d'un autre côté, il ne faut pourtant pas dire qu'il n'y a rien à attendre de l'État, qu'il n'y a rien à attendre de la législation. Quand il y a dans la société quelque chose qui ne va pas, quand il y a une faiblesse opprimée d'une manière ou d'une autre, il est tout simple, il est tout naturel que l'État soit le protecteur de cette faiblesse » (1).

____

(1) *De la responsabilité de chacun devant le mal social*, par Ollé-Laprune. Conférence du 15 mars 1895, donnée par le Comité de défense et de progrès social.

Quant à l'industrie privée où toute ingérence de l'État serait contraire à notre droit public, M. Charles Robert indique un moyen qui lui permettrait d'y encourager et d'y propager la Participation.

« Je demande, dit-il, qu'à la prochaine Exposition universelle ou locale, aucune récompense ne soit donnée dans les classes industrielles, au point de vue technique, si l'établissement qui se distingue par la perfection de ses produits, ne mérite pas en même temps une récompense dans le groupe de l'Économie sociale, d'après ses réponses détaillées à nos questionnaires d'enquête, pour la manière dont il aura traité et rémunéré les producteurs.

« Je demande que de hautes récompenses soient prodiguées à ceux qui se seront convertis et qu'aux médailles des néophytes les plus zélés viennent s'ajouter tous les honneurs dont les gouvernements peuvent disposer en faveur des chefs d'industrie placés sous leur loi (1) ».

Si le gouvernement déférait au vœu de M. Charles Robert pour la répartition des récompenses à l'Exposition de 1900, si en même temps les Ministres du Commerce et des Travaux publics traitaient en vrais bienfaiteurs du pays les patrons qui établissent la Participation dans leur établissement, nul doute que ces distinctions honorifiques n'imprimassent au mouvement participationniste une impulsion aussi profitable à la production nationale qu'à la pacification du capital et du travail.

Un concours non moins utile et encore plus indispensable que celui de l'État, c'est l'action des sociologues, des patrons et des associations ou comités, convaincus des bienfaits de la Participation. C'est de leur zèle, de leur activité que dépend en grande partie la rapide propagation de ce système : c'est à eux qu'il appartient d'agir soit

____

(1) *Bulletin de la Société de participation aux bénéfices*, t. XI. p. 184.

auprès des chefs d'industrie, soit auprès des ouvriers. Jusqu'ici les disciples de la Participation semblent avoir eu une profonde répugnance pour la propagande de leur doctrine : ils se sont livrés à de longues et sérieuses études, ils ont analysé, discuté le pour et le contre de toutes les questions participationnistes, ils se sont livrés à de précieuses enquêtes et ont réuni de nombreux documents : mais tout cela s'est passé dans les jardins d'Académus, sans tambour ni trompette : persuadés que la vérité se fait jour par elle-même, qu'avec le temps elle triomphe de tous les obstacles, ils laissaient un peu aller les choses au gré des événements. Mais ce n'est pas en tenant la lumière sous le boisseau qu'on éclaire la maison. Si, dès le second siècle, Tertullien pouvait dire que les disciples du Christ remplissaient jusqu'au palais des Césars, c'est que, suivant le précepte du Maître, les apôtres étaient allés porter à toutes les nations la doctrine émancipatrice de l'Évangile. C'est dans la propagande que les théories les plus discutables en sociologie et en morale puisent cette force qui attire les masses populaires, au moins pour un certain temps : n'est-ce pas la presse, la brochure, les discours qui ont établi ces courants d'opinion devant lesquels sont tombées les barrières les plus solides, nos traditions et parfois même nos croyances ? C'est cet avis qu'exprimait M. Constant Deville, membre du Conseil supérieur du travail, le 8 avril 1894, à l'Assemblée générale de la Société pour l'étude pratique de la Participation aux bénéfices, quand il disait : « Employez tous les moyens en votre pouvoir pour vous faire connaître davantage.... C'est au dehors et au loin qu'il faut semer vos idées. » Et en même temps il proposait de faire entrer cette question dans l'enseignement des associations polytechnique et philotechnique.

Pour assurer le succès du système participationniste, il faut, suivant le sage conseil de M. Charles Robert « créer

« en sa faveur deux grands courants d'opinion publique,
« l'un parmi les patrons, l'autre dans les milieux ouvriers. »
Il est indispensable de vaincre les préjugés qui règnent
parmi les travailleurs comme parmi les patrons.

Le monde ouvrier est aveuglé par la prévention invétérée des classes. La devise des ouvriers, notre fabuliste l'a
formulée au xviie siècle : « Notre ennemi, c'est notre
maître ». Soumis, serviles même en apparence, ils ont
l'âme pleine de fiel et de haine, surtout dans les grands
centres industriels où ces ferments de discorde sont si
habilement et si soigneusement entretenus par les prôneurs
de la panacée collectiviste. Que le patron, animé des meilleurs sentiments, leur offre la Participation, ils ne l'acceptent qu'avec méfiance et parfois même ils la refusent.
Godin disait à la Commission extra-parlementaire des Associations ouvrières qu'à l'origine son personnel était hostile à ses idées et que lors de la première répartition, la
plupart d'entre ses ouvriers refusèrent en disant : « Nous ne
savons pas pourquoi on nous donne cela ». Et il ajoutait :
« Si je m'étais laisser aller à la défaillance, je n'aurais rien
fait. J'ai lutté contre des préventions et des difficultés de
toute nature ». Lorsque M. Niess établit la participation
dans son entreprise de charpente à Brunswick, ses ouvriers
considérèrent cette institution comme une tentative pour
les enchaîner et ils y répondirent par une grande inertie (1) ». Ces soupçons, cette méfiance, il faut les vaincre
par tous les moyens possibles, surtout par la culture intellectuelle et le développement de l'instruction. Un préjugé
non moins redoutable, c'est l'ignorance de la classe ouvrière et la routine. A Peace Dale (Rhode-Island) le succès
de la Participation est dû à la persévérance de la direction.

____

(1) La participation aux bénéfices, par M. le Dr Böhmert, traduit
par M. Trombert.

A la fin de chaque année, elle a eu le soin d'expliquer aux ouvriers les conditions auxquelles était subordonnée la réussite de l'expérimentation. La Participation échoua dans deux entreprises voisines, parce qu'aucune tentative n'avait été faite pour instruire les ouvriers. Et le si intéressant essai de M. de Naeyer pour rendre les pêcheurs propriétaires de leurs bateaux, dont nous avons parlé dans un de nos précédents chapitres, quelle autre cause l'a empêché d'aboutir, sinon l'ignorance des travailleurs? Quelque simple que fût la combinaison qu'on leur proposait, ils ne comprirent pas comment après avoir été locataires de leur bateau, ils pouvaient en devenir propriétaires.

Il y a aussi des préjugés à dissiper dans l'esprit des patrons. Combien d'entre eux ont encore, avec la plus entière bonne foi, des idées inexactes sur leurs rapports avec leurs ouvriers et sur l'étendue des droits respectifs du capital et du travail ! Combien méritent encore les sévères critiques de l'éminent sociologue anglais, Herbert Spencer !

« A leurs yeux, la conduite, dans toutes les luttes du tra-
« vail, de leurs concitoyens moins favorisés par la fortune
« est blâmable. Il suffit qu'une grève occasionne des désa-
« gréments plus ou moins considérables pour qu'elle soit
« considérée comme un acte d'injustice. Pour eux il y a
« quelque chose d'intolérable dans cet esprit d'indépen-
« dance qui pousse les ouvriers à refuser le travail, lors-
« qu'on ne leur accorde pas une augmentation de salaire
« ou une diminution d'efforts. Le peu d'égards que le plus
« grand nombre manifeste pour le bien-être du plus petit
« nombre leur paraît être un fait d'une iniquité révoltante.
« *En envisageant la question au point de vue moral, il faut*
« *bien reconnaître cependant que jamais il n'a existé un*
« *droit quelconque autorisant une fraction de l'humanité à*
« *mettre sous sa dépendance le plus grand nombre autrement*
« *que pour développer son bien-être.*

« Aujourd'hui l'amélioration du sort du plus grand nom-
« bre serait même la seule justification de l'existence des
« classes subordonnées. La manière de voir actuelle, en
« cette matière, est donc destinée à se modifier complè-
« tement. La vieille théorie de la direction industrielle et
« sociale comporte une transformation analogue à celle
« qui, dans l'ordre politique, a fait du chef du pouvoir le
« serviteur du pays et non plus le propriétaire de la na-
« tion. Les classes dirigeantes arriveront donc à com-
« prendre que, tout en poursuivant légitimement leurs
« propres intérêts, elles doivent les subordonner aux inté-
« rêts des masses dont elles dirigent le travail.

« Les préventions qui empêchent les patrons de se faire
« une idée précise de cette situation, s'opposent également
« à ce qu'ils se rendent compte de cette vérité qu'une dimi-
« nution de la puissance des classes et un affaiblissement
« des éléments de séparation sociale peuvent être accom-
« pagnés de progrès favorables non seulement aux classes
« dirigées, mais encore aux catégories dirigeantes » (1).

Combattre ces préjugés, redresser ces opinions peu rai-
sonnées, réformer des habitudes invétérées, tel est le rôle
que les circonstances présentes imposent à tous ceux qui ont
quelque souci de la justice et de la paix dans le monde du
travail. C'est une noble mission; mais il ne faut pas se
dissimuler que la tâche n'est pas toujours aisée. Quelque
éclairés que soient en général les patrons, quelque droite
que soit leur conscience, la longue pratique du salariat
a créé des opinions difficiles à déraciner et même à ébran-
ler. Mais cependant le péril social est si grave, les remèdes
sont si urgents que si des hommes à qui la rectitude de
leur passé, le caractère et l'expérience concourent à donner
de l'autorité, exposent la situation aux chefs d'industrie,

(1) The Study of Sociology.

le poids des arguments participationnistes et la gravité de leur parole opèreront de nombreuses conversions à l'organisation équitable du travail. C'est après avoir entendu un discours de M. Charles Robert, au Congrés de Montbéliard en 1890, que MM. Thomas frères instituèrent la participation dans leur imprimerie, à Pontarlier, et se firent les propagateurs du système dans le *Journal de Pontarlier* et dans le *Messager agricole* dont ils sont les éditeurs. Que les hommes de foi unissent leurs efforts pour répandre dans tous les milieux industriels et agricoles la doctrine participationniste; qu'ils propagent ses résultats et ses avantages par le livre, la brochure et la parole; et l'on ne tardera pas à voir accourir vers elle, comme vers un port de salut, tous ceux qui veulent échapper à la tempête qui menace l'ordre social.

30 Décembre 1896.

APPENDICES

APPENDICE I.

Le Congrès international de la Participation tenu en juillet 1889 au Cercle populaire de l'Esplanade des Invalides vota les résolutions suivantes.

Le Congrès international est d'avis :

I. — Que la convention librement consentie, par laquelle l'ouvrier ou l'employé reçoit une part déterminée d'avance des bénéfices est conforme à l'équité et aux principes essentiels du droit positif.

II. — Qu'en établissant la participation aux bénéfices, il importe d'assurer d'une manière quelconque, au besoin sur frais généraux, l'affectation des ressources nécessaires à des subventions relatives aux cas de maladie ou d'accident.

III. — Que, dans les établissements qui occupent un nombreux personnel, et où diverses fabrications peuvent être considérées comme formant des entreprises distinctes et séparées, il peut être avantageux d'intéresser l'ouvrier non seulement à l'ensemble des bénéfices, mais encore aux profits particuliers de la branche où il travaille.

IV. — Qu'en règle générale la participation aux bénéfices est *hautement* préférable à toute autre combinaison d'attribution de gain supplémentaire ; mais que, si le système des primes ou sursalaires n'a pas, au point de vue des rapports du capital et du travail, la même influence morale que la participation, il peut constituer un premier acheminement vers ce système.

V. — Que le contrôle des comptes par un arbitre expert nommé chaque année en Assemblée générale par les participants pour l'année suivante, donne toute sécurité aux participants comme au chef de la maison.

VI. — Que la participation ne peut être organisée que là où il y a une comptabilité régulièrement tenue.

VII. — Que l'organisation du travail avec la participation aux bénéfices constitue un élément d'instruction professionnelle et d'éducation économique pour tout le personnel qui est ainsi préparé à devenir successeur du patron soit sous la forme de commandite simple, soit comme association coopérative de production.

VIII. — Que si le participant est admis à avoir une part au capital, il devient, par ce fait, un véritable associé, participant aux pertes comme aux bénéfices, ce qui prépare d'autant mieux l'avènement de la coopération proprement dite, dans laquelle tout propriétaire d'action est en même temps ouvrier ou employé.

IX. — Que, dans la mesure du possible, et sous les réserves commandées dans certains cas, il conviendra pour augmenter les garanties offertes aux bénéficiaires de la participation contractuelle, d'adopter des règles déterminées pour la confection de l'inventaire.

X. — Qu'il peut être juste et utile, dans la répartition des bénéfices, de créer des catégories soit d'après l'importance des fonctions des principaux employés, chefs de service ou contremaîtres, soit d'après l'ancienneté des services.

XI. — Que tous les modes d'emploi du produit de la

participation, soit en espèces, soit autrement, sont légitimes, comme résultant d'une libre convention; mais qu'il est sage, surtout au début, de consacrer à l'épargne une partie aussi forte que possible du surcroît de rémunération que la participation des bénéfices rapporte au personnel.

XII. — Que la capitalisation sur livrets individuels formant un *patrimoine* transmissible à la famille, est préférable aux rentes viagères.

XIII. — Que la déchéance ne soit plus inscrite dans les conventions relatives à la participation. Le Congrès reconnaît toutefois que l'organisation d'une caisse de prévoyance ou de retraite peut comporter, dans l'intérêt même du personnel, l'application de cette déchéance, à la condition que son montant reste à la masse et que, pour éviter tout arbitraire, les cas de déchéance soient déterminés par le règlement.

XIV. — Que la création d'une Caisse générale de dépôts indépendante des entreprises pour recevoir les épargnes collectives, lorsque les produits de la participation n'auront pas reçu une autre destination, est de nature à donner sécurité et confiance aux intéressés, et qu'elle est à la fois désirable pour le patron et pour les ouvriers.

XV. — Que les établissements où la répartition entre tous ne donnerait à chacun qu'une très faible somme, et où le personnel est stable, la participation collective affectée à des services de mutualité, de secours, d'instruction ou à des avances pour maisons ouvrières, est préférable, en principe, à la participation individuelle.

XVI. — Que, sans pouvoir conseiller en termes absolus de préférer aux placements de tout repos la commandite de la maison industrielle où les ouvriers travaillent, ce dernier parti, malgré les risques qu'il fait courir, est le moyen le meilleur et le plus pratique de réaliser, comme l'ont fait Leclaire et Godin, l'avènement des associations coopératives de production.

XVII. — Que si le produit de la participation doit être consacrée à une assurance sur la vie, l'assurance mixte est préférable à tout autre.

XVIII. — Que les retraites et rentes viagères constituées doivent toutes se reporter à des tarifs établis d'après des tables de mortalité.

XIX. — Que le produit de la participation peut être très utilement employé à stimuler l'épargne individuelle, ou à faire des avances aux ouvriers pour leur faciliter l'acquisition, par annuités d'une maison.

XX. — Que la participation, en augmentant la stabilité des ouvriers pères de famille, facilite l'apprentissage et le bon recrutement du personnel.

XXI. — Qu'en principe, rien ne s'oppose à l'établissement de la participation aux bénéfices dans les exploitations agricoles qui emploient un nombre suffisant de travailleurs salariés, et, où existe une comptabilité bien tenue.

XXII. — En ce qui concerne la pêche maritime, qu'il y a intérêt à conserver le système de la navigation *à la part*, qui maintient le niveau moral et professionnel dans les familles des pêcheurs ; en outre, que là où s'est introduite la navigation *au mois*, il importe de combiner le salaire fixe avec l'attribution d'une part prélevée sur le produit de la pêche.

XXIII. — Que la participation ne peut pas être imposée par l'État ; qu'elle doit résulter uniquement, suivant les circonstances, de l'initiative du patron ou d'un vœu des ouvriers librement accepté par lui, au même titre que toute autre convention relative à la rémunération du travail.

XXIV. — Que le sentiment de la dignité personnelle ainsi que l'élévation intellectuelle et morale de l'ouvrier étant le meilleur auxiliaire pour établir l'harmonie entre le capital et le travail, il y a lieu d'engager les chefs d'industrie à consacrer une partie de leurs bénéfices à des œuvres d'instruction et d'éducation.

APPENDICE II.

Les Institutions de M. Van Marken à la Fabrique Néerlandaise de Levure et d'Alcool et à la Fabrique Néerlandaise d'Huiles, créées de 1870 à 1894.

I. — Institutions pour l'amélioration des salaires.

A) PRIMES ET GRATIFICATIONS POUR HABILETÉ ET DÉVOUEMENT AUX INTÉRÊTS DE LA MAISON.

1. Classes de dévouement.

Classification des membres du personnel en cinq classes de dévouement (médiocre, suffisant, bon, très bon, excellent) à la suite de jugements réguliers rendus 2 ou 3 fois par an par chacun de leurs chefs (chef d'équipe, contre-maître, ingénieur, etc.), et promotion annuelle à une classe supérieure. A cette classification se rattachent des primes s'élevant à 2, 5, 10 et 20 % du montant des salaires ordinaires.

2. Primes pour habileté.

Médiocre, suffisant, bon, très bon, excellent avec primes de 2, 5, 10 et 20 % du montant des salaires ordinaires.

3. Primes pour collaboration.

Primes de 5 et 10 % pour collaboration très bonne ou excellente avec les camarades ou les subordonnés.

4. Gratification personnelle.

Pour habileté exceptionnelle et pour services extraordinaires.

B) PARTICIPATION AUX BÉNÉFICES.

5. Participation aux bénéfices nets de la Société.

Depuis 1880 les actionnaires ont accordé aux membres du personnel 10 % des bénéfices nets de l'entreprise.

Cette part des bénéfices s'élevait pour la Fabrique de Levure et d'Alcool en 1892 à 9,250 francs, en 1893, à 37,900 francs ; total de *1880* à 1893 208,900 francs. Pour la Fabrique d'Huiles en 1891, 30,100 francs, en 1892, 10,100 francs, total de *1880* à 1893, 67,400 francs.

Ces sommes furent réparties entre tous les membres du personnel, en rapport avec leurs salaires et leur classification.

Ils reçoivent leur tantième au prorata de la moitié (première classe de dévouement) les trois quarts, le montant simple, une fois et demi ou enfin (cinquième classe) le double de leur salaire.

II. — Institutions pour l'amélioration des intérêts matériels.

A) SOUTIEN DE LA FAMILLE DANS LES CIRCONSTANCES NORMALES DE LA VIE.

a. — Caisses d'épargne.

6. Caisse d'épargne ordinaire.

Versement libre. Taux de l'intérêt 5 %.

7. Caisse d'épargne forcée des primes.

Taux de l'intérêt 4 %. Versement forcé d'une part des primes et du tantième des bénéfices nets, en rapport avec l'âge de l'individu et le nombre de la famille.

Versement de leur prime et du tantième :

Les jeunes gens au dessous de 18 ans (disciples) 90 %.

      —   de 18 à 23 —   75 %.

Les célibataires au dessus de 23 —   50 %.

Les mariés sans enfants.   40 %.

Les mariés ayant 1 enfant au dessous de 15 ans 30 %.

       —   2   —   20 %.

       —   3   —   10 %.

       —   4   —   rien.

b. — Participation au capital de la Maison.

8. Parts d'actions de la fabrique de Levure à la disposition des employés.

M. Van Marken a mis à la disposition du personnel dix de ses propres actions de 1,000 fl. Ces actions sont subdivisées en 1,000 certificats nominatifs, chacun de 10 fl. Chaque membre du personnel peut acheter au maximum 10 de ces certificats et ainsi prendre part aux bénéfices propres du capital. M. Van Marken s'est en outre engagé à racheter au prix coûtant ces parts d'action, en cas de congé, ou dans toute autre circonstance où le propriétaire, pour une cause quelconque, désire s'en débarrasser.

c. — Amélioration de la santé et de la sûreté dans les usines.

9. Commission permanente pour les mesures d'hygiène et de préservation contre les accidents.

Composée de membres du personnel, sous la présidence de l'ingénieur en chef, ayant le droit et le devoir même de proposer toutes les mesures qu'ils considèreront nécessaires ou utiles.

10. Réfectoires.

Lait, café, bière, billards.

11. Salles de toilette et de bains.

12. Cours de chirurgie élémentaire.

Cours séparés pour hommes et pour femmes, donnés par un médecin. Pour certains membres du personnel l'assistance au cours est obligatoire.

13. Secours en cas d'accidents.

Une salle spéciale, munie de tous les appareils nécessaires, est arrangée comme salle de pansement.

14. Corps de pompiers.

Exercices réguliers avec le matériel (pompe à vapeur, pompes à main, etc.) Les pompiers ont rendu plusieurs fois des services importants dans la ville de Delft et les communes voisines.

d. — Société anonyme « Propriété Collective ». — Capital : 160,000 florins en 1,600 actions de 100 florins.

Le but de la Société est :

1° La construction de bonnes maisons dans le Parc Agnéta.

Loyer 3 fr. 75 à 6 fr. 30 par semaine.

2° Magasins coopératifs pour la vente des denrées alimentaires.

Deux magasins (dans le parc et dans la ville). Chiffre de la vente annuelle (augmentant chaque année) 126,000 francs.

3° Magasin Coopératif pour la vente des vêtements.

Vente annuelle 29,500 francs, augmentant chaque année.

Chaque membre du personnel est absolument libre, s'il le veut ou non, de demeurer dans le Parc ou d'acheter dans les magasins.

Sur les profits annuels de cette Société anonyme (absolument indépendante des usines) est payé d'abord un dividende de 5 % aux actionnaires. Le reste est réparti parmi ceux qui ont acheté dans les magasins et loué les maisons, à raison des sommes qu'ils ont payées. Cependant ils ne reçoivent pas cette quote-part des bénéfices nets en argent, mais en actions (actions d'épargne) ou parts d'actions (livrets)

de la Société. L'argent sert à l'amortissement des obligations, de sorte qu'après 30 années les maisons, magasins,
etc., seront devenues « propriété collective » de ceux qui
ont acheté dans les magasins ou demeuré dans les maisons.
Cependant ils peuvent vendre leurs actions d'épargne ou
livrets aux autres acheteurs ou locataires.

4° Potagers.

Sur un champ tout près du Parc, sont séparés des potagers, que les ouvriers peuvent louer à raison de 3 fr. 75
par 100 M².

B) SOUTIEN DE LA FAMILLE AU MOMENT DE SES CRISES.

a. — Maladie.

15. Salaires payés pendant 8 semaines.

Si la maladie est de plus longue durée, les *droits* cessent,
mais la *philanthropie*, sous les auspices de la « Section des
Intérêts du personnel » se charge du malade.

16. « Secours mutuels ».

Société fondée par l'initiative de quelques membres du
personnel, dans le but de procurer des fortifiants aux convalescents. Cotisation : 5 centimes (1 centime = 2 centimes) par semaine; participation libre.

17. Caisse pour les malades.

Participation obligatoire. Cotisation par semaine :

      12 centimes pour l'homme.

       8   —   — la femme.

       3   —   — chaque enfant.

Chaque membre choisit le médecin qu'il désire, et qui
est payé par la Caisse. En dehors des cotisations les ouvriers paient pour chaque visite 5 centimes, les contre-
maîtres et employés 10 centimes, les employés supérieurs
15 centimes, pour les visites de nuit le double, jusqu'au
maximum de 25,50 et 75 centimes par semaine. Cependant

ces cotisations ne suffisent pas pour tous les frais de la Caisse. Les remèdes sont des meilleures pharmacies.

18. Garde-malade.

Parmi les employés de la « Section des Intérêts du personnel » figure une garde-malade diplomée, qui visite tous les familles des membres du personnel où il y a une maladie. Elle dispose de quelques fauteuils, de matelas, en un mot de tous les objets que les classes ouvrières généralement ne peuvent pas se procurer, mais qui sont indispensables en cas de maladie.

b. — Accidents.

19. Salaires payés intégralement jusqu'à la convalescence.

20. Assurance contre les accidents.

Les primes sont payées par la Maison.

En cas de décès, ou d'impossibilité absolue de jamais travailler, la famille reçoit une somme équivalente au double du salaire de la dernière année de service.

c. — Mariage.

21. Remboursement partiel de l'épargne (forcée) des primes.

En se mariant on reçoit de la caisse d'épargne des primes une somme équivalente à vingt-cinq fois le salaire d'une semaine, pourvu que le total des épargnes monte à cette somme.

d. — Accouchement.

22. Remboursement partiel de l'épargne (forcée) des primes.

On reçoit deux fois le salaire d'une semaine, aux mêmes conditions que ci-dessus.

e. — Vieillesse.

23. Assurance de pension de retraite à 60 ans.

Les primes sont payées totalement par la Maison (7 % des salaires par an) de telle sorte que lorsqu'elles sont payées depuis la 21e jusqu'à la 60e année, la retraite totale résultant de ces rente viagères soit égale au montant du salaire fixe dont l'ayant-droit a joui pendant cette année de travail écoulée.

Chaque membre du personnel reçoit à la fin de l'année une police; en cas de démission honorable le droit aux rentes viagères pour lesquelles les primes ont été versées reste.

24. Remboursement intégral de l'épargne (forcée) des primes.

f. — Mort.

25. Assurance sur la vie.

Les primes (2 % des salaires par an) sont payées par la Maison. La somme assurée en cas de décès avant la 60e année est 9 % du total du salaire reçu pendant le temps que le décédé a été au service de la Maison.

26. Remboursement intégral de l'épargne (forcée) des primes.

27. Fonds pour les veuves.

Géré par 3 membres du personnel, élus par leurs camarades, sous la présidence du chef de la Section des intérêts du personnel. Ce n'est pas l'assurance, c'est la bienfaisance, dans les limites des moyens des contribuables et en rapport avec les besoins et les propres ressources des veuves. Chacun des directeurs et des membres du personnel verse 1 % de son salaire et de ses primes; la moitié de cette totalité est versée par la Maison.

Le maximum de la subvention est fixé à 8 francs pour la veuve et 2 francs pour chaque enfant. Maximum pour une famille 16 fr. 50. En juillet 1894, dix-sept veuves et trente-et-un enfants jouissaient des subventions.

g. — Incendie.

28. Assurance contre l'incendie.

L'ouvrier Néerlandais ne pense guère à assurer ses biens contre les risques de l'incendie. C'est pourquoi une police collective d'une compagnie d'assurance assure les biens de chaque membre du personnel qui fait sa déclaration sur un registre et paie la prime de 1 ½ %.

III. — Institutions pour favoriser le développement de l'intelligence.

A) ENSEIGNEMENT ET PATRONAGE DES ENFANTS DU PERSONNEL.

a, — Pour enfants au-dessous de 6 ans.

29. École maternelle.

Système Fröbel. Contribution par semaine : 10 centimes pour un enfant, 5 centimes pour les autres enfants d'une famille.

b. — Pour enfants de 6 à 13 ans, fréquentant les écoles communales.

30. Une commission de dames pour le patronage des enfants.

31. Fêtes scolaires et prix pour fréquentation régulière de l'école.

c. — Pour les garçons de 13 à 18 ans.

32. École de travaux manuels pour développer l'habileté et le goût.

d. — Pour les jeunes filles de 6 à 13 ans.

33. École de broderie et de tricotage.

e. — Pour les jeunes filles de 13 à 16 ans.

34. École de couture et de raccommodage.

f. — Pour les filles au-dessus de 16 ans et pour les mères de famille (cours différents).

35. École de couture, de raccommodage et de découpage.

36. École cuisinière.

B) APPRENTISSAGE DANS LA FABRIQUE ET DANS LES BUREAUX.

a. — Enseignement des apprentis de fabrique de 14 à 18 ans.

37. École de répétition.

38. Cours de dessin.

39. Cours pratique.

Divers métiers (charpentier, forgeron, tonnelier, etc.) sous le patronage d'une commission d'ouvriers.

b. — Enseignement des apprentis de bureau.

40. Cours de langues néerlandaise, française, allemande, anglaise et de correspondance commerciale.

41. Cours de calcul commercial et de tenue des livres.

42. Cours de droit commercial.

Les cours de répétition et les cours de langues sont donnés, pour le compte de la Maison, gratuitement par deux professeurs. L'assistance à ces cours est obligatoire pour les apprentis.

Les parents reçoivent une subvention de 1 fr. à 10 fr. 50 par semaine, selon l'âge de l'apprenti. Un quart de cette subvention est versé dans la caisse de la Commission Réunie (v. 76), comme contribution aux frais de l'enseignement. Les apprentis reçoivent de la subvention 10 % pour leurs menus plaisirs.

Le cours de dessin et les cours commerciaux sont donnés par les chefs des sections techniques et commerciales. L'assistance à ces cours est facultative, et coûte 16 fr. 75 ; le maximum pour tous les cours 42 francs. Ces contributions sont versées dans la caisse de la Commission pour les développement intellectuel.

c. — Encouragement des jeunes gens des écoles.

43. — Fonds scolaire des Boulangers anglais.

Fondé en 1893 par les membres de la National Association of Master Bakers and Confectionners, comme souvenir de leur pélerinage au « Pays de la Levure », ayant pour but de décerner chaque année des prix au jeune homme ou à la jeune fille, qui a fait les meilleurs progrès dans l'enseignement par la Maison.

d. — Développement intellectuel des membres du personnel et de leurs familles.

44. Bibliothèques.

La plus ancienne, la bibliothèque des Maisons, comprend 2,500 ouvrages, classés comme suit :

a. Livres scientifiques (sciences techniques, économiques, commerciaux).

b. Livres pour adultes (romans, histoire, voyages).

c. Livres pour enfants.

La plus récente, la Bibliothèque Van Marken, (propriété privée de M. Van Marken) comprenant environ 2,300 volumes (littérature néerlandaise et étrangère, éditions de luxe, économie politique et sociale etc.) vient d'être ouverte (Juillet 1894) aux membres du personnel.

45. Salle de lecture.

Environ 100 journaux, périodiques, illustrations en différentes langues.

46. Cours scientifiques et de dessin.

47. Clubs pour conférences et pour lecture (Système Toynbee).

IV. — Institutions pour favoriser la conversation et l'entente cordiale entre les membres du personnel.

A) LE PARC AGNÉTA ET LES BATIMENTS COLLECTIFS.

48. Le Parc Agnéta.

Le parc est propriété privée de M. et Mme VAN MARKEN, excepté les maisons ouvrières et les magasins coopératifs, et le sol, sur lequel ils sont bâtis, qui appartiennent à la société anonyme « Propriété Collective » (v. 15 — 18.)

Le parc, qui est la promenade la plus belle et la plus agréable de Delft, est ouvert au public.

49. Maison « La Communauté » dans le Parc.

La maison comprend deux grandes salles (salle de lecture et gymnase, formant ensemble grande salle de récréation) et 6 salles plus petites, qui servent pour l'enseignement des apprentis, bibliothèque, etc. Elle était inaugurée en 1892.

50. Maison « Le Pavillon » dans le Parc.

Cette maison avec jardin, qui était jadis la seule salle de récréation, a maintenant le caractère d'un café particulier, ou l'on boit un verre de bière, en écoutant la musique de l'Harmonie. Le personnel a entrée libre à la Communauté et au Pavillon; les autres personnes peuvent se procurer une carte moyennant 5 francs.

B) AMUSEMENTS.

a. — Musique.

51. Harmonie.

Elle compte 30 exécutants, sous la direction d'un chef d'orchestre de profession. L'été elle donne des concerts au kiosque près du Pavillon, le Dimanche de 7 heures 1/2 a 8 heures du matin — musique sacrée — le dimanche et le mardi entre 5 et 9 heures du soir suivant la saison. L'hiver ces concerts sont donnés à la Communauté, souvent avec le concours d'artistes connus.

L'Harmonie joue un grand rôle à toutes les réunions du personnel; elle accueille les hôtes étrangers de leur hymne national, elle conduit, avec les directeurs et les camarades, les membres du personnel décédés au lieu de repos, et est un élément indispensable dans la vie sociale des fabriques.

b. — Réunions cordiales.

52. Jour de la Communauté.

Outre les fêtes aux occasions spéciales le 30 juillet est célébré comme souvenir de l'inauguration de la Communauté et comme confirmation du sens social du personnel.

53. Théâtres et séances.

54. Lanterne magique électrique.

55. Bals.

c. — Sport.

56. Société de gymnastique.

Le gymnase est dans une des grandes salles de la Communauté et muni des plus récents et meilleurs instruments.

57. Vélocipèdes.

58. Patinage et régates.

Sur les étangs du Parc Agnéta.

59. Société de jeu de quilles.

60. Société de billard.

61. Société de tir.

62. Compagnie de voyage.

Chaque membre du personnel ayant trois jours de congé par an, en retenant son salaire, les membres de cette compagnie font tous les étés une petite excursion, pour laquelle ils versent toutes les semaines une contribution de 30 centimes.

d. — Expositions.

63. Expositions de tableaux, photographies, etc.

64. Exposition annuelle de fleurs cultivées par les membres du personnel.

65. Exposition annuelle d'objets construits par les élèves de l'école des travaux manuels.

e. — Récréation à la maison.

66. Une collection de jeux de compagnie pour les familles des employés.

De petites lanternes magiques et des jeux divers sont mis à la disposition des employés pour anniversaires ou autres jours de fête ou pour convalescents.

V. — Institutions pour favoriser les bonnes relations entre le capital, les directions et les employés, pour confirmer et faire comprendre les institutions sociales et pour répandre des idées exactes sur ce sujet.

A) AMÉLIORATION DES RELATIONS ENTRE LES DIRECTIONS ET LE PERSONNEL.

67. Chambre « Le Noyau. »
Ce « Parlement » est subdivisé en trois Chambres.

a. Le Conseil des fonctionnaires supérieurs.
Membres : tous les fonctionnaires supérieurs.
Réunion : tous les trois mois.

b. La Chambre des contre-maîtres et des commis supérieurs.
Membres : Les deux plus anciens de service et dix élus par leurs camarades.
Réunion : tous les deux mois.

c. La Chambre du Travail.

Membres : Les quatre plus anciens ouvriers et douze élus par leurs camarades.

Chaque Chambre élit son président et son secrétaire.

Les procès-verbaux des assemblées sont contresignés par la Direction.

Chaque Chambre a le droit de proposer à la Direction et de solliciter le concours des autres Chambres.

La convention générale bi-annuelle du Noyau, sous la présidence d'un des directeurs, décide dans tous les cas touchant exclusivement les intérêts du personnel. Du reste, Le Noyau a un caractère seulement consultatif.

68. Conseil de Prud'hommes.

Les différends surgissant entre la direction et un ou plusieurs membres du personnel, soit pendant le service, soit relativement au congé, sont soumis à l'appréciation d'un Conseil de Prud'hommes. Ce Conseil est composé de cinq membres, dont deux (patrons) sont désignés par la direction, et deux (ouvriers ne faisant pas partie du personnel) désignés par le personnel à la pluralité des voix. Ces quatre membres choisissent un président, le cinquième membre, qui n'est ni patron ni ouvrier. S'ils ne peuvent s'entendre sur l'élection du président, il sera nommé par le juge de paix du canton de Delft.

Les jugements du Conseil n'ont pas de force judiciaire, de sorte que l'équité des parties seulement peut les contraindre à s'y assujettir. Les jugements sont publiés dans le journal : *Le Messager de la Fabrique*.

Jusqu'ici, l'intervention du Conseil de prudhommes n'a pas encore été nécessaire.

69. Journal *Le Messager de la Fabrique*.

Depuis 1882, ce petit journal paraît tous les samedis, sous la rédaction de M. Van Markev.

Il contient :

Un *Premier Paris*, sur quelque question à l'ordre du jour dans la vie sociale des usines.

Informations : Nominations, promotions ou démissions de membres du personnel ; compte-rendu des différentes institutions, convocations pour Le Noyau ou pour clubs, annonces de concerts et de récréations, chiffres de vente dans les magasins coopératifs, etc.

Autour des Usines : Informations de tous les faits intéressants, mérites des membres du personnel, et de tout ce qui s'est passé de remarquable sur le terrain des usines.

Articles envoyés par des membres du personnel ou autres lecteurs du journal.

Le soir dans la famille (l'hiver), ou *à la campagne* (l'été). Descriptions de jeux de compagnie, des énigmes, logogriphes, jeux de campagne, etc.

État civil : Naissances, décès, mariages dans les familles du personnel.

Le personnel s'intéresse vivement à ce petit journal, qui a exercé sans doute, pendant les derniers douze ans, une grande influence sur le développement de la vie sociale des fabriques. L'extension des usines et le nombre du personnel augmentant toujours, une publication hebdomadaire comme celle-ci est en effet le seul moyen qui s'offre aux directions de grandes Maisons pour communiquer avec tous les employés et pour pénétrer les maisons et les intelligences de leurs idées.

Chaque membre du personnel reçoit *Le Messager de la Fabrique* gratuitement, et le journal compte en outre, en dehors des Maisons et de la ville de Delft, un nombre considérable de lecteurs assidus et affectueux. La collection complète des 12 années est d'une valeur inestimable pour l'histoire hebdomadaire des Maisons et pour la connaissance du développement de leur vie sociale.

70. Section des Intérêts du personnel.

Cette section jouit de la même assiduité que les autres sections des Maisons.

Le Chef de la Section, qui est assisté de quatre employés subalternes (dont deux femmes), est regardé par tous les membres du personnel, les supérieurs comme les subalternes, les vieux comme les jeunes, comme un conseiller fidèle, presque comme un ami paternel. C'est à lui qu'ils ont recours dans toutes leurs difficultés, tant dans la vie de fabrique que dans la vie de famille.

71. Membres d'honneur du personnel.

Les directions peuvent nommer ceux qui quittent le service des Maisons, membres d'honneur du personnel, en récompense de services longs et considérables. La proposition est faite soit par les directions, soit par Le Noyau. Ils ont le droit de continuer à participer aux institutions créées dans l'intérêt du personnel.

72. Direction et surveillance des Institutions sociales.

La Commission réunie pour la direction et la surveillance des Institutions créées dans l'intérêt du personnel de la Fabrique Néerlandaise de Levure et d'Alcool et de la Fabrique Néerlandaise d'Huiles.

Cette Commission, instituée en 1892, a pour but d'animer l'intérêt de tous les membres du personnel pour les institutions sociales, d'introduire ou nourrir le système de *self-government* et de prévenir la suppression de ces institutions après le décès des directions présentes. Le Chef de la section des intérêts du personnel est président-général de la commission réunie.

Elle est subdivisée en quatre sections :

Commission pour le développement intellectuel;

Commission pour les récréations ;

Commission pour les finances;

Commission pour les intérêt matériels.

Chaque section ou commission est composée d'un bureau

central et d'autant de sous-commissions qu'il y a d'institutions classifiées sous cette section.

Les bureaux centraux et les sous-commissions sont composés chacun de trois membres : l'un d'eux est élu par *Le Noyau* de la Fabrique de Levure et d'Alcool, l'autre par *Le Noyau* de la Fabrique d'Huiles, le troisième par les Directions de ces fabriques.

Le bureau central lie les différentes sous-commissions, qui jouissent, pour la direction des institutions confiées à leurs soins, d'une indépendance assez considérable.

Tous les membres des bureaux centraux et des sous-commissions sont élus exclusivement parmi les membres du personnel, et, — comme nous venons de le voir, — la majorité est élue par le personnel lui-même. Quelques sous-commissions, désignées spécialement par leur nature, sont composées de dames (épouses des membres du personnel).

Chaque sous-commission dresse annuellement son budget, qui est d'abord examiné par le bureau central, qui dresse à son tour un budget total pour sa section ou commission. Le budget général des quatre commissions est discuté et fixé dans une assemblée générale de la Commission Réunie (tous les bureaux centraux et toutes les sous-commissions) et soumis aux Directions. Si elles l'approuvent, le montant du budget est mis à la disposition de la Commission pour les finances, qui munit chaque sous-commission d'un livre de chèques, au montant de son budget. La Commission pour les finances tient les livres et rend compte de toutes les dépenses, dans les limites du budget approuvé par les Directions.

APPENDICE III

Etablissements industriels, commerciaux, financiers et agricoles où existe la Participation des ouvriers et employés dans les bénéfices.

FRANCE

An XI.   Comédie Française.

1811.   Imprimerie Nationale à Paris, fondée l'an III.

1839.   Seydoux, Siéber et Cie, peignage, filature et tissage au Cateau (Nord).

1842.   Maison Leclaire, entreprise de peinture, Paris.

1843.   Laroche-Joubert et Cie, papeterie coopérative, Angoulême.

1844.   Compagnie du Chemin de fer d'Orléans.

1846.   Comptoir de l'industrie linière, Paris.

1848.   Deberny et Cie, fondeur de caractères, Paris.

1848.   Imprimerie Paul Dupont, Paris.

1848.   Gaidan, banquier, Nîmes.

1849.   Compagnie d'éclairage par le Gaz des villes du Mans et de Vendôme.

1850.   Compagnie d'Assurances Générales, Paris.

1853.   Le Phénix, (Cie d'assurances) Paris.

1854.   L'Union (Cie d'assurances), Paris.

1855.   La Nationale (Cie d'assurances), Paris.

1855.   Jules Chagot et Cie (mines de Blanzy).

1858.   La France (Cie d'assurances).

1865.   Canal de Suez (Paris).

1865.   Imprimerie Brière (Rouen).

1868.   Renard, Villet et Bunand, teinturerie (Lyon).

1870. Société anonyme de Tissus de laine des Vosges, au Thillot et à Trougemont.
1871. Pernod, distillateur, Pontarlier.
1871. Roland Gosselin, agent de change, Paris.
1871. Vernes et Cie, banquiers (Paris).
1872. Abadie et Cie, fabricant de papiers, Thiel (Orne).
1872. Aubert, imprimeur, Versailles.
1872. Barbas, Tassart et Ballas, couverture et plomberie, Paris.
1872. Imprimerie Chaix (Paris).
1872. Gaget, Pérignon et Cie, plomberie et cuivrerie d'art, Paris.
1872. Godchaux et Cie, imprimeurs-éditeurs, Paris.
1872. Hanappier, négociant en vins, Bordeaux.
1872. L'Aigle (Cie d'assurances), Paris.
1872. Le Soleil (Cie d'assurances), Paris.
1872. Société anonyme des matières colorantes et produits chimiques de St-Denis (Seine)
1874. Mame et fils, imprimeurs-éditeurs, Tours.
1874. Masson, éditeur, Paris.
1875. Comptoir d'Escompte de Rouen.
1875. Filature d'Oissel (Seine-Inférieure).
1875. L'Urbaine, Cie d'assurances, Paris.
1876. Plassard, Morin, Fillod et Cie (ancienne maison Boucicaut), Magasins du Bon Marché, Paris.
1876. L'Abeille, Cie d'assurances, Paris.
1877. Besselièvre, fabricant d'indiennes, à Maromme, (Seine-Inférieure).
1877. Dequenne et Cie, Familistère de Guise (Aisne).
1877. Sautter, Lemonnier et Cie, électriciens, Paris.
1879. Buttner-Thierry, imprimeur lithographe, Paris.
1880. Blanchisserie et teinturerie de Thaon (Vosges).
1880. Caillard frères, constructeurs mécaniciens, Le Hâvre.

1880. Domaine du château Montrose (Médoc).

1880. Société linière du Finistère (Landerneau).

1881. Caillette, entrepreneur de maçonnerie, Paris.

1881. Lefranc et Cie, fabricants d'encre d'imprimerie, Paris.

1881. Piat, fondeur-mécanicien, Paris.

1882. Doguin et Cie fabricants de tulles et dentelles (Lyon).

1882. Moutier, entrepreneur de serrurerie (Saint-Germain en Laye).

1882. Moulliot, imprimeur, Marseille.

1882. Mildé et Cie, électriciens, Paris.

1883. Compagnie de Fives-Lille (Nord).

1884. Gilon, entrepreneur de serrurerie, Paris.

1883. Société anonyme des usines de Mazières (Cher).

1884. Bourdoux et Cie, société industrielle de la Corrèze, Paris.

1884. Gounouilhou, imprimeur, Bordeaux.

1885. Baille-Lemaire, fabricant de jumelles, Paris.

1885. Lecœur, entrepreneur de menuiserie, Paris.

1885. Lombart, fabricant de chocolat, Paris,

1885. Mozet et Delafonde, entrepreneurs de maçonnerie, Paris.

1885. Roux et Cie, machines à vapeur Tangye, Paris.

1885. Saunier, entrepreneur de peinture, Paris.

1886. Maison Félix, couturier, Paris.

1886. Brière Léon, imprimeur, Rouen,

1887. Nayrolles, ateliers de broderies, Paris.

1887. Monduit, entrepreneur de couverture, Paris.

1887. Montorier, imprimeur, Paris.

1887. Thuillier frères, entrepreneurs de couverture et plomberie, Paris.

1887. Bouniot-Pouget, fabrique de tiges pour chaussures, à Vallon, Ardèche.

1889. La Foncière, Cie d'assurances, Paris.

1890.   Boivin, fabricant de ganses pour passementeries, Paris.

1890.   Mines de houille d'Aubigny-la-Ronce.

1890.   La Providence, Cie d'assurances, Paris.

1890.   Lefranc et Cie, fabrique de couleurs, vernis et encres, Paris.

1890.   Vve Pommery, fils et Cie, fabrique de vins de Champagne, Reims.

1890.   Maison Broquart, fabrique de miroiterie, Bordeaux.

1890.   Verrerie de Vierzon.

1890.   Maison Bréguet, Paris.

1891.   Société des verriers de Lyon et de Saint-Étienne.

1891.   Société coopérative de consommation des ouvriers et employés de MM. Solvay et Cie, à Dombasle (Meurthe-et-Moselle).

1891.   L'Abeille nîmoise, Nîmes, Gard.

1891.   L'Abeille suresnoise, Suresnes (Seine).

1891.   La Revendication, Puteaux (Seine).

1891.   L'Union des Travailleurs, Saint-Étienne, Loire.

1891.   La Renaissance (boulangerie), Nîmes.

1892.   Cusenier, distillateur, Paris.

1892.   Compagnie de voitures l'Abeille, Paris.

1892.   Leclerc, fabricant de lits, Saint-Dizier.

1892.   Muller et Roger, fonderie de bronze, Paris.

1892.   Compagnie houillère et métallurgique de Belmez, Paris.

1892.   Société du Tubulaire Berlier, Paris.

1892.   Deberc, fabricant de bouchons, Reims, Marne.

1892.   Thomas frères, imprimeurs, Pontarlier, Doubs.

1892.   Pétillat, constructeur, Vichy, Allier.

1893.   Société générale des Chemins de fer économiques, Paris.

1893.   Caisse d'épargne et de prévoyance, Reims.

1893.   Brasserie de la Champagne, Ile-Belon, près Épernay.

1893.   Compagnie des mines de Douchy.

1893.   Magasins de la Ville de Londres, Paris.

1893.   Forges de Sedan, Paris.

1893.   Société coopérative des Bouchons Torrent, Pyrénées-Orientales.

1894.   Compagnie générale Transatlantique, Paris.

1894.   Ducher, fabricant d'habillements, Paris.

1894.   Gillet et fils, teinturiers en soie, Lyon.

1894.   Les fils de Peugeot frères, à Valentigney (Doubs).

1894.   Piguet et C , constructeurs-mécaniciens, Lyon.

1894.   Rivoire et Carret, fabricant de pâtes alimentaires : Lyon.

1894.   Boulonnerie de Bogny, Braux (Ardennes).

1894.   Domaine des Grésy, à Lalande, Gironde.

1894.   Journal et imprimerie du *Progrès* d'Eure-et-Loir.

1894.   Henri Boissière, couverture, plomberie, eau et gaz (Rouen).

1894.   Laiterie Sévigné, à Vitré (Ile-et-Vilaine).

1894.   Emile Meynadier, denrées coloniales, Marseille.

1894.   Octave Fauquel, filateur, aux Cables (Eure).

1894.   Rattier, épicier en gros, Saint-Etienne, Loire.

1894.   Gaudineau, à La Flèche.

1894.   Janvier, père et fils, au Mans.

1894.   Société anonyme le « Nickel », Paris.

1894.   Grands moulins de Corbeil (société anonyme), Paris.

1894.   Le Printemps, magasin de nouveautés, Paris.

1894.   Société générale des Téléphones, Paris.

1894.   Banque Parisienne, Paris.

1894.   Banque russe et française, Paris.

1894.   Compagnie Foncière de France, Paris.

1894.   Compagnie française de télégraphe de Paris à New-York, Paris.

1894.   Maison Burgart, fonderie, construction mécanique, Alger.

1895. Domaine de Paban, près de Saintes.

1895. Lefèvre, bijoutier, Paris.

1895. Exploitation agricole et viticole d'Esquiré (Haute-Garonne).

1895. Cerf et Cie, imprimeurs, Versailles.

1895. Société anonyme de Mousaïa (Algérie).

1896. Compagnie parisienne du Gaz.

Il y a en outre 127 sociétés coopératives de consommation qui pratiquent la Participation.

ALSACE

1847. Steinheil, Diéterlin et Cie, filature de coton (Rothau).

1872. Fabrique de produits chimiques de Thann.

1874. Schœffer et Cie, blanchiment, teinturerie (Pfastadt).

1885. Cie d'Assurance, Rhin et Moselle (Strasbourg).

» Alsatia (Cie d'assurances), Strasbourg.

» Société anonyme d'industrie textile (ancienne maison Dollfus-Mieg et Cie), Mulhouse.

» Scheurer-Lauth et Cie, à Thann.

ALLEMAGNE

Bavière.

1866. Morgenstern, fabricant de feuilles d'étain (Forchheim).

1871. Filature de Kaufbeuern.

1873. Usine de Kaiserslautern.

Hesse.

1866. Chemin de fer Louis de Hesse (Mayence).

Mecklembourg.

1847. De Thünen, propriétaire foncier, à Tellow.

Prusse.

1854. Neumann, propriétaire de terres nobles (Posegnick).

1860. Fonderie d'Ilsede.

1870. Chemin de fer de Berlin-Anhalt (Berlin).

1875. Banque du Crédit Foncier de Prusse (Berlin).

1876. Bohm, propriétaire foncier (Brunne).

1876. Braun et Blœm, capsules et cartouches (Dusseldorf).

1888. Fabrique de stores et de jalousies de M. Freese :
   Berlin, Hambourg.

1888. Limburger, propriétaire foncier (Pfalshill).

 » Sewais, propriétaire foncier : Altenhof.

 » Schulteiss et Cie, brasseurs (Berlin).

1890. Fabrique de machines à Halle.

Saxe.

1869. Adler, fabricant de cartonnages (Bruckholtz).

1893. Fabrique de papier de Thode (Hainsberg).

1893. Ch. Winckler, papeterie, reliure (Leipsig).

ANGLETERRE

1850. Ferme coopérative d'Assington (Suffolk).

1864. Crossley and Sons, fabrique de tapis (Halifax).

1866. Fox frères et Cie (Somerset).

1869. Fletcher et fils, imprimeurs-éditeurs (Norwich).

1870. Carlton Iron Company (limited) (Carlton-Ironwork).

1874. Association agricole et horticole (Londres).

1876. Woomen's Printing Soc..., imprimerie (West-
   minster).

1876. Goodall et Suddick, imprimeurs-libraires à Leeds.

1876. Hamilton et C. J., limited, robes et lingerie (Londres).

1877. Ladyman et Cº, épiciers en gros (King's-Lynn).

1878.   Cassel et C°, imprimeurs-éditeurs (Londres).
1878.   Joseph Whitworth et C°, constructeur-mécanicien (Manchester).
1882.   Brooke, Bond et C°, marchands de fer, Glasgow et Londres.
1880.   Williams Jacks et C°, thés en gros (Londres).
1881.   Holmes et C°, fabrique de voitures (Lichfield).
1881.   Société du Café de Birmingham (Birmingham).
1882.   Waterlow et fils, imprimeurs (Londres).
1883.   Association agricole de Radbourne-Manor.
1883.   Tangye et C°, fabrique de machines (Birmingham).
1884.   Dalmas et C°, fabrique de produits chimiques (Leicester).
1884.   Blundell, Spence et C°, couleurs et vernis (Londres).
1884.   Fidler, semences (Reading).
1884.   Harpers, ingénieur (Aberdeen).
1884.   Perrott et Perrott, fabrique de toiles (Londres).
1885.   Association agricole d'Ufton-Hill (Warwick),
1886.   Imprimerie coopérative d'Edimbourg.
1886.   Earl Spencer, agriculteur (Northampton).
1886.   Albert Grey, agriculteur (Northumberland).
1886.   Arrowsmith, imprimeur-éditeur (Bristol).
1886.   Burroughs, Welcome et C°, chimistes (Londres).
1886.   Hazell, Walton et Viney, imprimeurs (Londres).
1886.   W. Thomson et fils, manufacture de laine (Huddersfield).
1886.   Davies et C°, emballeurs, Toronto (Canada).
1887.   John Boyd Kinnear, agriculteur (Fifeshire).
1887.   Lord Wantage, agriculteur (Berks).
1887.   Ross et Duncan, constructeurs-mécaniciens (Glasgow).
1887.   Bruce Wallace, imprimeurs, Limarady (Irlande).
1887.   Waterman et C°, chaussures (Bristol).
1887.   Young et fils, cuirs (Edimbourg).

1888. Collier, briquetterie, tuilerie, poterie (Reading).

1888. Binns et C°, blés et semences (Derby).

1888. Thomas Bushill et fils, imprimeurs-libraires (Coventry).

1888. Coopérative Builders, construction de bâtiments (Londres).

1888. Hartley, fabrique de confitures (Liverpool).

1888. Walker et Cⁱᵉ, ingénieurs et négociants (Londres. Ile Ceylan).

1888. Low Sampson, Marston et Cⁱᵉ, éditeurs (Londres).

1889. W. Rowntree et fils, négociants en draps (Scarborough).

1889. J.-H. Ladyman et Cⁱᵉ, épiciers (Londres).

1889. Charles Nicholls and Coombs (limited), fabrique de pâtisseries (Londres).

1889. Coventry Gas Fittings Cⁱᵉ, appareils pour l'éclairage au gaz (Coventry).

1889. Hepburn et Cⁱᵉ, fabrique de papier (Collompton).

1889. New-Welsh Slates Cⁱᵉ, carrières d'ardoises (Festining).

1889. Robinson frères, distillateurs de goudron (West Bromwich).

1889. Peto frères, entrepreneurs de constructions (Londres).

1889. South Metropolitan Gas Cⁱᵉ (Londres).

1889. Wils, manufacture de tabacs (Bristol).

1889. Tannerie de l'Ouest (Bristol).

1889. Butler et Tanner, imprimeurs (Frome).

1889. Thomas Scott, imprimeur-éditeur (Newcastle).

1889. Avalon Leather Board et Cⁱᵉ (Somerset).

1889. A... B..., manufacturers in Middlands.

1890. Vilie et Price, manufacture de biscuits (Edimbourg).

1890. Robert Martin, imprimeur (West Hartlepool).

1890. Newman et fils, imprimeur (Londres).

1890.   Cie de Tramways de Southwark et Deptford (Londres).
1890.   Thomas Haxling, imprimeur (Chettenham).
1890.   Lee et Hunt, fabrique d'outils (Nottingham).
1890.   James Tucker, moulins à farine, huile (Cardiff).
1890.   Scotch Tweed Mfg Society (Selkirk).
1890.   Browett Lindleyand Cie, mécaniciens (Salford).
1890.   Kensigton cooperative Stores, magasins (Londres).
1890.   Deake and Gorham, électricien (Londres).
1890.   East Anglian Fruit Preserving Cie, confiseurs (King's Lynn).
1890.   Edmeston et fils, mécaniciens (Salford).
1890.   George Hollowey, agriculteur, Farmhill, Stroud.
1890.   N. Z. Farmers coopérative association (limited) Canterbury, Nouvelle-Zélande.
1890.   Welsh Liberal Newspaper Cie limited, imprimeurs (Swansea).
1890.   Headley frères, imprimeurs (Ashford, Kent).
1890.   Philip Kench, meunier (Bristall, près Londres).
1890.   Rebert M. Vitie, pâtissier-confiseur (Edimbourg).
1890.   Mackay et Cie, imprimeurs-éditeur (Chatham).
1890.   Meushet et Cie, fondeurs (Leith).
1890.   Edward Jackson, tailleur et confections (Reading).
1890.   Charles Joyner et Cie, fabrique de chandeliers (Birmingham).
1890.   Willans and Robinson (limited), ferry works, engine building (Tames ditton).
1890.   Osborne and Young, corn merchants, flour factors (Brixton).
1890.   Marquis of Hartford, agriculteur (Warwickshire).
1890.   Idris et Cie, fabrique d'eaux minérales (Londres).
1890.   William Terrell et fils (Bristol).
1891.   Bromhead, blanchisseur (Westbury).
1891.   Joseph Collard, imprimeur (Londres).
1891.   Alfred Hickman, fonderie de fer (Wolverhampton).

1891. William Laurence, ébéniste (Nottingham).

1891. R. H. and S. Rogers, fabrique de chemises et cols (Londres et Coleraine).

1891. Brakell, imprimeur (Liverpool).

1891. Tuke et Cie, négociants (Bradford).

1891. Brassey, agriculteur (Battle, Sussex).

1891. Philipps et Cie, thés, épicerie (Wrexham).

1891. John Barbour et Cie, filature de lin (Belfast).

1891. Cartwright et Cie, comestibles, quincaillerie (Cape-Town).

1891. Franklyn, Davey et Cie, manufacture de tabacs (Bristol).

1891. G. H., filature et tissage de laine (Londres).

1891. Waltham frères (limited), brasseurs (Londres).

1891. Crompton et Cie (limited), appareils d'électricité (Londres et Chelmsford).

1892. Simms et Cie, brosses et balais (New-Brunswick, Canada).

1892. Johnston, marchand de bois (Stirling).

1892. J. W. Petty et fils, imprimerie commerciale (Londres, Belfast, New-York, Chicago, Montréal).

1892. Woods, blanchisserie (Nord-Kensington).

1892. Raithby, Lawrence et Cie (limited), imprimerie-reliure (Londres).

1892. John Ratcliffe, peinture décorative (Bolton).

1892. John Williams et fils, boulangerie, épicerie (Manchester).

1892. Unwin frères, imprimeurs (Londres).

1892. Coombs « Eureka » Aërated Flour Compagny (Nottingham).

1892. J... K... manufacture.

1892. L.... M... supply and manufacture.

1893. Brownsfield's Guild-Pottery Société (limited), manufacture de porcelaine (Staffordshire).

1893. Brush Electrical Engineering Cie (limited) (Londres).

1893. William Parnall et Cie, agencement de boutiques
et de magasins (Bristol).

1893. The Ideal Club and Restaurant (Londres).

1894. William Cussons (limited), épicerie, boulangerie,
pâtisserie, boucherie (Hull).

1894. Clark's Breed Cie (limited), boulangerie, pâtisserie
(Brighton).

1894. Guy's Hospital Trained Nurse's institution, bureau
de Garde-malades (Londres).

1894. Crystal Palace District Gas Company (Londres).

AUTRICHE-HONGRIE.

1881. Franco-Hongroise (Cie d'assurances) Budapest.

» Fabrique de papiers de Schlœglmühl.

1889. Unio catholica (société mutuelle d'assurances contre
l'incendie (Vienne).

BELGIQUE.

1872. Lloyd belge (Cie d'assurances maritimes, incendie)
Anvers.

1888. Gustave Boël, à la Louvière.

1888. Merlo Charlier, zingueur, Etterbeek.

» Vimenet, fabrique de feutres et de chapeaux.

1891. De Naeyer et Cie, fabrique de papiers et chaudières
(Willebrœck).

DANEMARK, SUÈDE, NORVÈGE.

1870. Forge Aadals Brug (Norvège).
1873. Domaine de Dragsholm, Seeland (Danemark).
1889. Fabrique de pâte de bois d'Alsfos (Norvège).
»   Strœman et Larson, scierie mécanique, Gothen-
       bourg (Suède).

ESPAGNE ET PORTUGAL.

1871. Real fabrica de Tapices (Madrid).
»   Compagnie générale des tabacs des Philippines
1888. Régie de la fabrique des tabacs (Portugal).

ÉTATS-UNIS.

1872. Houghton, Mifflin et Cᵒ (Cambridge).
1878. Peace Dale, tissage de laine (Rhode-Island).
1878. Rand, Mac Nelly et Cᵒ, éditeurs, imprimeurs
       (Chicago),
1880. Staats Zeitung (New-York).
1881. The Century Cᵒ, éditeurs (New-York).
1882. Minoteries de Pillsbury (Minneapolis).
1885. Keene Bros, frabrique de chaussures (Auburn).
1886. A. Dolge, fabrique de feutres et de bois pour
       pianos (Dolgeville).
1886. E. R. Hull et Cᵒ, drapiers (Cleveland).
1886. Globe Tabacco et Cᵒ, à Détroit.
1886. Hoffmann et Billings Cᵒ, ustensiles de cuivre (Mil-
       wankee).
1886. Public Leger (Philadelphie).
1886. N. O. Nelson, société industrielle, ustensiles de cui-
       vre, à Saint-Louis (Missouri) et Leclaire (Illinois).

1886.   Rogers, Peet et C°, draps (New-York).
1886.   Usines de produits chimiques de Rumford (Providence).
1886.   Wardwell, Neele et C°, à Laka-Village (N. H.).
1886.   W.-E. Fette, agent d'usine à gaz (Boston).
1886.   Fonderies de Bucyrus.
1887.   Fonderies de Springfield (Massachusetts).
1887.   Crump Label C° (Montclair).
1887.   Hainds, Jones et Cadburg, ustensiles de cuivre (Philadelphie).
1887.   John Wanamaker, mercier et nouveautés (Philadelphie).
1887.   Compagnie de Saint-Louis Shovel (Missouri).
1887.   Norriton, tissage de laines (Norristown).
1887.   Page Belting et C° (Concord).
1887.   Proctor et Gamble, savons et bougies (Ivorydale).
1887.   Rice et Griffin, société de moulages (Worcester).
1887.   J.-V. Tufts, fabrique de soda water (Boston).
1887.   Yale et Towne, constructeurs-mécaniciens (Stamford).
1887.   H. Zinn, mercerie et nouveautés (Boston).
1888.   Meyers Bros, pharmacie en gros (Saint-Louis).
1888.   Scott et Holstein, bois de construction, à Duluth.
1889.   Bourne-Meills, filature de coton, à Tiverton (Fall-River).
  »   Allis et C° (Milwaukee).
  »   Cotterill, Fenner et C°, tabacs (Dayton).
  »   Compagnie des Chemins de fer : The Toledo ann arbor and north Michigan.
1889.   Pulsifer et C°, imprimeurs du Boston-Herald (Boston).
  »   Pullmann, constructeur de wagons (Pullmann-city, Illinois).
  »   Welshaus et Evan, plomberie et gaz (Omaha).

1894.   The Malvern Lumber company (Arkansas).

»   Kuss, peintre en bâtiments, à San-Francis.

HOLLANDE.

1880.   Van Marken, fabrique néerlandaise de levure et
.   d'alcool (Delft).

1880.   Stork frères, fabrique de machines, Hengelo.

1883.   Société anonyme de la stéarinerie de Gouda.

1887.   Fabrique néerlandaise d'huiles (Delft).

1887.   Fabrique de colle et de gélatine (Delft).

1892.   Imprimerie Van Marken (Delft).

1895.   Société anonyme « de Veluwe » fabrique de vernis
et couleurs,

ITALIE.

1843.   Guide Galbiata et Cie, fabrique de crêpes (Milan).

1873.   Manufacture de laine Rossi (Schio).

1876.   Banque coopérative populaire de Padoue.

1885.   Felix Genevois et fils, savons et parfumerie (Naples).

1887.   Banque coopérative populaire de Milan.

»   Fabrique de teinturerie et apprêts à Come, Lombardie.

»   Pia Azienda Tessile, à Cume.

1872.   Imprimerie Joseph Pellas (Florence).

RUSSIE.

»   Chemins de fer russes.

1862.   Protopopow, fabrique de bougies, près Moscou.

1876. Comptoir Morokhovetz, entrepreneur de bâtiments (Kharkof).

SUISSE.

1867. Schœller et fils, filature (Schaffouse).

1868. Baur et Ci°, entrepreneurs de constructions, Seefeld.

1868. Chessex et Hœssly, filature (Schaffouse).

1869. Manufacture de poteries de Nyon.

1870. Billon et Isaac, fabrique de boîtes à musique, Saint-Jean, près Genève.

1871. Steinfels, fabrique de savons (Zurich).

1872. Reishaver et Bluntschli, fabrique d'outils (Zurich).

1872. Reymond, fabricant de cuirs (Morges).

1873. Compagnie générale de navignation sur le lac Léman (Lausanne).

1876. Tramways suisses (Ci° générale des) (Genève).

1878. Schœtli et Ci°, fabrique d'allumettes (Fehraltorf).

1888. Mermod frères, frabicants d'horlogerie et de boîtes à musique (Sainte-Croix).

1892. Fabrique d'appareils électriques (Neuchâtel).

1892. Compagnie de l'Industrie électrique (Genève).

1892. Société Gènevoise pour la construction des Instruments de physique (Genève).

» Société coopérative suisse de consommation (Genève).

» Société coopérative de consommation du district de Nyon.

APPENDICE IV.

Bibliographie de la Participation aux Bénéfices.

----

§ I. — *Bibliographie du Musée social sur la Participation aux bénéfices.*

I. — Ouvrages généraux.

FRANCE.

1. Projet de loi sur les Sociétés coopératives et sur le Contrat de Participation aux bénéfices. (Texte présenté par la commission extra-parlementaire sur les associations ouvrières).

2. Enquête de la Commission extra-parlementaire des Associations ouvrières. (3 vol. in-8, Paris, Chaix, 1888).

3. Délibération sur le projet de loi relatif aux Sociétés coopératives et sur le contrat de participation aux bénéfices. (*Journal officiel*, 1ʳ et 8 juin 1889).

4. Rapport au Sénat sur le projet de loi relatif aux Sociétés coopératives et sur le contrat de participation, par M. Lourties. (In-4°, Paris, Mouillot, 1892).

5. Délibération du Sénat sur le projet de loi adopté par la Chambre des Députés, relativement aux Sociétés coopératives et au Contrat de participation aux bénéfices. (*Journal officiel*, nᵒˢ des 3, 4, 11, 17, 18 et 22 juin 1892).

6. Rapport à la Chambre des députés sur le projet de loi relatif aux Sociétés coopératives et sur le contrat de participation aux bénéfices, par Paul Doumer. (In-4° Paris, Motteroz, 1893).

7. Rapport au Sénat sur le projet de loi adopté par la Chambre des députés, relativement aux Sociétés coopératives et sur le Contrat de Participation aux bénéfices, par M. Lourties. (In-4°, Paris, Mouillot, 1893).

8. Délibération sur le projet de loi, adopté par la Chambre des députés, concernant les Sociétés coopératives et le contrat de participation aux bénéfices. (*Journal officiel*, 25 et 28 novembre ; 8, 9 et 12 décembre 1893).

9. Rapport à la Chambre des députés sur le projet de loi adopté par le Sénat, relativement aux Sociétés coopératives et au contrat de participation aux bénéfices, par M. Paul Doumer. (In-4°, Paris, Motteroz, 1894).

10. Délibération de la Chambre des députés sur le projet de loi adopté par le Sénat, relativement aux Sociétés coopératives et au contrat de participation aux bénéfices. (1° *Journal officiel*, 30 mars, 26, 27, 28 avril 1893 ; 2° *Journal officiel*, 6, 8 mai 1894).

11. Rapport au Sénat sur le projet de loi des Sociétés coopératives et du contrat de participation aux bénéfices, par M. Lourties. (In-4°, Paris, Mouillot, 1895).

12. Délibération du Sénat sur le projet de loi de Socié-

tés coopératives et du contrat de participation aux bénéfices. (*Journal officiel*, 28 février 1896).

13. Proposition de loi relative à la Participation aux bénéfices dans les usines, manufactures et entreprises de l'État, par M. Guillemet. (In-4º, Paris, Motteroz, 1895).

14. Ernest Brelay. — La participation et le malentendu social. (In-8, Paris, Guillaumin, 1891).

15. J. Boivin. — La paix dans l'usine par la participation. (In-8, Paris, Chaix, 1892).

16. A. Cazeneuve. — Les entreprises agricoles et la participation du personnel aux bénéfices. (In-8, Paris, Guillaumin, 1889).

17. A. Cazeneuve. — La participation aux bénéfices dans l'agriculture. (In-8, Paris 1894).

18. A. de Courcy. — Capital et travail : lettre à M. Chaix, (In-16, Paris, Chaix, 1872).

19. H. Delvaux. — Faut-il appliquer la Participation aux bénéfices. (In-8, Liège, 1892).

20. Muller et Roger. — Participation aux bénéfices : séance d'inauguration. (In-8, Paris, Rousseau, 1892).

21. Engels-Dolfus. — Etude sur l'épargne, les institutions de prévoyance et la participation aux bénéfices. (In-8, Mulhouse, 1876).

22. E. d'Eichttal. — La participation aux bénéfices, facultative et obligatoire. (In-8, Paris, Guillaumin, 1892).

23. J.-B. Gautier. — La participation obligatoire, (In-8, Paris, Chaix, 1889).

24. J. Le Rousseau. — De l'association de l'ouvrier aux bénéfices du patron. (In-12, Paris, Hachette, 1886).

25. Leclaire. — L'association de l'ouvrier aux bénéfices

du patron. (Dialogue entre un vieil ouvrier et un bourgeois; in-8, Paris, Le Chevallier, 1872).

26. Périssé. — Participation aux bénéfices. Discours à la Société des Ingénieurs civils. (In-8, Paris, Chaix, 1893).

27. Poindron. — Détermination de la formule minimum de la participation aux bénéfices. (In-8, Paris, Chartier, 1893).

28. Charles Robert. — La suppression des grèves par l'association aux bénéfices. (Conférence faite à la Sorbonne, en 1869; in-12, Paris, Hachette, 1870).

29. Charles Robert. — Le partage des fruits du travail. (In-32, Paris, Bellaire).

30. Charles Robert. — La participation aux bénéfices. (Conférence à l'Exposition universelle de 1889; in-8, Paris, Imprimerie Nationale, 1890).

31. Charles Robert. — Le contrat de participation aux bénéfices. (Conférence faite au Cercle populaire en 1889; in-8, Paris, 1889).

32. Charles Robert. — Conférence sur la Participation aux bénéfices, faite à Marseille en 1890. (In-12, Marseille, Garry, 1891).

33. Charles Robert. — La question sociale (bibliothèque Franklin; in-16, Paris, Bellaire).

34. Charles Robert. — Biographie d'un homme utile : Leclaire, peintre en bâtiments. (In-8, Paris, Fischbacher).

35. Charles Robert. — Maison Leclaire : Discours prononcé au banquet du 17 octobre 1880. (In-8, Paris, Chaix, 1880).

36. Charles Robert. — Rapport du Jury international à l'Exposition universelle de 1889, sur la Participation aux bénéfices. (In-8, Paris, Imprimerie Nationale, 1891).

36 *bis*. CHARLES ROBERT. — La juste répartition des fruits du travail. (Rapport présenté au Congrès de Bordeaux (1895). *Bulletin de la Société de partic.* XVIII, 3e livraison).

37. CHARLES ROBERT. — La participation aux bénéfices. Introduction au Guide pratique de M. Trombert. (In-8, Paris, Chaix, 1892).

38. CHARLES ROBERT. — La Loi du 27 décembre 1895 sur les Caisses de retraites des employés et ouvriers. (Communication faite à l'assemblée générale de la Société pour l'étude de la Participation aux bénéfices, suivie d'observations présentées par M. Emile Cheysson ; in-8, Paris, Chaix, 1896).

39. ED. SIMON. — La participation des employés aux bénéfices et les associations ouvrières en France. (In-8, Paris, Capiomont, 1885).

40. ALBERT TROMBERT. — Guide pratique de la participation aux bénéfices, avec introduction de M. Charles Robert. (In-8, Paris, Chaix, 1892).

41. Bulletin de la Société pour l'étude de la Participation aux bénéfices (1879-1896). (17 vol. in-8, Paris, Chaix).

ÉTRANGER

ALLEMAGNE.

42. VICTOR BÖHMERT. — La participation aux bénéfices, traduction de M. Albert Trombert, avec préface de M. Charles Robert. (In-8, Paris, Chaix, 1888).

43. H. Frommer. — La participation aux bénéfices. (In-8, Leipzig, Duncker, 1886).

44. Gilman et Katscher. — De la participation aux bénéfices. (In-8, Leipzig, Wartig, 1891).

45. Plener (von). — De la participation aux bénéfices. (In-8°, Leipzig, Duncker, 1874).

46. Wirminghaus. — L'entreprise, le gain de l'entrepreneur et la participation de l'ouvrier aux bénéfices. (In-8, Iéna, Fischer, 1886).

ANGLETERRE

47. T.-W. Bushill. — La participation aux bénéfices et la question du travail. (In-12, Londres, Methuen, 1893).

48. William Cussons. — Participation aux bénéfices. Un système coopératif qui sauvegarde les intérêts du travailleur, ceux du capital et ceux du consommateur. (In-8, Hull, 1896).

49. N. P. Gilman. — Le partage des bénéfices entre les employeurs et les employés. (In-8, Boston, Hougton, 1889).

50. Emile Lewy. — La réglementation de la production du charbon au Congrès international des Mineurs de Paris *(sic)*. (In-8, Paris, Ch. Leroy, 1896).

51 H.-G. Rawson. — Les résultats de la participation aux bénéfices. (In-8, Londres, Stevens, 1891).

52. D.-F. Schloss. — Des modes de rémunération dans l'industrie. (In-8, Londres, Williams, 1894).

53. D.-F. Schloss. — Rapport sur la participation aux bénéfices et sur certaines primes accordées au travail. (In-8, Londres, Eyre, 1895).

54. D.-F. Schloss. — Rapport sur la Participation aux bénéfices. (In-8, Londres, Eyre, 1894).

55. Rapport du Ministère du commerce présenté au parlement, sur la Participation aux bénéfices et ses applications en Angleterre, en France et aux États-Unis. (In-folio, Londres, Eyre, 1891).

II. — Ouvrages particuliers.

56. 90 Règlements des applications de la participation aux bénéfices.

57. A. Chaix. — Historique de l'imprimerie et de la librairie centrales des chemins de fer ; Organisation industrielle et économique. (In-8, Paris, Chaix, 1878).

58. Bignon. — Exploitation agricole de Theneuille (Allier). (Documents imprimés et manuscrits).

59. Cazeneuve Alb. — Exploitation agricole et viticole d'Esquiré à Fonsorbes (Haute-Garonne). (In-8, Paris, Chaix, 1895.)

60. Goffinon. — La Participation aux bénéfices sur le domaine des Grésy, à Lalande (Gironde). (In-8. Paris, Chaix, 1894).

61. Mary Hart. — La maison Leclaire et son fondateur. (In-8. 1882).

62. Leclaire. — Secours mutuels, participation aux bénéfices : (Instruction pour les ouvriers et em-employés). (In-8. Paris, veuve Bouchard, 1869).

63. Leclaire. — Association de l'ouvrier aux bénéfices du patron. (1870 à 1879).

64. Charles Robert. — Maison Leclaire : Discours prononcé au banquet du 17 octobre 1880. (in-8. Paris, Chaix, 1880).

65. Alfred Mame. — Institutions patronales (1796-1896), à Tours. (In-4. Tours, A. Mame, 1893).

66. Marbeau Ed. — Conférence sur la participation aux bénéfices des pêcheurs de la Manche. (In-8. Paris, Chaix).

67. Masson (Librairie). — Notice sur la Caisse de participation. (In-8. Paris).

68. Orell Fussli. — Système de participation à l'Institut Orell Füssli (Zurich). (In-4. Zurich, 1896).

69. Taylor (Sedley). — Six essais de participation aux bénéfices. (In-12. Londres, 1884).

70. Dolge (Alfred). — La juste répartition des gains, appelée participation aux bénéfices, dans le bourg de Dolgeville (Etat-Unis). (In-4. New-York, chez l'auteur, 1889).

71. Congrès international de la Participation aux bénéfices à l'Exposition universelle de 1889 : Compte-rendu des séances. (in-8. Paris, Chaix, 1890).

---

§ II. — *Bibliographie complémentaire* (1).

I. — Etranger.

72. Dr Pénot. — Rapport à la société industrielle de Mulhouse sur les œuvres ouvrières du Haut-Rhin. (Mulhouse, in-8, veuve Bader, 1855-1867).

73. Société industrielle de Mulhouse. — Enquête décennale sur les institutions d'initiative privée pour l'amélioration de l'état matériel et moral de la population de la Haute-Alsace. (1868-1878, in-8,

(1) Sous ce titre sont compris les ouvrages qui ne se trouvent pas actuellement à la bibliothèque du Musée social.

Mulhouse, 1878; — 1878-1888, in-8, Mulhouse, veuve Bader, 1889).

74. VANSITTART NEALE. — Le Familistère de Guise et son fondateur. (Londres, Macmillan, 1880).

75. W. H. HALL. — Leclaire : conférence. (Manchester, 1880).

76. WILLIAM WALKER. — Le commerce devenu chrétien et la richesse sanctifiée. (Londres, Harris et Cⁱᵒ, 1888).

77. H. FROMMER. — La Participation aux bénéfices : son développement pratique, ses lois théoriques. (Leipzig, Dunker, 1886).

78. CH. SECRÉTAN. — La Civilisation et la Croyance. (Paris, Alcan, 1887).

79. UGO RABBENO. — Les sociétés coopératives de production. Contribution à l'étude de la question sociale. (Milan, Dumolard, 1889).

80. F. VIGANO. — La Fraternité humaine, traduit par Mᵐᵉ Jules Favre. (Milan, Agnelli, 1873; Paris, Guillaumin, 1880).

81. JULES HURAUT. — Capital et travail. (Naples, Richter, 1886).

82. ALEXANDRE ROSSI. — Les travaux publics et les Sociétés ouvrières en France. (Florence, 1889).

83. A. HUET. — Coopération entre le patron et l'ouvrier. (Amsterdam, Funke, 1871).

84. A. HUET. — Association productive entre le travail et le capital. (Leeuwarden, Van Belkum, 1879).

85. VAN MARKEN. — La question ouvrière à la fabrique néerlandaise de levure et d'alcool. (Paris, Chaix, 1881).

86. MARY WHITON CALKINS. — Partage des bénéfices. (Boston, Ginn, 1888).

86. NICHOLAS GILMAN. — Partage des bénéfices entre les

employeurs et les employés. (Boston, Hougton, 1889. Guillaumin, Paris).

88. WILLIAM BARNS. — Le problème du travail. (New-York, Harper, 1886).

89. H. C. ROBINSON. — Comment les profits industriels doivent être répartis. (Hartfort, 1886).

90. N. O. NELSON. — Participation aux bénéfices. (Saint-Louis du Missouri, 1887).

91. A. AVOGADRO. — Pour la paix entre le capital et le travail. Expérience et résultats. (Còne, Ostinelli, 1893).

92. LUIGI COSSA. — La participation du travail aux bénéfices. (Bologne, Fava, 1894).

93. H. HANTSCHKE. — Participation du travail aux bénéfices. — Godin et sa fondation, le Familistère de Guise. (Berlin, Walker, 1892).

94. NICHOLAS GILMAN. — Le socialisme et l'esprit américain, 1893).

95. E. SCHUTTLEWORTH. — Mémoire sur la Participation. (Londres, Gee, 1893).

96. CH. POTVIN. — Etude sur la participation aux bénéfices. (*Revue de Belgique*, 1890).

97. CH. MORPURGO. — La participation aux bénéfices. (Gênes, Sordo-Nuti, 1883).

II. — FRANCE.

98. J. B. GODIN. — La mutualité sociale et association du capital et du travail. (Paris, Guillaumin, 1880).

99. CH. BONNNE. — Répartition des bénéfices entre les ouvriers et le patron. (Paris, Delagrave).

100. Le Comte d'HAUSSONVILLE — Le combat contre la misère. (*Revue des Deux-Mondes*, 15 déc. 1885).

101. A. Crouzel. — Note sur la participation des ouvriers aux bénéfices, considérée au point de vue du droit. (Paris, Thorin, 1885).

102. A. Crouzel. — La question de la communication et et de la représentation des livres du patron. (Toulouse, Durand, 1889).

103. A. Crouzel. — Etude historique, économique et juridique sur les coalitions et les grèves dans l'industrie. (Paris, Rousseau, 1887).

104. Renée Lavollée. — Les classes ouvrières en Europe. (2 vol. in-8. Paris, Guillaumin, 1884).

105. De la Follye. — La question sociale. — Intérêt commun entre patrons et ouvriers. (Paris, Société bibliographique, 1881).

106. Paul Matrat. — L'avenir de l'ouvrier. — Travail et prévoyance. (Paris, Guillaumin, 1884).

107. Fr. Courché. — Essai sur les questions de travail. (Paris, Guillaumin, 1883).

108. Fr. Husson. — L'industrie devant les problèmes économiques et sociaux. (Paris, Marchal, 1888).

109. Lami. — Sur la question ouvrière et patronale. (*Bulletin de la Société industrielle* de Rouen, 1886).

110. Steinheil. — La République et la question ouvrière. (Paris, Fischbacher, 1873).

111. Steinheil. — Nos devoirs envers les ouvriers de l'industrie moderne. (Paris, Fischbacher, 1881).

112. Steinheil. — Quarante-deux années de participation collective des ouvriers aux bénéfices d'une manufacture de coton. (Paris, Buttner-Thierry, 1889).

113. Aug. Lalance. — De la formation du capital chez l'ouvrier de manufacture. (Mulhouse, veuve Bader, 1874).

114. J. B. Gauthier. — Le travail ancien et moderne. (Paris, Chaix, 1884).

115. J. B. Gauthier. — La participation obligatoire devant les chambres (Paris-Chaix, 1886).

116. Frédéric Dubois. — Exposé de quelques résultats statistiques de la participation aux bénéfices dans l'industrie. (Mémoire présenté au Congrès des Sociétés savantes, le 31 mai 1890. *Bulletin de la Participation*, Tome XII, p. 209).

117. Charles Robert. — Analyse du rapport sur la Participation aux bénéfices et sur les associations coopératives de production (Exposition universelle de 1889), présentée au Congrès des Sociétés savantes, le 25 mai 1891. (*Bulletin de la Participation*, Tome XIV).

118. M. Mascarel. — Etude sur la Participation aux bénéfices. (Angers-Burdin, 1894).

119. J.-J. Bourcart, — De la participation des ouvriers dans les manufactures. (Paris-Dentu, 1867).

120. X. Rogé. — Appréciation sur la participation des ouvriers aux bénéfices dans l'industrie. (Nancy, 1885).

121. A. Gibon. — La participation aux bénéfices et les difficultés présentes. (Paris, Guillaumin, 1892).

122. Léon Sahler. — La participation aux bénéfices et ses résultats pratiques. (Paris, *Annales Economiques*, 1891).

123. Bernard Lavergne. — L'Évolution sociale. (Alençon Guy, 1892).

124. Le Comte de Chambrun. — Aux montagnes d'Auvergne. Mes conclusions sociologiques. Aux montagnes d'Auvergne. Mes nouvelles conclusions sociologiques. (Paris, Calman Lévy, 1893).

125. Louis André. — Le code ouvrier. (Paris, Chevalier-Marescq, 1894)

126. Georges Cornil. — Du louage des services ou con-

trat de travail. Etudes sur les rapports juridiques entre les patrons et les ouvriers employés dans l'industrie. (Paris, Thorin, 1894).

127. M. SARRUT. — Législation ouvrière de la troisième République. (Paris, Marchal, 1894).

128. E. O. LAMI. — Rapport du Comité 37 à l'Exposition internationale de Chicago. (Paris, Imprimerie Nationale, 1894).

129. CLOUZARD. — Etude sur la rétribution du travail manuel, intellectuel et du capital. (Paris, in-16, 1888).

130. FAWCET (traduit par Raffalowich). — Travail et salaires. (Paris, in-8° 1885).

131. GIBON. — Des divers modes de rémunération du travail. (in-8°, Paris 1890).

132. LÉON DONNAT. — De l'intervention des municipalités dans les conditions du travail (conférence). (in-8°, Paris, 1888).

133. F. HUSSON. — La seconde Révolution française. (Paris, Guillaumin, 1892).

134. ERN. BRELAY. — Le socialisme participationniste. (in-16, Paris, 1892).

135. Congrès international de l'intervention des pouvoirs publics dans le contrat de travail. (in 8°, Paris, 1891).

ERRATUM. — *Les numéros 103, 104, 116, 117 et 124 de la bibliographie ci-dessus, sont à la Bibliothèque du Musée social.*

TABLE DES MATIÈRES